新能源汽车认识

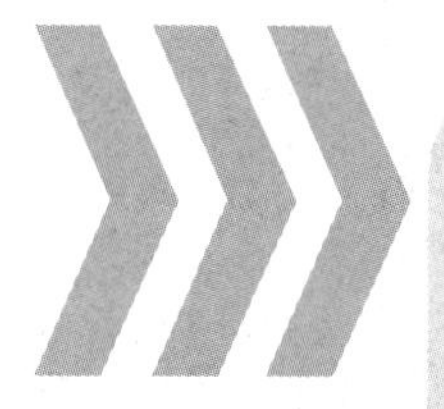

XINNENGYUAN QICHERENSHI

主　编　刘炳胜　魏永钦　杨国臣
主　审　张志强
副主编　董道礼　洪海山　杨　勇　孟兆斌
编　委　潘雪阳

中国原子能出版社
China Atomic Energy Press

图书在版编目（CIP）数据

新能源汽车认识 / 魏永钦，刘炳胜，杨国臣主编 .
-- 北京：中国原子能出版社，2020.6（2021.9重印）
ISBN 978-7-5221-0622-9

Ⅰ．①新… Ⅱ．①魏… ②刘… ③杨… Ⅲ．①新能源
—汽车 Ⅳ．① U469.7

中国版本图书馆 CIP 数据核字（2020）第 100455 号

新能源汽车认识

出版发行 中国原子能出版社（北京市海淀区阜成路 43 号 100048）
责任编辑 王 青 刘 佳
印　　刷 三河市明华印务有限公司
经　　销 全国新华书店
开　　本 787mm×1092mm 1/16
字　　数 370 千字
印　　张 17
版　　本 2020 年 6 月第 1 版 2021 年 9 月第 2 次印刷
书　　号 ISBN 978-7-5221-0622-9
定　　价 88.00 元

目 录

CONTENTS

项目一 新能源汽车的认知与发展

项目导读

汽车产业是国民经济的重要支柱产业，在国民经济和社会发展中发挥着重要作用，但其又是能源消耗和废气排放的重要源头，能源危机、环境污染和全球气候变暖是全球汽车产业共同面对的挑战，各国政府及汽车产业界积极应对，纷纷提出自己的发展策略，新能源汽车成为汽车行业的热门话题，人们致力加快培育和发展高效、清洁和安全的运输工具。

学习目标

- 了解新能源汽车的概念与范畴。
- 认识发展新能源汽车的必要性。
- 了解国内外新能源汽车的发展现状和趋势。

新能源汽车的定义与分类

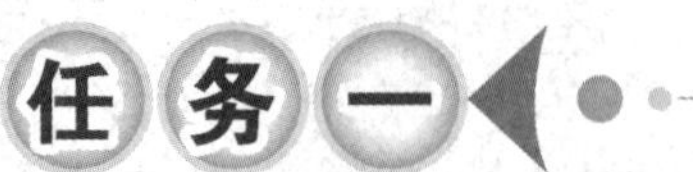

新能源汽车是指采用非常规的车用燃料作为动力来源，或使用常规的车用燃料，采用新型车载动力装置，综合车辆的动力控制和驱动方面的先进技术，形成的具有新技术、新结构的汽车，如图 1–1 所示。

图 1–1　新能源汽车

非常规的车用燃料指除汽油、柴油、天然气（NG）、液化石油气（LPG）、乙醇汽油（EG）、甲醇等之外的燃料。因此，人们熟知的天然气汽车、液化石油气汽车、甲醇汽车等，都不属于新能源汽车，而属于节能汽车。

一、汽车新能源的种类

汽车新能源主要包括电能、氢能源、天然气（液化石油气 LPG，Liquefied Petroleum Gas；压缩天然气 CNG，Compressed Natural Gas）、醇类燃料、二甲醚（DME，Dimethyl Ether）、太阳能等，如图 1–2 所示。表 1–1 为各种汽车可利用新能源的优缺点比较。

（a）

（b）

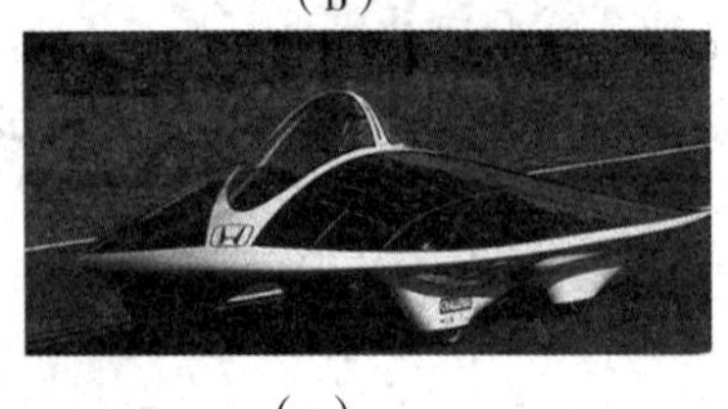
（c）

图 1–2　汽车可利用的新能源

（a）电能；（b）生物燃料；（c）太阳能

表 1-1　各种汽车可利用新能源的优缺点比较

新能源	优点	缺点	备注
电能	1. 来源丰富 2. 直接污染及噪声小 3. 结构简单，维修方便	1. 蓄电池能量密度小，汽车续驶里程短，动力性较差 2. 蓄电池重量大，寿命短，成本较高 3. 蓄电池充电时间长	1. 目前应用相对有限，多应用于公共交通领域 2. 公认的未来汽车的主流
氢能源	1. 来源丰富 2. 污染很小 3. 氢能源的辛烷值高，热值高	1. 氢生产成本高 2. 气态氢能量密度小，储运不便，液态氢技术难度大，成本高 3. 需开发专用发动机	1. 制氢及储运等技术仍不成熟 2. 应用范围较少
天然气	1. 资源丰富 2. 污染小 3. 辛烷值高	1. 需要建设配套保障设施（加气站等），投资强度大 2. 能量密度较小，续驶里程受限 3. 动力性较低 4. 储带不便	
醇类燃料	1. 来源较丰富 2. 辛烷值高 3. 污染较小	1. 毒性较大 2. 对金属及橡胶件具有腐蚀性 3. 冷起动性能较差	
二甲醚	1. 来源较丰富 2. 污染小 3. 十六烷值高	1. 毒性较大 2. 动力性较低 3. 储带不便 4. 生产成本较高	
太阳能	1. 来源丰富，可再生 2. 污染小	1. 效率低 2. 成本高	应用尚需较长时间

二、新能源汽车的定义与分类

根据我国 2009 年 7 月 1 日实施的《新能源汽车生产企业及产品准入管理规则》，新能源汽车是指采用非常规的车用燃料作为动力来源（或使用常规的车用燃料、采用新型车载动力装置），综合车辆的动力控制和驱动方面的先进技术，形成的技术原理先进、具有新技术、新结构的汽车。新能源汽车包括混合动力电动汽车、纯电动汽车（BEV，包括太阳能汽车）、燃料电池电动汽车（FCEV）、氢发动机汽车、其他新能源（如高效储能器、二甲醚）汽车等各类别产品。

新能源汽车的分类

根据 2012 年国务院《节能与新能源汽车产业发展规划（2012—2020 年）》，新能源汽车是指：采用新型动力系统，完全或主要依靠新型能源驱动的汽车，主要包括：纯电动汽车、插电式混合动力电动汽车及燃料电池电动汽车。

（一）纯电动汽车

纯电动汽车（BEV）是指驱动能量完全由电能提供的、由电机驱动的汽车，如图 1-3 所示。电机的驱动电能来源于车载可充电储能系统或其他能量储存装置。纯电动汽车是一种绿色环保的交通运输工具，采用可再生电能替代燃油。

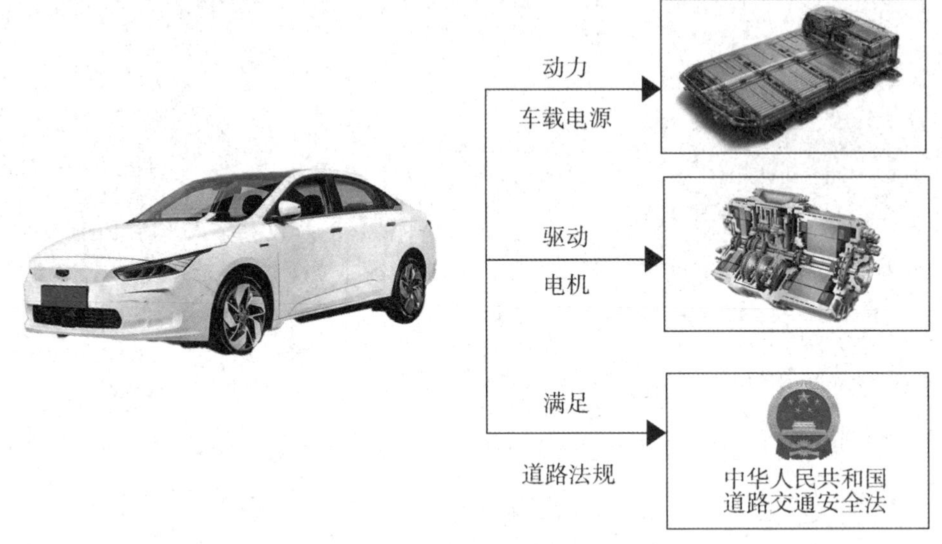

图 1–3　纯电动汽车的定义

图 1–4　北汽新能源 EU5

北汽新能源 EU5 是一款紧凑型纯电动汽车，其最大续航里程为 400 ～ 500 km：动力方面，搭载峰值功率为 160 kW、峰值转矩为 300 N · m 的永磁同步电机，最高速度为 155 km/h，如图 1–4 所示。

（二）插电式混合动力电动汽车

混合动力电动汽车是指同时装备两种动力源——热动力源（由传统的汽油机或者柴油机产生）与电动力源（电池与电机）的汽车。插电式混合动力电动汽车是可以外接电源充电的一种混合动力电动汽车，铃木雨燕插电式混合动力电动汽车如图 1–5 所示。

图 1–5　雨燕插电式混合动力概念车

（三）燃料电池电动汽车

燃料电池电动汽车是指动力系统主要由燃料电池发动机、燃料箱（氢瓶）、电机和动力蓄电池等组成，采用燃料电池发电作为主要能量源，通过电机驱动车辆前进。燃料电池汽车具有效率高、节能环保（以氢气为能源、排放物为水、运行平稳噪声小）等优点。

通用燃料电池电动汽车如图 1–6 所示。

图 1–6 通用燃料电池电动汽车 Hydrogen

（四）其他清洁能源汽车

1. 气体燃料汽车

气体燃料汽车是利用可燃气体作为能源驱动的汽车。汽车的气体代用燃料种类很多，常见的有天然气和液化石油气。根据汽车使用可燃气体的形态不同，燃料可分为三种：压缩天然气 CNG（Compressed Natural Gas），主要成分为甲烷；液化天然气 LNG（Liquefied Natural Gas），甲烷经深度冷冻液化；液化石油气 LPG（Liquefied Petroleum Gas），主要成分是丙烷和丁烷的混合物。

2. 生物燃料汽车

燃用生物燃料或燃用掺有生物燃料的燃油的汽车称为生物燃料汽车，与传统汽车相比，结构上无重大改动，排放总体上较低，包括乙醇燃料汽车和生物柴油汽车等。

3. 氢燃料汽车（见图 1–7）

氢燃料汽车是以氢为主要能量驱动的汽车。一般汽车是使用汽油或柴油作为内燃机的燃料，而氢燃料汽车则是使用气体氢作为内燃机的燃料。氢燃料汽车与氢燃料电池电动汽车是截然不同的两个概念。氢燃料汽车仍是内燃机汽车，而燃料电池电动汽车是通过电池直接将化学能转化为电能，利用电机驱动，而不是利用燃料的燃烧过程。

图 1–7 奥迪氢燃料汽车

根据《中国氢能产业基础设施发展蓝皮书（2016）》预计，到 2020 年，中国氢燃料电池车将达到 1 万辆；到 2030 年，氢燃料电池车保有量将达到 200 万辆，占全国汽车总产量比重约 5%。届时，中国有望成为全球最大的燃料电池汽车市场，氢燃料电池汽车产业产值有望突破万亿元大关。

氢内燃机在汽车上的应用方式又有纯氢内燃机、氢 / 汽油双燃料内燃机、氢 – 汽油混合燃料内燃机三种。

4. 其他能源汽车

利用太阳能、原子能、压缩空气等其他能量形式驱动的汽车。

新能源汽车常见标识

任务二

一、新能源汽车车牌

为更好地区分辨识新能源汽车，实施差异化交通管理，我国启用了新能源汽车专用牌照。新能源汽车牌照分为小型新能源汽车牌照和大型新能源汽车牌照。新能源汽车牌照的外廓尺寸为 480 mm×140 mm，其中小型新能源汽车牌照为渐变绿色，大型新能源汽车牌照为黄绿双拼色，中文字(汉字)、数字和字母颜色为黑色，牌照号码为6位数，纯电动的车型用“D”，非纯电动的车型用“F”，如图 1-8 所示。

(a) 小型新能源汽车牌照　(b) 大型新能源汽车号牌式样

图 1-8　新能源汽车牌照

二、新能源汽车铭牌

新能源汽车铭牌是标明车辆基本特征的标牌，通过铭牌，可以了解新能源汽车的主要信息。新能源汽车类型不同，其铭牌内容会有差异。下面主要介绍纯电动汽车铭牌和混合动力电动汽车铭牌。

(一) 纯电动汽车铭牌

纯电动汽车铭牌主要包括车辆品牌、整车型号、驱动电机型号、驱动电机峰值功率、动力电池系统额定电压、动力电池系统额定容量、最大允许总质量、乘坐人数、车辆识别代码、制造年月、制造国及厂名等，如图 1-9 所示。

图 1-9　纯电动汽车铭牌

（二）混合动力电动汽车铭牌

混合动力电动汽车铭牌除标注纯电动汽车铭牌的内容外，还要标注发动机型号、发动机最大净功率、发动机排量等，如图 1–10 所示。

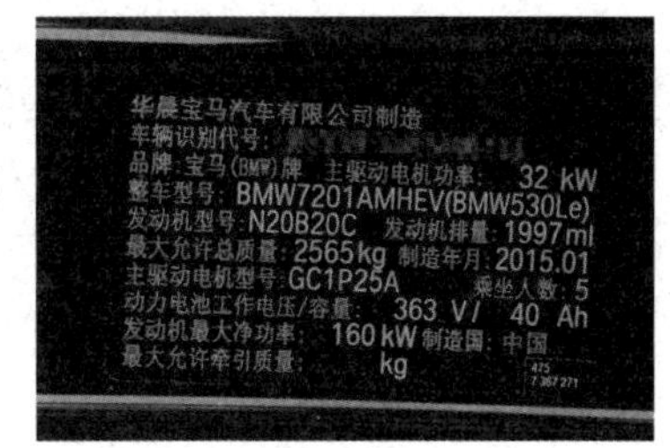

图 1–10　混合动力电动汽车铭牌

三、新能源汽车识别代码

新能源汽车识别代码（VIN）还没有统一标准，可以参考燃油汽车识别代码。

车辆识别代码可由 3 部分组成，第一部分是世界制造厂识别代号（WMI）；第二部分是车辆说明部分（VDS）：第三部分是车辆指示部分（VIS），如图 1–11 所示。

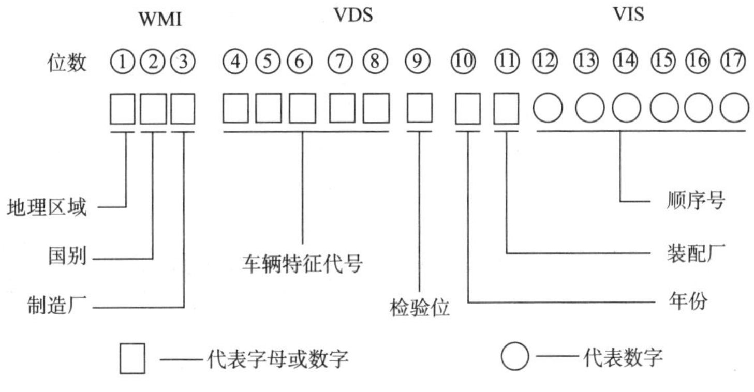

图 1–11　车辆识别代码

第一部分世界制造厂识别代号（WMI）按照 GB 16737 规定，由 3 位数字或字母组成，该代号必须经过申请、批准和备案后方能使用。

常见的我国汽车制造厂商识别代码（WMI）见表 1–2。

表 1–2　常见的我国汽车制造厂商识别代码

代码	制造厂商	代码	制造厂商
LSV	上海大众汽车有限公司	LHG	广州本田汽车有限公司
LSG	上海通用汽车有限公司	LVS	长安福特汽车有限公司
LSJ	上海汽车集团股份有限公司	L6T	浙江吉利汽车有限公司
LFV	一汽大众汽车有限公司	LVV	奇瑞汽车股份有限公司
LFM	天津一汽丰田汽车有限公司	LVH	东风本田汽车有限公司
LFP	中国第一汽车集团公司	LBV	华晨宝马汽车有限公司
LDC	中国神龙汽车有限公司	LS5	重庆长安汽车股份有限公司

续 表

代码	制造厂商	代码	制造厂商
LBE	北京现代汽车有限公司	LH1	一汽海马汽车有限公司
LE4	北京吉普汽车有限公司	LGX	比亚迪汽车有限公司
LKH	哈飞汽车股份有限公司	LJI	安徽江淮汽车股份有限公司

第二部分车辆说明部分代号（VDS）按 GB 16737 规定，由 6 位数组成，可以充分反映一种车辆类型的基本特征，新能源汽车的 VDS 码目前是非强制要求，以下以电动公交车为例进行说明，如图 1–12 所示。

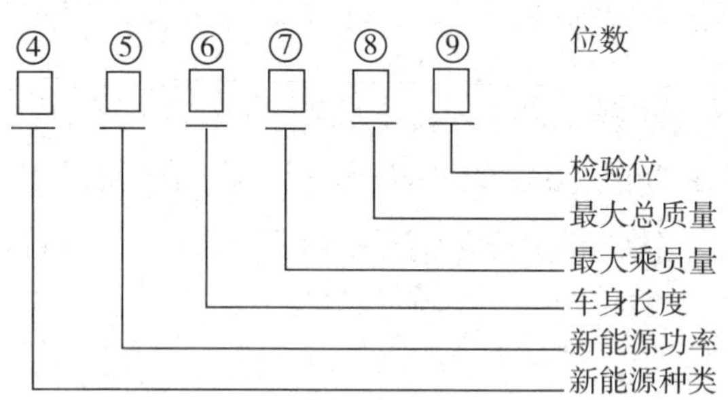

图 1–12　新能源汽车的 VDS 码

第④位字码代表新能源汽车种类，见表 1–3。

表 1–3　新能源汽车种类代码

代码	新能源汽车种类
1	柴油混合动力电动汽车
2	汽油混合动力电动汽车
3	纯电动汽车
4	燃料电池电动汽车

第⑤位字码代表新能源汽车功率，见表 1–4。

表 1–4　新能源汽车功率代码

代码	功率 kW	代码	功率 kW	代码	功率 kW	代码	功率 kW
A	$60 \leqslant P < 65$	J	$110 \leqslant P < 120$	T	$190 \leqslant P < 200$	2	$270 \leqslant P < 280$
B	$65 \leqslant P < 70$	K	$120 \leqslant P < 130$	U	$200 \leqslant P < 210$	3	$280 \leqslant P < 290$
C	$70 \leqslant P < 75$	L	$130 \leqslant P < 140$	V	$210 \leqslant P < 220$	4	$290 \leqslant P < 300$
D	$75 \leqslant P < 80$	M	$140 \leqslant P < 150$	W	$220 \leqslant P < 230$	5	$300 \leqslant P < 310$
E	$80 \leqslant P < 85$	N	$150 \leqslant P < 160$	X	$230 \leqslant P < 240$	6	$310 \leqslant P < 320$
F	$85 \leqslant P < 90$	P	$160 \leqslant P < 170$	Y	$240 \leqslant P < 250$		
G	$90 \leqslant P < 100$	R	$170 \leqslant P < 180$	Z	$250 \leqslant P < 260$		
H	$100 \leqslant P < 110$	S	$180 \leqslant P < 190$	1	$260 \leqslant P < 270$		

第⑥位字码代表车身长度，见表 1–5。

表 1–5　新能源汽车车身长度代码

代码	车长 m	代码	车长 m	代码	车长 m	代码	车长 m
A	$3.5 \leqslant L < 4.0$	G	$6.5 \leqslant L < 7.0$	N	$10.5 \leqslant L < 11$	V	$13.5 \leqslant L < 14$
B	$4.0 \leqslant L < 4.5$	H	$7.0 \leqslant L < 8.5$	P	$11 \leqslant L < 11.5$	W	$14 \leqslant L < 14.5$
C	$4.5 \leqslant L < 5.0$	J	$8.5 \leqslant L < 9.0$	R	$11.5 \leqslant L < 12$	X	$14.5 \leqslant L < 15$
D	$5.0 \leqslant L < 5.5$	K	$9.0 \leqslant L < 9.5$	S	$12 \leqslant L < 12.5$	Y	$15 \leqslant L < 15.5$
E	$5.5 \leqslant L < 6.0$	L	$9.5 \leqslant L < 10$	T	$12.5 \leqslant L < 13$	Z	$15.5 \leqslant L < 16$
F	$6.0 \leqslant L < 6.5$	M	$10 \leqslant L < 10.5$	U	$13 \leqslant L < 13.5$		

第⑦位字码代表最大乘员数，见表 1–6。

表 1–6　新能源汽车最大乘员数代码

代码	最大乘客数 个	代码	最大乘客数 个	代码	最大乘客数 个	代码	最大乘客数 个
A	$10 \leqslant R < 15$	G	$40 \leqslant R < 45$	N	$70 \leqslant R < 80$	V	$130 \leqslant R < 140$
B	$15 \leqslant R < 20$	H	$45 \leqslant R < 50$	P	$80 \leqslant R < 90$	W	$140 \leqslant R < 150$
C	$20 \leqslant R < 25$	J	$50 \leqslant R < 55$	R	$90 \leqslant R < 100$	X	$150 \leqslant R < 160$
D	$25 \leqslant R < 30$	K	$55 \leqslant R < 60$	S	$100 \leqslant R < 110$	Y	$160 \leqslant R < 170$
E	$30 \leqslant R < 35$	L	$60 \leqslant R < 65$	T	$110 \leqslant R < 120$	Z	$170 \leqslant R < 180$
F	$35 \leqslant R < 40$	M	$65 \leqslant R < 70$	U	$120 \leqslant R < 130$	1	$180 \leqslant R < 190$

第⑧位字码代表新能源汽车最大总质量，见表 1–7。

表 1–7　新能源汽车最大总质量代码

代码	最大总质量 kg	代码	最大总质量 kg	代码	最大总质量 kg	代码	最大总质量 kg
K	$1000 \leqslant W < 2000$	C	$4500 \leqslant W < 5500$	F	$7500 \leqslant W < 8500$	U	$10500 \leqslant W < 11500$
A	$2000 \leqslant W < 3500$	D	$5500 \leqslant W < 6500$	R	$8500 \leqslant W < 9500$	V	$11500 \leqslant W < 12500$
B	$3500 \leqslant W < 4500$	E	$6500 \leqslant W < 7500$	T	$9500 \leqslant W < 10500$	X	$12500 \leqslant W < 13500$

第⑨位字码代表检验位，用以核对车辆识别代码记录的准确性。

车辆指示部分（VIS）由 8 位字码组成，其中第 10 位字码表示年份。年份代码见表 1–8。

表 1–8　年份与代码对应表

年份	代码	年份	代码	年份	代码	年份	代码
2001	1	2011	B	2021	M	2031	1
2002	2	2012	C	2022	N	2032	2

续 表

年份	代码	年份	代码	年份	代码	年份	代码
2003	3	2013	D	2023	P	2033	3
2004	4	2014	E	2024	R	2034	4
2005	5	2015	F	2025	S	2035	5
2006	6	2016	G	2026	T	2036	6
2007	7	2017	H	2027	V	2037	7
2008	8	2018	J	2028	W	2038	8
2009	9	2019	K	2029	X	2039	9
2010	A	2020	L	2030	Y	2040	A

特别提示：这里介绍的新能源汽车识别代码仅供参考，最终以国家标准或企业标准为准。

四、新能源汽车仪表盘常见图标

新能源汽车仪表盘上的图标根据功能分为指示、警示、故障图标。新能源汽车仪表盘常见图标见表 1–9。

表 1–9　新能源汽车仪表盘常见图标

名称	图标	说明
电机及控制器过热指示灯		表示汽车电机及控制器过热，需要靠边停车，自然冷却。如果故障灯熄灭可继续行驶，如果故障灯不熄灭或者频繁亮起，就需要去维修店检查了
动力蓄电池过热警告灯		说明动力蓄电池过热，此时最好不要继续行驶，应该靠边停车，等待蓄电池冷却。等到蓄电池冷却了，故障灯熄灭后再行驶
动力蓄电池故障指示灯	HV	动力蓄电池可能存在故障，慢速行驶及时维修。如果能够感觉到明显的故障，此时最好不要行车，申请救援
动力蓄电池绝缘电阻低指示灯	HV	表示动力蓄电池绝缘性能降低，很多时候都是长时间淋雨造成的，需要静放几天。等车辆干燥了或许能好，如不能，只能去维修店
动力蓄电池电量不足指示灯		当动力蓄电池电量低于 30% 时，该指示灯亮起，表示动力蓄电池电量不足，可能不能满足驾驶里程的需求。这个时候，就需要及时充电了。当动力蓄电池电量高于 35% 时，故障灯就会熄灭

续　表

名称	图标	说明
系统警告故障灯		这个故障灯出现的频率较高，大多数时候会与其他故障灯一同亮起，表示动力系统故障。如果是这个故障灯单独亮起，则代表系统总线通信出现故障，还需及时维修
动力蓄电池切断故障指示灯	HV	表示动力蓄电池不能提供动力来源，蓄电池动力已切断，还需及时维修
保养提示指示灯		每行驶 5000 km 此灯会点亮，提醒车主该进行车辆保养了，保养完后，“小扳手”则会自动消失
电瓶指示灯		该指示灯用来显示电瓶使用状态。打开钥匙门，汽车开始自检时，该指示灯点亮；启动后自动熄灭。如果启动后电瓶指示灯常亮，说明该电瓶出现了问题，需要更换
辅助制动器指示灯		辅助制动器开启时，此灯点亮；辅助制动器关闭时，该指示灯自动熄灭；在有的车型上，制动液不足时此灯会亮
ABS 指示灯	ABS	钥匙门打开后点亮，3 ～ 4 s 后熄灭，表示系统正常；不亮或长亮则表示系统故障，此时可以继续低速行驶，但应避免紧急制动
安全气囊指示灯		显示安全气囊工作状态的指示灯，钥匙门打开后点亮，3 ～ 4 s 后熄灭，表示系统正常；不亮或常亮表示系统存在故障
车门状态指示灯		显示车门是否完全关闭的指示灯，车门打开或未能关闭时，该指示灯亮起，提示车主车门未关好；车门关闭后该指示灯熄灭
清洗液指示灯		显示风挡清洗液存量的指示灯，如果清洗液即将耗尽，该指示灯亮，提示车主及时添加清洗液；添加清洗液后，指示灯熄灭
前后雾灯指示灯		该指示灯用来显示前后雾灯的工作状况，前后雾灯接通时，两灯点亮。图中左侧的是前雾灯显示，右侧的是后雾灯显示
转向指示灯		转向灯亮时，相应的转向灯按一定频率闪烁；按下双闪警示灯按键时，两灯同时亮起；转向灯熄灭后，指示灯自动熄灭
远光指示灯		显示大灯是否处于远光状态，通常的情况下该指示灯为熄灭状态；在远光灯接通和使用远光灯瞬间点亮功能时亮起

续 表

名称	图标	说明
示宽指示灯		示宽指示灯用来显示汽车示宽灯的工作状态，平时为熄灭状态：当示宽灯打开时，该指示灯随即点亮
安全带指示灯		显示安全带状态的指示灯，按照车型不同，灯会亮起数秒进行提示，或者直到系好安全带才熄灭。有的车还会有声音提示
内循环指示灯		该指示灯用来显示汽车空调系统的工作状态，平时为熄灭状态：当打开内循环时，汽车关闭外循环，该指示灯自动点亮
胎压报警灯		当汽车的轮胎胎压出现问题时，胎压报警灯便会点亮。若胎压报警灯点亮，最好先停车检查是什么原因导致胎压出现问题，查明原因及时修复，以消除事故隐患
疲劳驾驶警示灯		表示汽车已经长时间行驶，提醒驾驶员要到服务区或者安全地带去休息一下，避免疲劳驾驶

五、新能源汽车常见的英文缩写

新能源汽车有很多常用英文缩写，初学者如果不了解其含义，会有很多不便。新能源汽车常见的英文缩写，见表 1–10。

表 1–10　新能源汽车常见的英文缩写

英文缩写	中文含义	中文解析
EV	电动汽车	是指所有类型电动汽车的总称，它包括纯电动汽车、插电式混合动力汽车和燃料电池电动汽车
BEV	纯电动汽车	这类汽车动力全部来源于电池，因为只有电池提供能源供给，只有电机提供动力，驱动汽车前行，可以实现行驶过程完全零排放
HEV	混合动力电动汽车	是指采用传统燃料，同时配有发动机和电机的车型。HEV 中配有的电池数量一般较少，电池的充电是通过汽车的电机带动的，通过回收制动能量，帮助汽车起停，能改善车辆的低速动力输出和降低油耗
SHEV	串联式混合动力电动汽车	动力只来源于电机的混合动力电动汽车
PHEV	并联式混合动力电动汽车	车辆的驱动力由电机及发动机同时或单独供给的混合动力电动汽车

续　表

英文缩写	中文含义	中文解析
PSHEV	混联式混合动力电动汽车	同时具有串联式、并联式驱动方式的混合动力电动汽车
PHEV	插电式混合动力电动汽车	PHEV 的车载动力电池可以通过外接电源进行充电。能量由电池和燃油提供，动力由燃油发动机和电机提供
FCEV	燃料电池电动汽车	以氢气、甲醇等为燃料，通过化学反应产生电流，依靠电机驱动的汽车。其电池的能量是通过氢气和氧气的化学作用，直接变成电能的
REEV	增程式电动汽车	增程式电动汽车在纯电动汽车基础上，装备一个小型的辅助发电机组，以备电池电量不足时为电池充电
ISG	汽车启动发电一体机	直接集成在发动机主轴上；正常行驶时，发动机驱动车辆，该电机断开或者起到发电机的作用；制动时，该电机还可以起到再生发电，回收制动能量的节能效果
BSG	皮带传动启动/发电一体化电机	电机通过皮带传动在极短时间内将发动机转速由零增加至怠速以上，从而实现汽车的快速起停的装置
BMS	电池管理系统	对电池进行管理的系统，通常具有量测电池电压的功能，防止或避免电池过放电、过充电、过温度等异常状况出现
SOC	荷电状态	用来反映电池的剩余容量，其数值上定义为剩余容量占电池容量的比值，常用百分数表示

新能源汽车基本参数

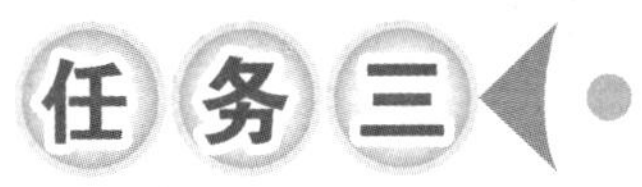

一、质量参数

电动汽车质量参数主要包括整车整备质量、电动汽车总质量、电动汽车装载质量和电池质量等。

1. 整车整备质量

整车整备质量是指电动汽车完全装备的质量，包括整车装备完好的空车质量，电池、润滑油、冷却液、随车工具、备用轮胎及备品等的质量，但不包括货物、驾驶员、乘客及行李的质量。

2. 电动汽车总质量

电动汽车总质量是指汽车装备齐全，并按规定装满乘客（包括驾驶员）、货物时的质量。

3. 电动汽车装载质量

电动汽车装载质量是指汽车满载时所能装载的货物和人员的总质量，即电动汽车总质量与整车整备质量之差。

4. 电池质量

纯电动汽车电能消耗量与整备质量和电池质量密切相关，整备质量和电池质量越小，电能消耗量越少。平均整备质量和动力电池质量如图 1–13 所示。车辆整备质量的变化与动力电池质量变化几乎完全同步。

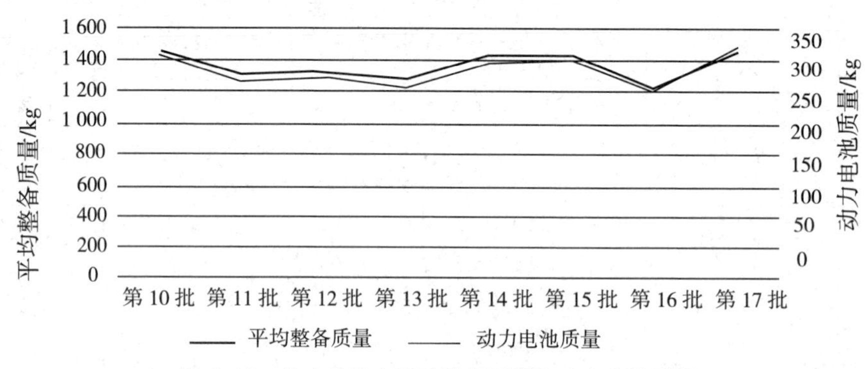

图 1–13　纯电动汽车平均整备质量和动力电池质量

 二、电池基本参数

电池基本参数有电压、电池容量、电池能量、能量密度、功率密度、电池放电倍率、荷电状态、寿命等。

（一）电压

电压分为开路电压、工作电压、充电终止电压、放电终止电压。

1. 开路电压

开路电压是指电池外部不接任何负载或电源，测量电池正负极之间的电位差，即电池的开路电压。

2. 工作电压

工作电压与开路电压相对应，即电池外接上负载或电源，有电流流过电池，测量所得的正负极之间的电位差。

由于电池内阻的存在，放电状态时（外接负载）的工作电压低于开路电压，充电时（外接电源）的工作电压高于开路电压。

3. 充电终止电压

可充电电池充足电时，极板上的活性物质已达到饱和状态，再继续充电，电池的电压

也不会上升，此时的电压称为充电终止电压。

4. 放电终止电压

放电终止电压是指蓄电池放电时允许的最低电压。放电终止电压和放电率有关。

（二）电池容量

电池容量是指完全充电的蓄电池在规定条件下所释放的总的电量，单位为 A · h 或 kA · h，它等于放电电流与放电时间的乘积。1 A · h 就是电池能在 1 A 的电流下使用 1 h，16 A · h 就是电池能在 1 A 的电流下使用 16 h。

（三）电池能量

电池能量是指在一定放电制度下电池所能输出的电能，单位为 W · h 或 kW · h，它等于电压与电池容量的乘积。

例如：标识为 3.7 V/10 A · h 的电池，其能量为 37 W · h。如果把 4 节这样的电池串联起来，就组成了一个电压是 14.8 V、容量为 10 A · h 的电池组，虽然没有提高电池容量，但总能量为 148 W · h，提高了 4 倍。

（四）能量密度

能量密度是指单位体积或单位质量的蓄电池所释放的电能，用 W · h/L、W · h/kg 来表示。

如果是单位体积，即体积能量密度（W · h/L），直接简称为能量密度；如果是单位质量，就是质量能量密度（W · h/kg），也叫比能量。

例如：一节锂电池质量为 300 g，额定电压为 3.7 V，容量为 10 A · h，则其比能量为 123 W · h/kg。

在新能源汽车国家补贴政策中，纯电动汽车所搭载的电池比能量被列入了考核范围，型将无法获得任何补贴，105（含）～ 120 W · h/kg 的车型按 0.6 倍补贴，120（含）～ 140 W · h/kg 的车型按 1 倍补贴，140（含）～ 160 W · h/kg 的车型按 1.1 倍补贴，160 W · h/kg 及以上的车型按 1.2 倍补贴。2017 年电池平均比能量逐渐增加，如图 1–14 所示。

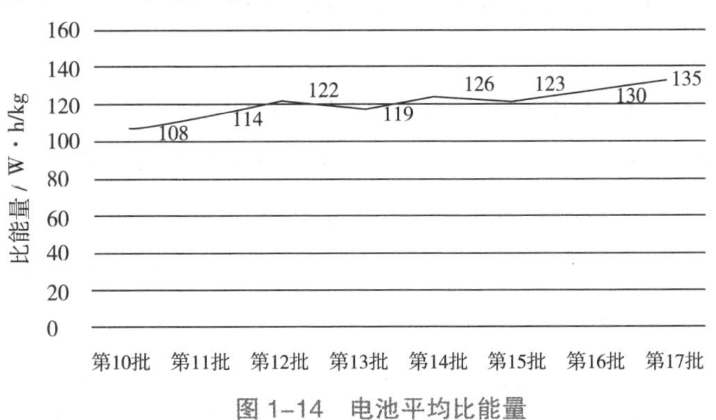

图 1–14 电池平均比能量

（五）功率密度

电池功率是指电池在一定放电制度下，单位时间内所输出能量的大小，单位为 W 或 kW。功率密度是指单位质量（也叫比功率）或单位体积电池输出的功率，单位为 W/kg 或 W/L。

比功率是评价电池是否满足电动汽车加速性能的重要指标。

比能量和比功率究竟有什么区别？举个形象的例子：比能量高的动力电池就像龟兔赛跑里的乌龟，耐力好，可以长时间工作，保证汽车续航里程长；比功率高的动力电池就像龟兔赛跑里的兔子，速度快，可以提供很高的瞬间电流，保证汽车加速性能好。

（六）电池放电倍率

放电倍率是指在规定时间内放出其额定容量时所需要的电流值，它在数值上等于电池额定容量的倍数。即：充放电电流（A）/ 额定容量（A·h），其单位一般为 C，如 0.5 C、1 C、5 C 等。

例如，对于容量为 24 A·h 的电池来说，用 48 A 放电，其放电倍率为 2 C，反过来讲，2 C 放电，放电电流为 48 A，0.5 h 放电完毕；用 12 A 充电，其充电倍率为 0.5 C，反过来讲，0.5 C 充电，充电电流为 12 A，2 h 充电完毕。

电池的充放电倍率，决定了可以以多快的速度，将一定的能量存储到电池里面，或者以多快的速度，将电池里面的能量释放出来。

（七）荷电状态

荷电状态（SOC）也叫剩余电量，代表电池放电后剩余容量与其完全充电状态的容量的比值。其取值范围为 0 ～ 1，当 SOC=0 时表示电池放电完全；当 SOC=1 时表示电池完全充满。电池管理系统（BMS）就是主要通过管理 SOC 并进行估算来保证电池高效工作的，所以它是电池管理的核心。

（八）寿命

电池的寿命分为循环寿命和日历寿命。循环寿命是指电池可以循环充放电的次数，即在理想的温度和湿度条件下，以额定的充放电电流进行充放电，计算电池容量衰减到 80% 时所经历的循环次数。

日历寿命是指电池在使用环境条件下，经过特定的使用工况，达到寿命终止条件（容量衰减到 80%）的时间跨度。日历寿命是与具体的使用要求紧密结合的，通常需要规定具体的使用工况、环境条件、存储间隔等。

循环寿命是一个理论上的参数，而日历寿命更具有实际意义。但日历寿命的测算复杂，耗时长，所以一般电池厂家只给出循环寿命的数据。

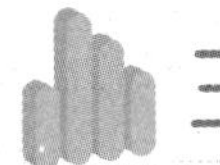

三、电机基本参数

电机基本参数有额定功率、峰值功率、额定转速、最高工作转速、额定转矩、峰值转矩、堵转转矩、额定电压、额定电流、额定频率。

（1）额定功率。额定功率是指电机额定运行条件下轴端输出的机械功率（W）。

（2）峰值功率。峰值功率是指在规定的时间内电机运行的最大输出功率（W）。

（3）额定转速。额定转速是指电机额定运行（额定电压、额定功率）条件下电机的最低转速（r/min）。

（4）最高工作转速。最高工作转速是指在额定电压时电机带负载运行所能达到的最高转速（r/min）。

（5）额定转矩。额定转矩是指电机在额定功率和额定转速下的输出转矩（N·m）。

（6）峰值转矩。峰值转矩是指电机在规定的持续时间内允许输出的峰值转矩（N·m）。

（7）堵转转矩。堵转转矩是指转子在所有角位堵住时所产生的最小转矩（N·m）。

（8）额定电压。额定电压是指电机正常工作的电压（V）。

（9）额定电流。额定电流是指电机额定运行条件下电枢绕组（或定子绕组）的线电流（A）。

（10）额定频率。额定频率是指电机额定运行条件下电枢（或定子侧）的频率（Hz）。

四、新能源汽车性能参数

电动汽车性能参数主要有最高车速、加速能力、坡道起步能力、爬坡车速、续航里程、能量消耗率、放电能量、再生能量、动力系效率和总功率。

（一）最高车速

电动汽车最高车速包括最高车速（1 km）和 30 min 最高车速。

（1）最高车速（1 km）。最高车速（1 km）是指电动汽车能够往返各持续行驶 1 km 以上距离的最高平均车速。

（2）30 min 最高车速。30 min 最高车速是指电动汽车能够持续行驶 30 min 以上的最高平均车速，其值应不低于 80 km/h。

（二）加速能力

加速能力是指电动汽车从速度 u_1 加速到 u_2 所需要的最短时间。0 ～ 50 km/h 和 50 ～ 80 km/h 的加速性能，其加速时间应分别不超过 10 s 和 15 s。

（三）坡道起步能力

坡道起步能力是指电动汽车在坡道上能够启动且 1 min 内向上行驶至少 10 m 的最大

坡度。车辆通过 4% 坡度的爬坡车速不低于 60 km/h; 车辆通过 12% 坡度的爬坡车速不低于 30 km/h：车辆最大爬坡度不低于 20%。

（四）爬坡车速

爬坡车速是指电动汽车在给定坡度的坡道上能够持续行驶 1 km 以上的最高平均车速。

（五）续航里程

续航里程是指电动汽车在动力蓄电池完全充电状态下，以一定的行驶工况，能连续行驶的最大距离。作为普通消费者，纯电动汽车的续航里程是大家最为关注的核心技术指标，其数值大小直接决定了消费者的日常使用体验。工况法下平均续航里程逐渐增加，如图 1–15 所示。

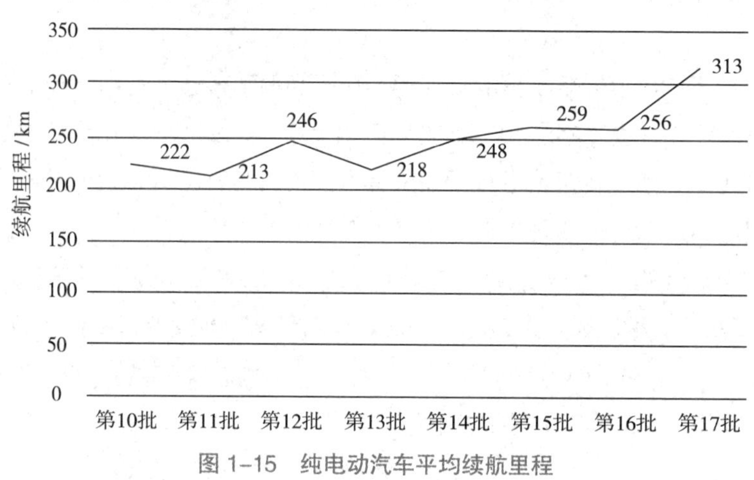

图 1–15　纯电动汽车平均续航里程

（六）能量消耗率

能量消耗率是指电动汽车经过规定的试验循环后，对动力蓄电池重新充电至试验前的容量，从电网上得到的电能除以行驶里程所得的值（W・h/km）。

常用平均百千米电耗来评价能量消耗的大小。

在新能源汽车国家补贴政策中，对百千米电耗这一指标进行了限定。根据车辆整备质量的不同，达到不同标准百千米电耗的车型，2018 年可以分别获得 0.5 倍、1 倍和 1.1 倍标准补贴。纯电动汽车平均百千米电耗如图 1–16 所示。

（七）放电能量（整车）

放电能量是指电动汽车行驶中，由储能装置释放的电能（W・h）。

（八）再生能量

再生能量是指行驶中的电动汽车用再生制动回收的电能（W・h）。

再生制动是指电动汽车滑行、减速或下坡时，将车辆行驶过程中的动能及势能转化或部分转化为车载可充电储能系统的能量存储起来的制动过程。

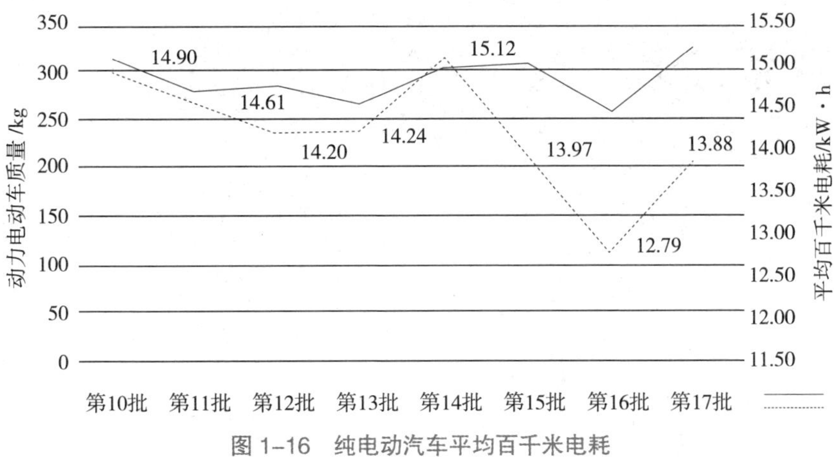

图 1-16　纯电动汽车平均百千米电耗

（九）动力系效率

动力系效率是指在纯电动情况下，从动力系输出的机械能除以输入动力系的电能所得的值。

（十）总功率

总功率是指混合动力电动汽车在联合驱动模式下可输出的峰值功率。

五、2020 年第 4 批新能源汽车（轿车）主要参数表

2020 年 4 月 1 日，工信部发布了第 330 批《道路机动车辆生产企业及产品公告》，申报本批《公告》的汽车、摩托车、低速汽车生产企业共计 603 户，新产品共计 2108 个。其中部分轿车主要参数见图 1-13 ～图 1-20。

1. 东风汽车有限公司启辰牌 DFL7000NA63BEV 纯电动轿车

车辆基本信息	配置 ID：NC505113
外廓尺寸长（mm）	4764
外廓尺寸宽（mm）	1803
外廓尺寸高（mm）	1494
总质量（kg）	1950
整备质量（kg）	1505
最高车速（km/h）	150
30 分钟最高车速（km/h）	140
续驶里程（km，工况法）	405
电池系统能量密度（Wh/kg）	153.00
工况条件下百公里耗电量（Y）（kW·h/100 km）	12.90
储能装置种类	锂离子电池
驱动电机类型	永磁同步电机
驱动电机峰值功率 / 转速 / 转矩（kW/r·min^{-1}/N·m）	120/12000/250

图 1-13　东风汽车启辰 DFL7000NA63BEV 纯电动轿车

2. 北京汽车股份有限公司 北京牌 BJ7000C5DB-BEV 纯电动轿车

车辆基本信息	配置 ID：NC505990
外廓尺寸长（mm）	4650
外廓尺寸宽（mm）	1820
外廓尺寸高（mm）	1510
总质量（kg）	2015
整备质量（kg）	1640
最高车速（km/h）	155
30 分钟最高车速（km/h）	155
续驶里程（km，工况法）	350
电池系统能量密度（Wh/kg）	125.06
工况条件下百公里耗电量（Y）（kW · h/100 km）	13.70
储能装置种类	磷酸铁锂蓄电池
驱动电机类型	永磁同步
驱动电机峰值功率 / 转速 / 转矩（kW/r · min^{-1}/N · m）	160/11000/300

图 1-14 北京汽车北京 BJ7000C5DB-BEV 纯电动轿车

3. 长安标致雪铁龙汽车有限公司 谛艾仕牌 CAP7161HEV6 插电式混合动力轿车

车辆基本信息	配置 ID：NC503917
外廓尺寸长（mm）	4933
外廓尺寸宽（mm）	1855
外廓尺寸高（mm）	1468
总质量（kg）	2326
整备质量（kg）	1880
最高车速（km/h）	240
燃料种类	汽油 / 电混合动力
是否允许外接充电	是
纯电动模式下续驶里程（km，工况法）	50
发动机生产企业	长安标致雪铁龙汽车有限公司
排量 / 功率（ml/kW）	1598/147
发动机型号	5G06
节油率水平（%）	40.20
燃料消耗量（L/100 km，B 状态）	5.50
储能装置种类	三元锂蓄电池
驱动电机类型	永磁同步电机
驱动电机峰值功率 / 转速 / 转矩（kW/r · min^{-1}/N · m）	81.2/7000/320

图 1-15 长安标致谛艾仕 CAP716HEV6 插电式混合动力轿车

4. 比亚迪汽车工业有限公司 比亚迪牌 BYD7002BEV7 纯电动轿车

车辆基本信息	配置 ID：NC505519
外廓尺寸长（mm）	4240
外廓尺寸宽（mm）	1760
外廓尺寸高（mm）	1530
总质量（kg）	1700
整备质量（kg）	1325
最高车速（km/h）	130
30 分钟最高车速（km/h）	130
续驶里程（km，工况法）	405
电池系统能量密度（Wh/kg）	160.00
工况条件下百公里耗电量（Y）（kW·h/100 km）	11.50
储能装置种类	镍钴锰酸锂电池
驱动电机类型	永磁同步电机
驱动电机峰值功率 / 转速 / 转矩（kW/r·min^{-1}/N·m）	100/12100/180

图 1–16　比亚迪 BYD7002BEV7 纯电动轿车

5. 上海汽车集团股份有限公司 荣威牌 CSA7002FBEV7 纯电动轿车

车辆基本信息	配置 ID：NC505519
外廓尺寸长（mm）	4544
外廓尺寸宽（mm）	1818
外廓尺寸高（mm）	1521，1543
总质量（kg）	2002
整备质量（kg）	1560
最高车速（km/h）	185
30 分钟最高车速（km/h）	160
续驶里程（km，工况法）	416
电池系统能量密度（Wh/kg）	130.10
工况条件下百公里耗电量（Y）（kW·h/100 km）	13.60
储能装置种类	磷酸铁锂蓄电池
驱动电机类型	永磁同步电机
驱动电机峰值功率 / 转速 / 转矩（kW/r·min^{-1}/N·m）	120/4500/255

图 1–17　上海汽车荣威 CSA7002FBEV7 纯电动轿车

6. 上汽通用五菱汽车股份有限公司 五菱牌 LZW7004EVJDAG 纯电动轿车

车辆基本信息	配置 ID：NC507171	配置 ID：NC507169
外廓尺寸长（mm）	2917	2917
外廓尺寸宽（mm）	1493	1493
外廓尺寸高（mm）	1621	1621
总质量（kg）	1020	1020
整备质量（kg）	705	705
最高车速（km/h）	100	100
30 分钟最高车速（km/h）	100	100
续驶里程（km，工况法）	170	170
电池系统能量密度（Wh/kg）	110.00	110.00
工况条件下百公里耗电量（Y）（kW·h/100 km）	16.00	16.00
储能装置种类	三元锂离子电机	三元锂离子电机
驱动电机类型	永磁同步电机	永磁同步电机
驱动电机峰值功率 / 转速 / 转矩（$kW/r\cdot min^{-1}/N\cdot m$）	20/7500/85	20/7500/85

图 1–18　上海通用五菱 LZW7004EVJDAG 纯电动轿车

7. 北京汽车制造厂有限公司 燕铃牌 BAW7000UB42BEV 纯电动轿车

车辆基本信息	配置 ID：NC505519
外廓尺寸长（mm）	3239
外廓尺寸宽（mm）	1585
外廓尺寸高（mm）	1541
总质量（kg）	1130
整备质量（kg）	830
最高车速（km/h）	100
30 分钟最高车速（km/h）	100
续驶里程（km，工况法）	131
电池系统能量密度（Wh/kg）	112.00
工况条件下百公里耗电量（Y）（kW·h/100 km）	16.00
储能装置种类	锂离子动力蓄电池
驱动电机类型	永磁同步电机
驱动电机峰值功率 / 转速 / 转矩（$kW/r\cdot min^{-1}/N\cdot m$）	20/7000/105

图 1–19　北京汽车燕铃 BAW7000UB42BEV 纯电动轿车

8. 天津一汽丰田汽车有限公司 丰田（TOYOTA）牌 TV7001BEV 纯电动轿车（2020 年第 1 批发布推荐车型）

车辆基本信息	配置 ID：NC493307	配置 ID：NC493305*
外廓尺寸长（mm）	4405	4405
外廓尺寸宽（mm）	1795	1795
外廓尺寸高（mm）	1575	1575
总质量（kg）	2220	2220
整备质量（kg）	1780	1780
最高车速（km/h）	160	160
30 分钟最高车速（km/h）	160	160
续驶里程（km，工况法）	400	400
电池系统能量密度（Wh/kg）	131.00	131.00
工况条件下百公里耗电量（Y）（kW · h/100 km）	13.10	13.10
储能装置种类	锂离子动力蓄电池	锂离子动力蓄电池
驱动电机类型	永磁同步电机	永磁同步电机
驱动电机峰值功率 / 转速 / 转矩（kW/r · min^{-1}/N · m）	150/16250/300	150/16250/300

图 1–20　天津一汽丰田 TJ7001BEV 纯电动轿车

新能源汽车关键技术与发展规划

任务四

一、新能源汽车发展史

（一）新能源汽车的演变

新能源汽车是指采用非常规的车用燃料作为动力来源（或使用常规的车用燃料，但采用新型车载动力装置），综合车辆的动力控制和驱动方面的先进技术，形成技术原理先进，具有新技术和新结构的汽车。

新能源汽车发展史

新能源汽车具体包括以下几种形式：油电混合动力汽车（又可分为汽油混合动力系统和柴油混合动力系统两种类型）；压缩天然气（CNG）和液化天然气（LNG）

汽车（包括点燃式和压燃式）；煤驱动类汽车 [细分有点燃式 M85 甲醇汽油发动机、M15 甲醇汽油机（部分新能源）、压燃式二甲醚（DME）发动机、煤制汽油和煤制柴油等能源类型]；生物质能源驱动类汽车 [细分为 E10 乙醇汽油车（部分新能源）与柴油车（部分新能源）]；来自于煤、铀、水力、风力、太阳能发电充电的纯电动汽车。

上面提到的大多类型新能源汽车在我国目前仍处于研发阶段，批量生产的较少。而压缩天然气和液化天然气汽车因其技术较简单，主要应用于重型货车和大型客车及少数出租车上。当下批量生产的新能源汽车主要有纯电动（EV）和插电式油电混合动力（PHEV）汽车及不可外接充电的油电混动汽车（HEV），其中油电混合动力汽车包括汽油 / 柴油两种油电混合动力系统。

传统汽车是靠内燃机将汽油 / 柴油的化学能转化为动能，但内燃机即汽车发动机的热效率仅为 20% ～ 40%，再加上原油开采、提炼、加工等工序，原油的平均能量利用率仅为 14% 左右。如果利用新能源转化的电能，纯电动汽车比燃油汽车节能达 70%，而费用方面也可节省 50% 左右。

由于石油是不可再生资源，终有一天会枯竭。同时，即使再省油的汽车也要依靠石油这单一的能量来源。电能作为二次能源，它不受石油资源的限制，除了煤炭之外，核能、风能、水力能、太阳能、潮汐能、地热都可以用来转化为电能，电动汽车是人类未来交通的必然选择。

今后煤电在电力资源中占的比例肯定会越来越低，而核电、光伏、风电、水电等新能源发电的比例将会越来越高，因此，电动汽车将会越来越环保。

使用纯电动汽车代替燃油汽车，是将燃油汽车分散地排放集中到了电厂的废气排放。而电厂的废气排放可以集中处理，无论是在技术上，还是在经济上，电厂的集中处理都要优于汽车的尾气排放。电动汽车代替燃油汽车可以大大降低一氧化碳（CO）和碳氢化合物（CH）的排放量，而随着技术进步和清洁能源发电的使用，氮氧化合物（NO_x）和硫化物（SO_x）的排放也将有所降低。此外，燃油车尾气排放中的一氧化碳（CO）是剧毒物质，已经造成了许多起在车中或密闭车库中致人死亡的案件。

近年来，为了缓解全球气候升温的变化，不少国家和厂家纷纷做出禁售和减少开发与生产燃油汽车的目标和计划。

德国决定 2030 年起新车只能为零排放汽车，禁止销售汽油车与柴油车。

法国决定 2040 年后禁售汽油车与柴油车，目标是让法国在 2050 年前成为零碳排放国家。

荷兰要求 2025 年开始禁止在本国销售传统的汽油和柴油汽车。

挪威决定 2025 年起禁止燃油汽车销售。

印度表示到 2030 年只卖电动汽车，全面停止以石油燃油为动力的车辆销售。

沃尔沃宣布自2019年开始不再新开发燃油汽车，所有新款车型都将为纯电动或混合动力车型。奔驰宣布将在2022年之前将整个汽车产品线实现电动化，全面停售传统燃油车型。

大众计划到2030年之前，实现所有车型电动化，停售传统燃油车型。

丰田宣布到2050年停售汽油车，到时将只出售混合动力及燃料电池汽车。

……

我国的基本国情是“富煤、缺油、少气”，我国是世界上第二大原油消费国，并且最近已经取代美国成为世界上最大的原油进口国。目前国内石油消费市场对进口石油的依存度已经达到了58%。同时，我国煤炭储量位列全球前茅，目前电网的电力又以“煤电”占主导地位，发展纯电动汽车正好可以解决“缺油、少气”带来的问题。

发展纯电动车的另一个优势就是解决电网在昼夜间的负荷不平衡问题，全世界各个国家的电网都受这个问题的困扰。白天，电动汽车正常行驶；晚上，正好利用“谷电”为车辆充电。如果电动汽车夜间充电50 kW · h的电能，几十万辆电动汽车就相当于一个千万千瓦级的电厂的调峰任务。利用夜间充电，现有的电网就已经能满足今后若干年电动汽车发展对电能的要求。这样不仅解决了电动汽车充电的问题，还同时有利于调节电网的昼夜间负荷不平衡问题。

电动汽车的核心技术是三电，即“电池、电机、电控”，而生产电池和电机所要的两关键性资源我国储量都十分丰富。电动汽车的主要动力电池大多为锂电池，而我国也是世界锂资源储量第三大国。电机目前普遍使用的是永磁同步电机，它需要利用稀土永磁材料来做电机的转子，而我国的稀土资源储量居世界首位，占了世界总储量的一半。目前稀土产品市场中，我国的产量占了世界市场的90%以上。因此，从资源上来说，我国有发展电动汽车的天然优势。

电驱型汽车始终是推动车辆发展的主要元素之一。电动汽车技术曾经在一段时间内被忽略了，因为当时油田的油气储量看似还很丰沛，但是后来，随着人们意识到油气储量正日益衰竭，同时，全球环境和气候保护也被提上日程，于是新能源汽车的推广与应用就变得越来越重要。

有关新能源汽车的发展时光轴请参见图1–21所示。

1834

美国人托马斯·达文波特于1834年制造了首辆搭载不可充电式蓄电池的由直流电机驱动的电动车，行驶里程为15~30 km

1859

法国人普兰特于1859 年发明了可充电式铅酸蓄电池

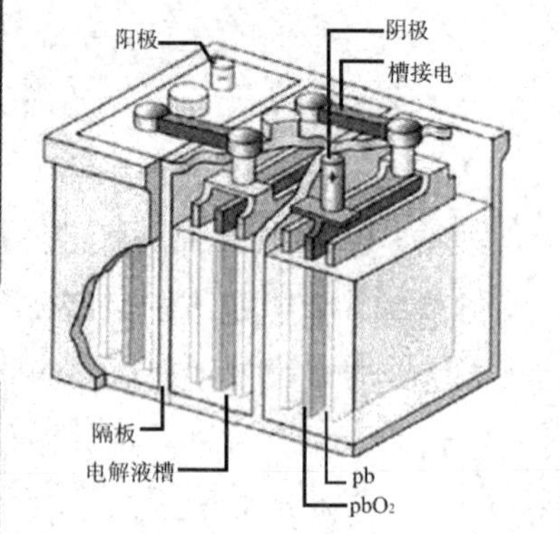

1881

首款官方认可的电动车诞生，是一款三轮车型，由巴黎的古斯塔夫·波尔图打造。该款车型搭载了可充电式铅酸蓄电池，车速可达12km/h

1882

1881年维尔纳·冯·上第一辆有轨电车，次年，制造了一辆无轨电动车。这款车即世人所知的“Electro-Motte”或“Elctromote”，它被认作是世界上第一辆无轨电车

1898

巴黎人查尔斯·简托德创立的公司在世纪之交(1893-1906 年)成为电动车领域的领航者。其中的一款车型创下了37.7 km/h的车速纪录

1900

斐迪南·保时捷在巴黎博览会上展出了在前桥的两个车轮上安装有车轮电机的车辆

1902

瑞士行业领先的电动产业公司A. Tribelhorm开发了其首款装备电动机的车型。在大约20年的时间里，该公司主要生产电动商务用车

1913

首家加油站在美国匹兹堡投入运营。之后不久，几乎每个城镇都有了加油站。搭载发动机的车辆之所以脱颖而出，要得益于其优化的结构、低价的汽油,以及更高行程发动机的开发

1960

查尔斯·亚历山大·艾斯科法瑞展出了可能是世界上的首辆太阳能车。这是一款 1912 年在加利福尼亚州注册的 Baker Electic 车型，其光伏板由 10640 个独立电池组成

1969

美国发明了“月球车”用于登月。它的每个轮子都装有电动机。“月球车”采用银锌蓄电池驱动，行程可达约 92 km

1973

第一次石油危机的爆发显示出工业国家对石油输出国的巨大依赖性。燃油价格由飙升

1985

瑞士举办了世界首场太阳能车大赛，即“Tour de Sool”

1987

针对太阳能车举办了首场“世界太阳能车挑战赛”

1991

挪威“THINK”是首批被认作是纯电动车而非电动车改装车的车型之一

1992

德国汽车制造商大众打造了 VW Golf Citystromer 车型，这是一款安装了电动面的改装版高尔夫

1995

1995–2005 年期间，标准雪铁龙制造了 10000 辆电动车

1996

通用汽车丰双座电动双门轿跑车“EV 1”（电动车 1）上装载了 500kg 的铅酸蓄电池。之后的镍氢混合蓄电池进一步提升了车辆性能

2008

特斯拉汽车公司独家打造的“Tesla Roadster”在美国上市，其内部排列连接有 6187 块笔记本电池。从 0 加速到 100 km/h 只需 3.8 s

2009

德国政府引入了“国家电机发展计划”（Nationalen Entwicklungsplan Elektro–mobilit ä t，NEPE），其中的在于激励研发，加强市场计划，以及在德国市场发布蓄电章子怡驱动的车辆。预计 2020 年德国将拥有 100 万辆电动车，从而成为电动汽车领域的市场领航者

图 1–21　新能源汽车的发展时光轴

（二）新能源汽车的兴起

图 1–22 所示为促进新能源汽车普及的诸多因素。

图 1–22　促进新能源汽车普及的诸多因素

（三）新能源汽车的优势

相比目前普遍使用的发动机（汽油发动机与柴油发动机）车辆，新能源（目前主要为电能）汽车具有以下明显优势。

（1）电动驱动装置行驶电动机较发动机运行起来更加静音，因此电动汽车的噪声排放非常低。高速运行时，最响的声音只是轮胎与路面的摩擦噪声。

（2）电动车在行驶过程中不会排放有害物质或温室气体。如果车辆的高压蓄电池由可再生能源进行充电，则电动车不会排放任何二氧化碳气体。

（3）在不久的将来，如果极度拥挤的市中心规定是“零排放”区，则只能在其中驾驶电动车辆。

（4）电动驱动装置行驶电动机十分强劲，基本无须维护。它只会发生少量机械磨损。

（5）电动驱动装置行驶电动机效能极高（96%），而发动机的效能仅为 35% ～ 40%。

（6）电动驱动装置行驶电动机拥有卓越的扭矩和输出特征，从静止开始便可产生最大扭矩。这使得电动车较发动机车而言可在输出相同的情况下进行更快的加速。

（7）驱动系统设计更加简单，因为电动车不再需要装备变速箱、离合器、消音器、微粒过滤器、油箱、启动器、交流发电机及火花塞。

（8）车辆制动时，电动机还可用作交流发电机，用于发电并为蓄电池充电（再生性制动）。

（9）可以在家里、停车场使用任何电源插座为高压蓄电池充电。

（10）只在用户需要的时候提供能量。与传统车辆相比，车辆停止时（如遇红灯），电动驱动装置行驶电动机不再运行。电动驱动装置行驶电动机特别高效，尤其在交通堵塞时。

（11）电动驱动装置行驶电动机上不再搭载变速箱，此外，电动汽车也不再需要任何润滑油。

二、新能源汽车的发展背景

在汽车百余年的发展历史中，作为新能源汽车的电动汽车曾在历史上几经坎坷，然而由于社会、经济及技术等诸多因素使得电动汽车无法与以石油能源为燃料的内燃机汽车相匹敌。不过，在新的历史时期，由于特定的社会与环境背景，新能源汽车又迎来新的发展机遇。

（一）温室效应与碳排放控制

汽车尾气中含量最高的气体是 CO_2。尽管 CO_2 对环境没有直接毒害作用，但它是主要的温室气体之一。当大气中 CO_2 含量升高时，会增强大气对太阳光中红外线辐射的吸收，阻止地球表面的热量向外散发，使地球表面的平均气温上升，产生温室效应，引起全球变暖，威胁人类生存环境。温室气体排放对环境的改变不容忽视。

据联合国估计：2020 年全球平均温度增幅将达 1.3 ～ 2.5 ℃，到 2070 年全球平均温度增幅将达 2.4 ～ 5.1 ℃。

据日本 IPCC 估计：到 21 世纪末地球表面平均气温将再上升 2 ℃，海平面将再上升大约 50 cm。

随着汽车工业的发展，世界碳排放问题日益突出，据 BP（英国石油公司）2014 年统计年鉴，2013 年世界 CO_2 排放总量达到 360 亿 t。图 1–23 和图 1–24 为 2013 年 CO_2 排放前十位的国家及所占的比例。其中，全球 23% 的 CO_2 来自于交通运输，可见汽车工业是影响碳排放量的一个重要因素，为历史最高水平。能源行业的温室气体排放占总排放量的 2/3，因此在应对气候变化问题上，能源行业的作用至关重要。美国能源领域的 CO_2 排放量去年下降 3.8%，降至 20 世纪 90 年代以来最低水平，有一半是因为页岩气替代了煤炭，欧洲的 CO_2 排放量也降低了。2012 年中国 CO_2 排放增长 3.8%，这是过去 10 年增长最慢的一次，增速为 2011

年的一半，单位发电量的 CO_2 排放水平降低了 17%。但中国仍是 CO_2 排放最大国，占全球总排放量的 1/4。

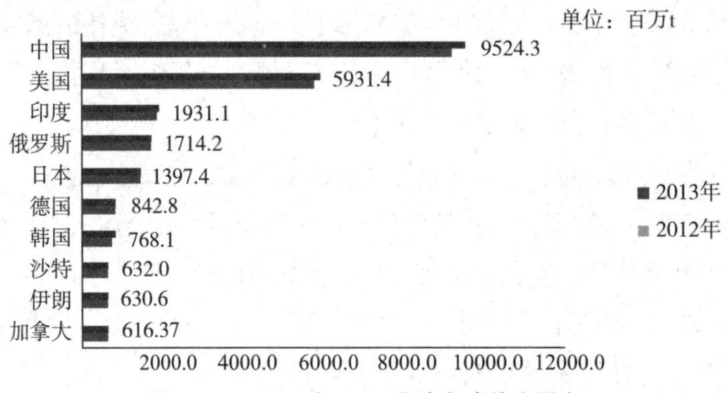

图 1–23　2013 年 CO_2 排放全球前十排名

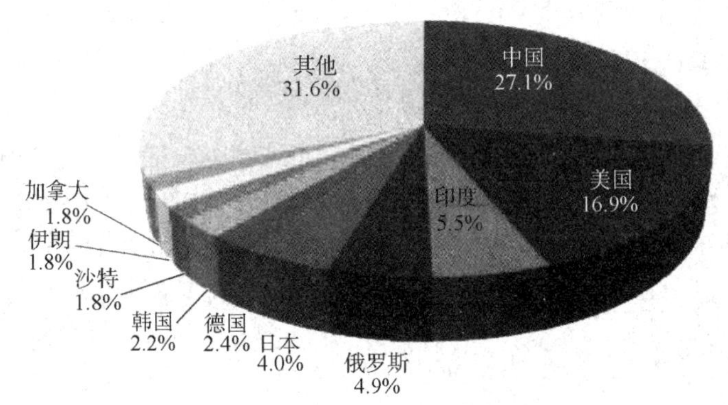

图 1–24　各国 CO_2 排放全球占比

为此，世界各国对汽车碳排放控制要求越来越高。图 1–25 为部分国家汽车碳排放近期控制目标。欧盟在 2014 年设定了全球最严格的汽车碳排放控制目标，即从 2020 年 1 月 1 日起，欧盟范围内所销售的 95% 的新车 CO_2 排放平均水平必须达到不超过 95 g/km。而 2012 年的数据显示，戴姆勒集团车辆平均 CO_2 排放水平在 140 g/km，奥迪稍低，但也超过了 130 g。从排放标准来看，汽车厂商仅仅依靠传统汽车的技术进步无法满足排放标准，必须积极投资研发电动汽车

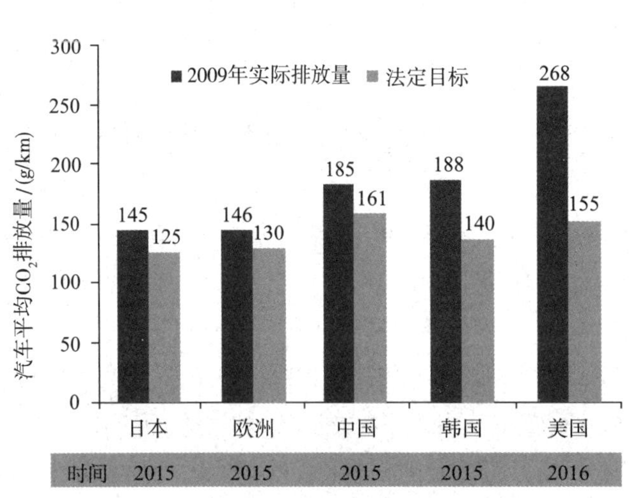

图 1–25　部分国家汽车碳排放控制目标

等新能源汽车。欧盟规定，允许生产电动汽车等排放极低车型来获取更多的积分并将其用于生产其他排放较高的车型。美国加利福尼亚州规定在该州销量超过一定数量汽车的企业必须使环保车的比例达到 ZEV 法案（Zero Emission Vehicle）的规定。未达到 ZEV 法案规定标准的企业必须支付每辆车 5000 美元罚款，或者向其他公司购买积分。

因此，推广使用新能源汽车，减少 CO_2 排放量，是国家节能减排和汽车工业自身能够持续发展的必然选择。

（二）环境污染

汽车尾气中的一氧化碳、碳氢化合物、氮氧化物、颗粒物对人类健康会产生直接危害。一氧化碳与血液中的血红蛋白结合的速度比氧气快 250 倍，从而削弱血液向各组织输送氧的功能，危害中枢神经系统，造成人的感觉、反应、理解、记忆力等机能障碍，重者危害血液循环系统，导致生命危险。

氮氧化物和碳氢化合物在太阳紫外线作用下，产生一种具有刺激性的化学烟雾，其对人体最突出的危害是刺激眼睛和上呼吸道黏膜。尾气中颗粒物成分很复杂，并具有较强的吸附能力，可以吸附各种金属粉尘、强致癌物质和病原微生物等。颗粒物随呼吸进入人体，会引起呼吸系统疾病及恶性肿瘤。

除了汽车尾气给环境带来的不利影响，汽车在生产、使用至报废过程中都会造成环境污染。汽车制造过程中，塑料制件中使用的氟利昂破坏臭氧层，铅基涂料会造成铅污染，油漆溶剂的散逸也会造成污染等。汽车排入大气中的碳氢化合物和氮氧化物等一次污染物，在阳光的作用下发生化学反应，生成臭氧、醛、酮、酸等二次污染物，参与光化学反应过程的一次污染物和二次污染物的混合物形成光化学烟雾，危害人体健康。

汽车尾气已经成为空气污染的重要原因，开发新能源汽车，减少环境污染，是汽车技术发展的必然趋势。

（三）能源短缺

传统汽车工业以石油为燃料，对化石能源有巨大的需求和依赖。近年来中国汽车社会化进程加快，汽车产业迎来了跨越式的蓬勃发展时期。但是，汽车产量的急剧增长对能源的负面影响也越来越突出。

我国虽然是世界能源资源大国，但由于人口众多，人均能源资源却相对贫乏。据统计，我国煤炭 2008 年的探明储量为 1145 亿 t，占世界总量的 13.86%，居世界第三位，但人均量仅为世界人均量的 70%；石油和天然气探明储量分别为 21 亿 t 和 2.46 万亿 m^3，占世界总量的 1.23% 和 1.33%，分别居世界第 14 位和第 16 位，而人均仅为世界的 1/10 和 1/250。

从环境保护与能源节约的角度，新能源汽车是未来汽车发展的必然趋势，也是我国未来社会与经济发展的必然需求。

三、新能源汽车的关键技术

（一）“三纵”的关键技术

1. 混合动力电动汽车

（1）对中度混合动力方面，突破混合动力电动汽车关键技术，深化发动机控制技术研究，解决动力源工作状态切换和动态协调控制，以及能源优化管理，掌握整车故障诊断技术，进一步提高整车的可靠性、耐久性、性价比，开发出高性价比、具有市场竞争力、可大规模产业化的混合动力电动汽车系列产品。

（2）对深度混合动力方面，突破混合动力系统构型技术，能量管理协调控制技术，开发深度混合动力新构型；开发出高性价比、可大规模批量生产的深度混合动力轿车和商用车产品。

（3）对插电式混合动力电动汽车方面，掌握插电式混合动力构型及专用发动机系统研发技术；突破高效机电耦合技术、轻量化、热管理、故障诊断、容错控制与电磁兼容技术、电安全技术；开发出高性价比、可满足大规模商业化示范需求的插电式混合动力轿车和商用车系列产品。

2. 纯电动汽车

以小型纯电动汽车关键技术研发作为纯电动汽车产业化突破口，开发纯电动小型轿车系列产品（包括增程式），并实现大规模商业化示范；开发公共服务领域纯电动商用车并大规模商业示范推广；加强插电式混合动力电动汽车研发力度，开发系列化插电式混合动力轿车和商用车系列产品。

小型纯电动汽车方面，针对大规模商业化示范需求，开发系列化特色纯电驱动车型及其能源供给系统，并探索新型商业化模式。实现小型纯电动汽车关键技术突破，重点掌握电气系统集成、动力系统匹配和整车热－电综合管理等技术。开发出舒适、安全、性价比高的小型纯电动轿车系列产品。

纯电动商用车方面，重点研究整车 NVH、轻量化、热管理、故障诊断、容错控制与电磁兼容及电安全技术。

3. 燃料电池汽车

面向高端前沿技术突破需求，基于高功率密度、长寿命、高可靠性的燃料电池发动机突破新型氢－电－结构耦合安全性等关键技术，攻克适应氢能源供给的新型全电气化技术，底盘驱动系统平台技术，研制出达到国际先进水平的燃料电池电动轿车和客车，并进行示范考核；掌握车载供氢系统技术，实现关键部件的自主开发，掌握下一代燃料电池电动汽车动力系统平台技术，研制下一代燃料电池电动轿车和客车产品，并进行运行考核。

为了加速推进新能源汽车产业市场化进程，科技部已经启动了“十三五”电动汽车科

技规划的制定。“十三五”电动汽车科技规划将紧跟电动汽车产业和新能源新材料等新型经济发展，把握关键重点，在下一代电机电控系统、新能源汽车的智能化技术和安全等重点领域开展技术攻关。

在动力电池方面，要加强新材料的研究与应用，如开展高电压材料、副离层材料，硅碳负极板等多元新材料的研究和电极、电解质的研究来提高电池性能；要研发高功率极片、芯结构的电池组，尽早实现专利布局；在正负极、锂离子生产方面提质量、降成本进行基础关键技术的研发。

（二）“三横”的关键技术

1. 电机

面向混合动力大规模产业化需求，开发混合动力发动机 / 电机总成（发动机 + ISG/BSG）和机电耦合传动总成（电机 + 变速器），形成系列化产品和市场竞争力，为混合动力电动汽车大规模产业化提供技术支撑。面向纯电驱动大规模商业化示范需求，开发纯电动汽车驱动电机及其传动系统系列，同步开发配套的发动机发电机组（APU）系列，为实现纯电动汽车大规模商业示范提供技术支撑。面向下一代纯电驱动系统技术攻关，从新材料 / 新结构 / 自传感电机、IGBT 芯片封装和驱动系统混合集成、新型传动结构等方面着手，开发高效率、高材料利用率、高密度和适应极限环境条件的电力电子、电机与传动技术，探索下一代车用电机驱动及其传动系统解决方案，满足电动汽车可持续发展需求。

2. 电控系统

重点开发混合动力专用发动机先进控制算法（满足国Ⅳ以上排放法规）、混合动力系统先进实时控制网络协议、多部件间的转矩耦合和动态协调控制算法，研制高性能的混合动力系统（整车）控制器，满足混合动力电动汽车大规模产业化技术需求。重点开发先进的纯电驱动汽车分布式、高容错和强实时控制系统，高效、智能和低噪声的电动化总成控制系统（电动空调、电动转向、制动能量回馈控制系统），电动汽车的车载信息、智能充电及其远程监控技术，满足纯电动汽车大规模示范需要。重点开发基于新型电机集成驱动的一体化底盘动力学控制、高性能的下一代整车控制器及其专用芯片、电动汽车智能交通系统（ITS）与车网融合技术（V2 X，包括 V2 G: 汽车到电网的链接；V2 H: 汽车到家庭的链接；V2 V: 汽车到汽车的链接等网络通信技术），为下一代纯电驱动汽车开发提供技术支撑。

3. 动力电池

以动力电池模块为核心，实现我国以能量型锂离子动力电池为重点的车用动力电池大规模产业化突破。以车用能量型动力电池为主要发展方向，兼顾功率型动力电池和超级电容器的发展，全面提高动力电池输入输出特性、安全性、一致性、耐久性和性价比等综合性能；强化动力电池系统集成与热 – 电综合管理技术，促进动力电池模块化技术发展；实现车用动力电池模块标准化、系列化、通用化，为支撑纯电驱动电动汽车的商业化运营模式提供保障；瞄准国际前沿技术，深入开展下一代新型车用动力电池自主创新研发，为电动汽车产业中长期发展进行技术储备；重点研究新型锂离子动力电池；研究新型锂离子动力电池设计、性能预测、安全评价及安全性新技术。新体系动力电池方面，重点研究金属空气电池、多电子反应电池和自由基聚合物电池等，并通过实验技术验证，建立动力电池创新发展技术研发体系。只有这样，才能为我国车用动力电池产业提升市场竞争能力提供科技支撑。通过新型锂离子动力电池和新体系电池的探索，确立我国下一代车用动力电池的主导技术路线。

突破燃料电池关键技术和系统集成，推进工程实用化，为新一代燃料电池电动汽车研发与产业化奠定核心技术基础。重点推进燃料电池的工程实用化，建立小批量生产线，进一步提升燃料电池性能，降低成本，强化电堆与系统的寿命考核，改进提高燃料电池系统控制策略与关键部件性能，提升燃料电池系统可靠性与耐久性，为燃料电池电动汽车示范运行提供可靠的车用燃料电池系统。加强燃料电池基础材料和系统集成科技创新，研发高稳定性、高耐久性、低成本的关键材料和部件。保证电堆在高电流密度下的均一性，提高功率密度，进一步增强系统的环境适应能力，为下一代燃料电池电动汽车研发奠定核心技术基础。

四、新能源汽车的发展现状与趋势

面对全球范围日益严峻的能源形势和环保压力，近年来，世界主要汽车生产国都把发展新能源汽车作为提高产业竞争能力、保持经济社会可持续发展的重大战略举措，新能源汽车成为市场新的增长点。目前，新一轮的新能源汽车研发、示范和产业化已经开始，而且得到各国政府和企业的高度重视。

（一）国内外新能源汽车的发展现状

1. 美国

通用、福特和克莱斯勒三大品牌曾是美国汽车市场的领导者，近年来，尤其是国际金融危机发生以来，此格局发生了很大变化，日系、欧系、甚至是韩系汽车在美国市场步步为营，再加上石油资源压力和日益严格的环保要求，美国开始在新能源汽车领域发力。

推动新能源汽车发展是美国政府能源政策的组成部分，希望通过发展和利用新能源，使美国摆脱对海外石油的过度依赖。通过进一步制定严格的汽车燃油排放标准和新能源汽车政策，以及通过政府采购节能汽车，消费者购买节能汽车减税，设立新能源汽车的政府资助项目，投资促进新能源汽车基础设施建设等策略，美国政府进一步推动汽车产品朝着“小型化”和“低能耗”的方向发展，并重点推进充电式混合动力电动汽车计划。为此，美国政府出台了一系列强力措施，斥巨资支持动力电池、关键零部件的研发和生产，支持充电基础设施建设，消费者购车补贴和政府采购。这些计划形成了美国新能源汽车产业化和市场化的第一推动力，更加明确了研发汽车新产品的方向和目标。

目前市场表现来看，美国的汽车公司中，开发比较成功的车型有雪佛兰 Volt，另外异军突起的特斯拉公司的特斯拉电动汽车更是掀起电动汽车的热潮。

2. 日本

日本政府早在 2009 年 6 月启动了“新一代汽车”计划，所谓“新一代汽车”，实际指的就是环保汽车，包括混合动力电动汽车、纯电动汽车、燃料电池电动汽车等。该计划力争在 2050 年使环保汽车占据汽车市场总量的一半左右，为了实现这一计划，日本政府通过援建电动汽车基础设施、减税和发放补贴等措施促进环保汽车的发展。由于政府的推动和政策扶持，日本新能源汽车的产业化成果在全球范围内是最好的。日本在混合动力电动汽车技术领域领先世界。以丰田普锐斯为代表的日本混合动力电动汽车，在世界低污染汽车开发销售领域已经占据了领头地位。欧美市场上已上市的混合动力电动汽车，一半以上是由日本汽车公司生产销售。

据丰田公司官方数据，截至 2017 年 1 月底，丰田系列混合动力车型全球累计销量突破 1000 万辆，达到 1004.9 万辆。其中，普锐斯混合动力电动汽车贡献率最高，成为目前最成功的混合动力车型。在纯电动汽车领域，日产 Leaf 纯电动汽车车型在 2014 年 1 月底，就已突破 10 万辆，也取得巨大的成功，2016 年，其以 51882 的销量占据全球新能源乘用车销量榜首。与此同时，日本还快速发展燃料电池电动汽车技术，丰田和本田汽车公司已成为当今世界燃料电池电动汽车市场上的重要企业。其他几家日本汽车企业也在开发新一代的新能源动力汽车，如本田的 Insight 混合动力汽车、三菱 i-MiEV 纯电动汽车等。

3. 德国

德国在新能源汽车方面也做出了重要贡献。宝马也是氢动力发动机车型研究的先行者，早在2004年宝马所研发的 H_2R 赛车就在法国南方小镇 Miramas 高速赛道创造了 9 项世界纪录。2007 年，其向外界推出了 7 系氢动力车型，这台发动机是基于宝马 760i 的 6.0 L V12 发动机改进而来，按照双模式驱动的要求，在汽油模式下燃油通过直接喷射供应，同时在发动机进气系统中集成了氢供应管路。

德国政府表示，到 2020 年，可再生能源要占全部能源消耗的 47%，因此，2020 年德国境内的新能源汽车要超过 100 万辆。在 2009 年年初德国政府通过 500 亿欧元的经济刺激计划中，很大一部分用于电动汽车研发、“汽车充电站”网络建设和可再生能源开发。

4. 中国

自 2001 年起，新能源汽车研究项目就被列入国家“十五”期间的“863”重大科技课题，经过十年的研发和市场培育，2010 年 9 月 8 日，国务院审议并原则通过《国务院关于加快培育和发展战略性新兴产业的决定》，新能源汽车被确定为我国的战略性新兴产业并将在今后加快推进。2012 年 6 月国务院颁发了《节能与新能源汽车发展规划（2012—2020 年）》，它成为新阶段引领我国新能源汽车产业发展的重要政策。近年来，以北汽、比亚迪、奇瑞、江淮等一批自主品牌为代表的纯电动汽车和混合动力电动汽车已开始活跃在汽车市场。我

国新能源汽车已突破了最初发展阶段的举步维艰，2015 年，新能源汽车产销突破 30 万辆，累计产销近 50 万辆，在全球新能源汽车超过 50 万辆的年销量中，中国市场的贡献超过一半。2016 年我国电动汽车保有量达 109 万辆，已经超越美国成为全球最大的新能源汽车生产国，充电设施建设也已成规模化发展。

我国新能源汽车经过十余年的研究开发和示范运行，虽已初步具备产业化发展基础，电机、电子控制和系统集成等关键技术也已取得明显进步，纯电动汽车和插电式混合动力电动汽车开始小规模投放市场。但与先进水平相比，新能源汽车整车和核心零部件技术，特别是电池技术尚未取得重大突破，产品成本高，配套体系不完善，产业化和市场化发展受到制约。

从 2019 年全年累计来看，新能源汽车产销分别完成 124.2 万辆和 120.6 万辆其中纯电动汽车生产完成 102 万辆，同比增长 3.4%；销售完成 97.2 万辆，同比下降 1.2%；插电式混合动力汽车产销分别完成 22.0 万辆和 23.2 万辆，同比分别下降 22.5% 和 14.5%；燃料电池汽车产销分别完成 2833 辆和 2737 辆，同比分别增长 85.5% 和 79.2%。图 1–26 为 2017–2019 年我国新能源汽车月度销量。

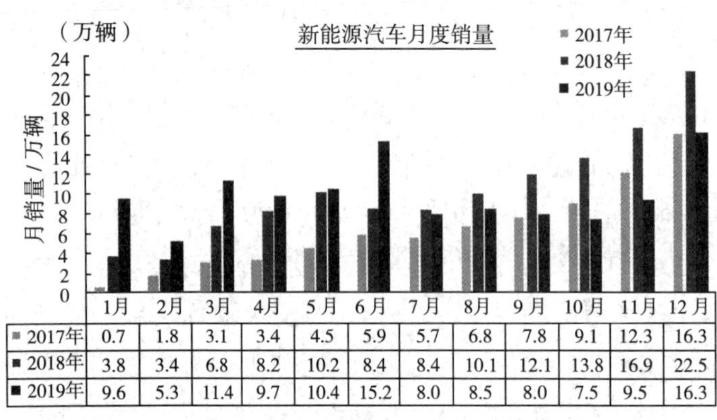

	1月	2月	3月	4月	5月	6月	7月	8月	9月	10月	11月	12月
2017年	0.7	1.8	3.1	3.4	4.5	5.9	5.7	6.8	7.8	9.1	12.3	16.3
2018年	3.8	3.4	6.8	8.2	10.2	8.4	8.4	10.1	12.1	13.8	16.9	22.5
2019年	9.6	5.3	11.4	9.7	10.4	15.2	8.0	8.5	8.0	7.5	9.5	16.3

图 1–26　2017–2019 年我国新能源汽车月度销量

目前，我国汽车产销量规模已居世界首位，预计在未来一段时期仍将保持稳步增长，加快培育和发展节能与新能源汽车产业，促进汽车产业优化升级，是实现由汽车工业大国向汽车工业强国转变的必由之路。

（二）新能源汽车发展的制约因素

新能源汽车发展的制约因素如图 1–27 所示。

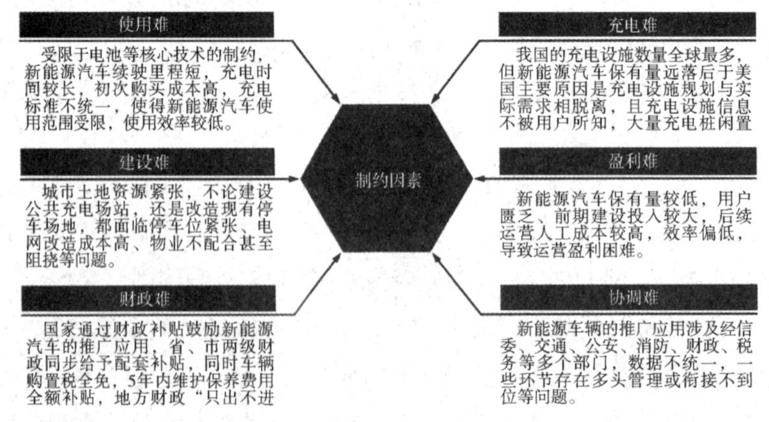

图 1–27　新能源汽车发展的制约因素

（三）新能源汽车核心技术及发展趋势

电池、电机和电控系统为新能源汽车核心零部件，目前，电池的成本、容量、安全、使用寿命和快速充放等指标，是制约纯电动汽车产业化的关键因素。

1. 突破电池技术是关键

作为汽车动力源，目前还没有任何一种电池的能量密度能与石油相提并论。另外，动力电池的热失控是机理复杂、危害严重的电动汽车热安全问题，它跟电池管理系统、单体电池热失控与材料体系的设计、成组电池热失控的扩展和电池系统设计等技术有关。动力电池成为限制电动汽车发展的瓶颈，亟待突破。

2. 驱动电机呈多样化发展

美国倾向于采用交流感应电机，其主要优点是结构简单、可靠，质量较小，但控制技术较复杂。日本多采用永磁无刷直流电机，优点是效率高，起动转矩大，质量较小；但成本高，且有高温退磁、抗震性较差等缺点。德国、英国等大力开发开关磁阻电机，优点是结构简单、可靠，成本低；缺点是质量较大，易于产生噪声。

3. 呈现智能化、平台化、互联化

如图 1–28 所示，纯电动汽车呈现动力系统平台化、车辆智能化、互联化等发展趋势，并将进一步朝着机械、电子、信息技术高度集成的方向发展。在动力系统上，纯电动汽车呈现平台化特点，特别是轮毂驱动电机技术的应用，不但使动力传递链缩短、传动效率提高，而且使得动力系统更易于实现平台化。未来，智能车联网、V2 G 以及无线充电等新技术将逐步应用到纯电动汽车上。近年来国外各大汽车公司都推出了小型纯电动概念车，这些车型将满足特定区域的短途代步需求，是电气化和智能化的融合体。在产品技术上，驱动灵活多样，续驶里程和最高车速通常不高，但处处体现出高科技的概念。近期国际整车厂推出的纯电动汽车日趋智能化，均采用了全球定位、车载娱乐、手机互联等技术。

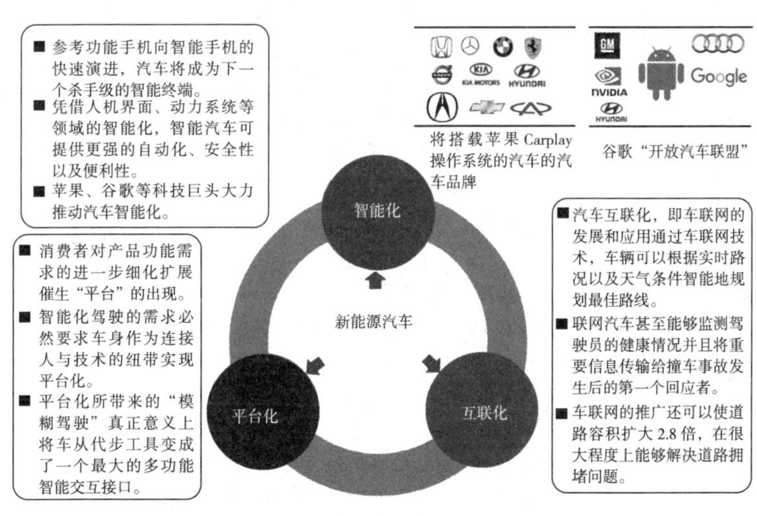

图 1–28　纯电动汽车智能化、平台化、互联化趋势

4. 燃料电池电动汽车技术的发展趋势

燃料电池电动汽车动力系统呈现混合动力化和底盘专用化趋势。国内外推出的燃料电池电动汽车动力系统广泛采用燃料电池系统与动力电池混合驱动的方式，这种方案不仅延长了燃料电池的寿命，还降低了车辆成本。本田、奔驰等国际厂商均将燃料电池动力系统零部件布置在底盘中，采用非承载式车身结构，底盘专用化趋势明显。此外，跨国车企均趋于采用全新车型平台，这有利于燃料供给系统、动力系统以及储能装置实现进一步的集成匹配和优化。

思考与练习

一、填空题

1. 新能源汽车是指利用________作为动力来源或者是使用常规的车用燃料加上新型的______的技术，形成的具有新技术、新结构的汽车。

2. 纯电动汽车是指以_______为动力，用电机驱动车轮行驶，完全由可_______提供动力源的汽车。

3. 传统汽车工业以______为燃料，对______有巨大的需求和依赖。

4. 我国电动汽车确立了“三纵三横”研发格局，其中，“三纵”是指_______、_______和______；“三横”是指______、______和______。

5. 跨国车企均趋于采用全新车型平台，这有利于______、______以及______实现进一步的集成匹配和优化。

二、判断题

1. 混合动力电动汽车是指同时装备两种动力源——热动力源与电动力源的汽车。（ ）

2. 电动汽车质量参数就是整车整备质量、电动汽车总质量、电动汽车装载质量和电池质量的信息。（ ）

3. 汽车尾气中含量最高的气体是CO_2，CO_2有毒，所以它是主要的温室气体之一。（ ）

4. 目前，我国汽车产销量规模已居世界首位。（ ）

5. 车辆制动时，电动机还可用作交流发电机，用于发电并为蓄电池充电。（ ）

三、简答题

1. 简述新能源汽车和清洁能源汽车的不同之处。

2. 简述新能源汽车对车用电机的要求。

3. 新能源汽车的分类有哪些？

项目二
纯电动汽车认知

项目导读

当今汽车产业正面临巨大变革，新科技、新技术日新月异。纯电动汽车与汽油车、柴油车相比，省去了发动机、变速器、冷却系统、油箱和排气系统，而且电动汽车的电机和控制器的成本更低，能量转换效率更高，是未来最具商业价值的汽车。目前，纯电动汽车是发展最快的新能源汽车，也是新能源汽车发展的重点。

学习目标

- 了解纯电动汽车概念及基本分类。
- 理解纯电动汽车的动力系统基本构造。
- 掌握纯电动汽车电池系统与工作原理。

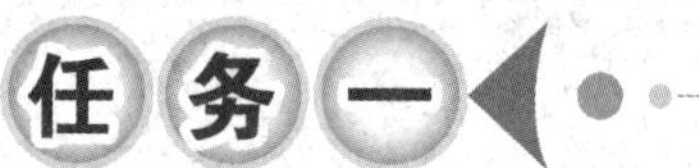

纯电动汽车的定义与类型

任务一

 一、纯电动汽车概述

纯电动汽车的驱动能量完全由电能提供的、由电机驱动的，电机的驱动电能来源于车载可充电储能系统或其他能量储存装置。纯电动汽车就定义来说是指单纯用蓄电池作为驱动能源的汽车，图 2–1 所示为法国标致 101 型纯电动汽车。当前，纯电动汽车被普遍认为是未来汽车新能源动力系统转型发展的主要方向，已经成为世界汽车强国和主要汽车制造商发展重点。

纯电动汽车

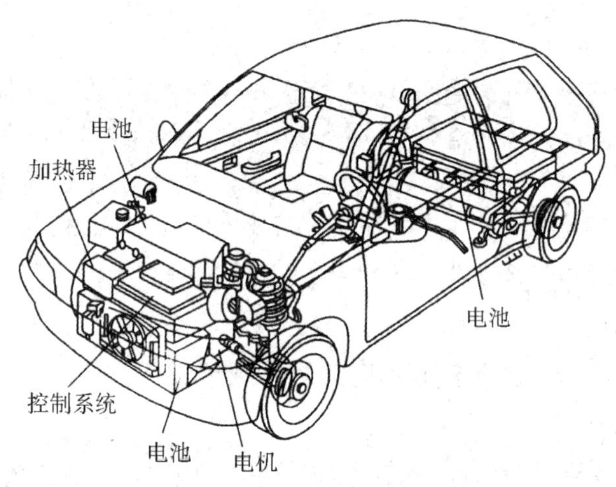

图 2–1　法国标致 101 型纯电动汽车

 二、纯电动汽车基本分类

纯电动汽车发展至今，种类较多，通常按车辆用途、车载电源数目以及驱动系统的组成进行分类。纯电动汽车可分为两种类型，即用纯蓄电池作为动力源的纯电动汽车和装有辅助动力源的纯电动汽车。

（一）用纯蓄电池作为动力源的纯电动汽车

用单一蓄电池作为动力源的纯电动汽车，只装置了蓄电池组，它的电力和动力传输系

统如图 2–2 所示。

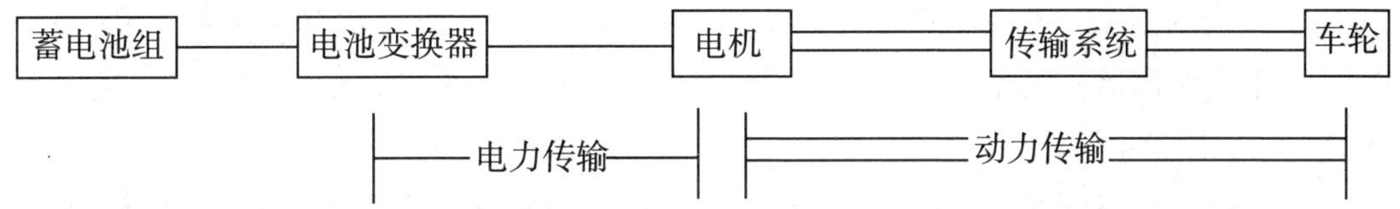

图 2–2　单一蓄电池作为动力源的纯电动汽车电力与动力传输系统

（二）装有辅助动力源的纯电动汽车

用单一蓄电池作为动力源的纯电动汽车，蓄电池的比能量和比功率较低，蓄电池组的质量和体积较大。因此，在某些纯电动汽车上增加辅助动力源，如超级电容器、发电机组、太阳能等，由此改善纯电动汽车的起动性能和增加续驶里程。装有辅助动力源的纯电动汽车的电力和动力传输系统如图 2–3 所示。

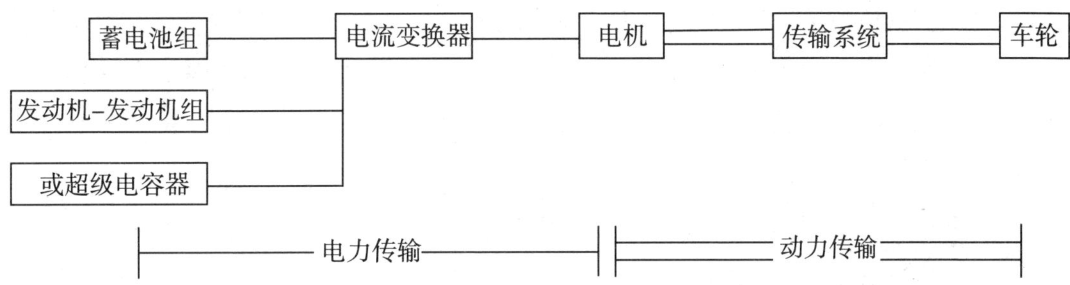

图 2–3　装有辅助动力源的纯电动汽车电力与动力传输系统

三、纯电动汽车的特点

（一）纯电动汽车的优点

1. 节能环保

纯电动汽车在运行过程中可以做到零排放，完全不排放污染大气的有害气体。节能方面主要是因为电机的高转化效率，我们可以按电动汽车的百公里耗电量为 15 ～ 20 kW · h，算上发电厂和电动机的损耗之后，百公里的能耗约为 7 kg 标准煤。传统汽车按百公里耗油量 10 L 计，能耗约为 10 kg 标准煤。并且在城市的拥堵环境里，电动汽车的节能优势会进一步放大。

2. 结构简单，维护方便

纯电动汽车和传统汽车相比，我们可以看到发动机及占据了大量空间的排气系统、复杂的传动系统中的大部分零部件在纯电动汽车上没有了，而且电动汽车还能方便地实现四轮驱动，同时空间也得到了大幅的扩展，维护起来方便了很多。

3. 经济实惠，使用成本低

由于结构的简单，没有了发动机、离合器和变速器等需要进行经常维护的部件，同时由于采取了再生制动，制动系统的维护周期也加长了，维护的成本大大降低。

4. 噪声小

电动机在运行中的噪声和振动水平都要远远小于传统内燃机。在怠速和低速情况下，电动汽车的舒适性要远高于传统汽车，随着速度的提升，胎噪和风噪成为噪声的主要来源，两者才回到同一水平上。

（二）纯电动汽车的缺点

1. 续驶里程短

一般国内的纯电动汽车的续驶里程多为 150 km 左右，再加上天气、路况、电池等方面的因素，实际的续驶能力也就 100 km 出头。开车出门之前需要好好规划路线，这点确实比较麻烦。就以最常见的北汽 E150 EV 电动车为例，厂家标定的续驶里程为 150 km，经过实际体验，它平均的续驶里程在 120 km 左右，如果使用至低于电池容量的 20%，那么对电池使用寿命的影响还是很大的。

2. 充电时间长

一般正常的充电时间为 8 h 左右，快速充电也要 1 ～ 2 h。

3. 配套设施不完善

目前，我国的充电站如凤毛麟角，难寻其踪，还需要一段比较长的时间建设配套基础设施。

四、纯电动汽车车型实例

（一）宝马纯电动汽车 i3 快充畅行款

纯电动 BMW i3 快充畅行款拥有迎接挑战所需的实力。使用符合 2015 版国标充电标准的公共直流充电桩，即可快速充电。优秀的驾驶体验和轻量化构件的智能组合使纯电动 BMW i3 快充畅行款拥有蓄势待发的动力。搭载全电动 BMW eDrive 动力传动系统，纯电动 BMW i3 快充畅行款百公里 / 小时加速只需 7.3 s。其电力发动机性能为 170 马力，扭矩为 250 N · m，续航可达 340 km。驾驶舱沿用碳纤维增强塑（CFRP），这一材料通常也被称为碳纤维，质地轻且坚硬、同时更具弹性。低重心、轻量化的设计，使纯电动 BMW i3 快充畅行款的操控更加灵活。在路上时，驾驶者时刻处于信息更新状态，这正是纯电动 BMW i3 快充畅行款提供的众多数字服务和智能驾驶辅助系统的精髓所在。可以随时使用纯电动 BMW i3 快充畅行款的智能驾驶辅助系统，以自动、可靠的方式掌握交通拥堵、交通繁忙或停车时段等路况。采用先进的技术保证安全便利，提升驾驶乐趣。纯电动 BMW i3

快充畅行款外观设计更加成熟、更具运动感。更新的功能配置延续了轻松易操作的特性，优质耐用的材料与精致的细节均令人倾心不已（见图 2-4）。

图 2-4　宝马纯电动汽车 i3

（二）三菱纯电动汽车 iMiEV

2009 年，三菱汽车公司开始在日本销售纯电动汽车 iMiEV（见图 2-5），并逐步出口至美国和欧洲。据三菱测算，如果使用较便宜的夜间时段电力给电动汽车充电，其使用成本不到同等燃油汽车的 1/10。该车采用了高能量密度锂离子电池，电池组的能量可保证 iMiEV 一次充电可连续行驶 160 km。iMiEV 提供了快速充电和家用充电两种模式：快充模式可在 30 min 之内为 iMiEV 充入 80% 的电量；普通充电模式下充满 iMiEV 的所有电池大约需要 7 h。

图 2-5　三菱纯电动汽车 iMiEV

（三）特斯拉纯电动轿车 Model S

2011 年，由特斯拉汽车公司制造的全尺寸高性能纯电动轿车特斯拉 Model S（见图 2-6）正式进入量产阶段，在 2013 年度全球销量达到 22300 辆的规模。Model S 采用汽车级锂离子电池技术，充电全部采用标准化设计。如果使用大电流 200 A，Model S 充 1 h 电续驶里程可达 110 km。该车的电池组由 8000 个电池单元组成，续驶里程可达到 483 km。Tesla 大量使用铝合金制造车身组件，将整备质量减小到 1735 kg，风阻系数仅为 0.27。它从静止加速到 96 km/h 耗时 5.6 s，400 m 加速耗时 14 s，极速为 193 km/h。此外，特斯拉 Model S 还支持太阳能充电，对于容量为 85 kW·h 的电池，仅需 10 h 就可将电量充满。

图 2-6　纯电动轿车特斯拉 Model S

（四）宝马电动汽车 i3

全新宝马 i3 采用了先进的电力驱动系统，该系统与宝马 1 系 Active-E 的全电力驱动系统十分相似，最高输出功率可达 167 马力，将动力输出至后轮。车辆依靠一组锂离子电池提供电量，在电量充足的情况下，最大续航里程可达 257 km，最高时速可达 160 km 每小时。电池组还可以支持快速充电模式，电池组完成充电 80% 仅需要一个小时的时间（见图 2-7）。宝马 i3 概念车是宝马首款纯电动将量产的城市小车。动力来自一款位于后轴的电动机，其最大输出功率 125 kW，峰值扭矩 250 N · m。在性能方面，宝马 i3 概念车 0 ~ 60 km/h 加速时间不到 4 s，0 ~ 100 km/h 加速大约 8 s。一次充电最远可行驶 257 km，极速达到 160 km/h。车辆从静止加速到 100 km 每小时仅需要不到 8 s 钟的时间。宝马汽车为了让其在视觉上看上去更大，采用了更为宽大的前风挡，使用了更为小巧的铝合金轮毂等。在车辆内部，全新宝马 i3 的车内设计与 MINI Club man 十分相似，强调车辆的实用性。

图 2-7　宝马 i3 车型电动汽车

纯电动汽车的关键技术

发展纯电动汽车必须解决好相关的关键技术，主要包括动力电池技术、电机驱动技术、电力驱动控制及能源管理系统技术、能量管理技术及整车轻量化技术等。

一、动力电池技术

（一）动力电池的种类

动力电池作为纯电动汽车的能量来源，堪称电动汽车的心脏，也是影响电动汽车发展的关键因素和核心技术。产生巨大影响并商业化使用至今的电动汽车电池主要有铅酸电池、镍氢电池和锂离子电池。

1. 铅酸电池

铅酸电池是目前在汽车领域应用得最为广泛的电池，主要作为内燃机汽车内部各种电

器和电子设备的电源。现在电动汽车上应用的铅酸电池一般是正极采用二氧化铅，负极采用海绵状的铅，电解液为稀硫酸溶液。由于铅酸电池的性能可靠，价格低廉，技术较成熟，可以大批量生产，所以在早期的电动汽车上得到广泛应用，至今仍作为动力源应用于旅游观光车、电动叉车或者一些短距离行驶的公交车上。

但铅酸电池存在一些明显的缺点，如质量重、过充 / 放电性能差、易自放电、快速充电困难，当前存在的主要问题是一次充电的行程短，并且存在环境污染。为此，一些专家学者和相关企业已经开始把目光转向其他动力电池研究。不过至今铅酸电池的生命力依然旺盛。国内的混合动力城市客车如五洲龙汽车、安源客车、安凯汽车和厦门金旅依然在使用铅酸电池。由于铅酸电池的技术比较成熟，经过进一步改进后的铅酸电池仍将是近期电动汽车的主要电源。

2. 镍 – 氢（Ni–MH）电池

镍 – 氢电池是一种碱性电池，镍 – 氢电池的标称电压为 1.2 V，比能量可达到 70 ～ 80 W · h/kg，有利于延长电动汽车的行驶里程。比功率可达到 200 W/kg，是铅酸电池的 2 倍，能够提高车辆的启动性能和加速性能。有高倍率的放电特性，短时间可以以 3 C 放电，瞬时脉冲放电率很大。镍 – 氢电池的过充电和过放电性能好，能够带电充电，并可以快速充电，在 15 min 内可充 60% 的容量，1 h 内可以完全充满，应急补充充电的时间短。在 80% 的放电深度下，循环寿命可达到 1000 次以上，是铅酸电池的 3 倍。采用全封闭外壳，可以在真空环境中正常工作。低温性能较好，能够长时间存放。镍 – 氢电池中没有 Pb 和 Cd 等重金属元素，不会对环境造成污染，可以随充随放，不会出现其他电池在没有放完电后即充电而产生的“记忆效应”。不过，镍 – 氢电池成本高，达 600 ～ 800 美元 /（kW · h）。我国自行研制的稀土系储氢合金已达世界水平，有力推动了镍 – 氢电池推广。目前，高档电动汽车多采用镍 – 氢电池或锂电池。

3. 锂离子电池

锂离子电池的传统结构包括石墨负极、锂离子金属氧化物构成的正极和电解液（有机溶剂溶解的锂盐溶液）。锂离子在正负极材料晶格中可以自由扩散，当电池充电时，锂离子从正极脱出，嵌入到负极，反之为放电状态，即在电池充放电循环过程中，借助于电解液，锂离子在电池的两极间往复运动以传递电能。

锂离子电池是通过 Li^+ 在正负极之间反复进行脱出和嵌入而存储和释放能量的。以磷酸铁锂电池为例，充电时，正极中的锂离子从磷酸铁锂的晶格中脱出，经过电解液嵌入负极石墨的层状结构中，在充电过程中，磷酸铁锂被氧化成 $FePO_4$，释放出电子。放电时，锂离子从石墨层间结构中脱出，经过电解液到达正极并嵌入正极材料的晶格中，在放电过程中，负极中的锂被氧化并释放出电子。

作为一种新型的化学电源，锂离子电池具有以下突出优势：单体电池工作电压高，这样组成电池组时一致性要求比铅酸电池和镍氢电池低，可以提高其使用寿命；质量轻、比能量大，使得整车质量减小且行驶里程增加；同等容量下体积更小，使得应用范围大大增加；循环寿命长，可达铅酸电池的 2 ～ 3 倍；自放电率低，每月不到 5%；此外还有电压范围宽、无记忆效应、环境友好等，被公认为是最具发展潜力的电动车动力电池。

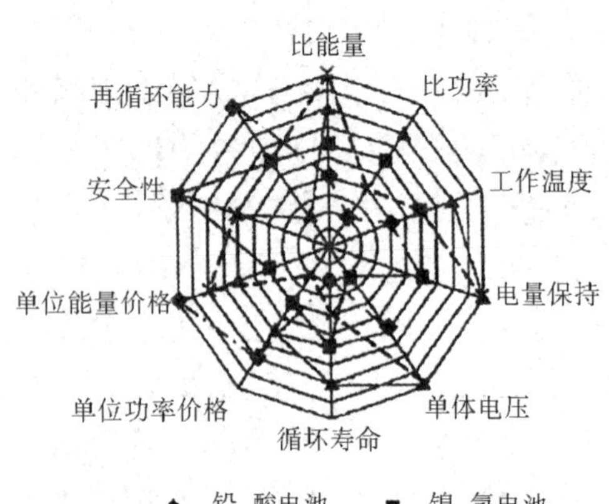

图 2-8　电动汽车电池性能比较

几种常见的电动汽车动力电池性能比较如图 2-8 所示，从图中可以看出，在市场上的主流电池中，锂离子电池除了在价格和安全性方面处于劣势以外，其他方面均处于领先地位，有进一步研发和大规模应用的前景。

由于纯电动车的一次充电续航里程完全由动力电池一次充电储存的电量来决定，因此，一般要求比能量高的能量型动力电池与之配套。在目前的二次电池体系中，锂离子电池具有最高的能量密度，因而成为纯电动车的首选配套电池。在全球热销的特斯拉电动车正是采用了松下公司为其定制的锂离子电池系统。

（二）动力电池组的选择与特性

电动汽车要求动力电池系统具有较高的比能量和比功率，以满足汽车的续驶里程和动力性的要求，同时也希望动力电池系统具有与汽车使用寿命相当的充放电循环寿命，拥有高效率、良好的性价比以及免维护特性。

电池组数目必须满足电动汽车行驶时所需的最大功率和续驶里程的要求。

满足电动汽车行驶时所需的最大功率要求的电池组数目为

$$n_{\mathrm{p}}=\frac{P_{\mathrm{e\,max}}}{P_{\mathrm{b\,max}}\eta_{\mathrm{e}}\eta_{\mathrm{ec}}N}$$

式中：$P_{\mathrm{e\,max}}$ 为电动机的峰值功率（kW）；η_{e} 为电动机的工作效率；η_{ec} 为电动机控制器的工作效率；$P_{\mathrm{b\,max}}$ 为电池最大输出功率（kW）；N 为单电池组所包含的电池的数目。

满足电动汽车续驶里程要求的电池组数目为

$$n_{x}=\frac{1000SW}{C_{\mathrm{s}}V_{\mathrm{s}}N}$$

式中：S 为续驶里程（km）；W 为电动汽车行驶 1 km 所消耗的能量（kW）；C_{s} 为单节电池的容量（A · h）；Vs 为单节电池的电压（V）。

电池组数目为

$$n=\max\{np\ nx\}$$

电池组容量电池组能量为

$$E_B = \frac{U_m V_E}{1000}$$

式中：E_B 为电池组能量（kW·h）；U_m 为电池组电压（V）；C_E 为电池组容量（A·h）。

蓄电池能量应满足以下条件：

$$E_B \geqslant \frac{mgf + C_D A \frac{u_a}{21.15}}{3600 \times DOD\eta_t\eta_{mc}\eta_{dis}(1-\eta_a)} \times S$$

式中：η_{mc} 为电动机效率；η_{dis} 为蓄电池放电效率；η_a 为汽车附件能量消耗比例系数；DOD 为蓄电池放电深度。

或者蓄电池容量满足以下条件：

$$C_E \geqslant \frac{mgf + C_D A \frac{u_a^2}{21.15}}{3.6 \times DOD\eta_t\eta_{mc}\eta_{dis}(1-\eta_a)U_m} \times S$$

二、驱动电动机的选择及功率匹配

电动汽车的驱动电机属于特种电机，应具有良好的转矩—转速特性，一般具有6000～15000 r/min的转速。驱动电动机应经常保持在高效率范围内运转。在恒转矩区运转范围内效率为0.75～0.85，而恒功率运转范围内效率为0.8～0.9。另外，还要具有可靠性强、耐高温及耐潮、结构简单、成本低、维护简单、适合大规模生产等特点。

（一）电动机的额定功率和峰值功率

1. 根据电动汽车最高车速确定电动机功率

设计中初步选择电动机的额定功率应不小于汽车以最高车速行驶时行驶阻力消耗的功率之和，电动汽车以最高车速行驶消耗的功率为

$$P_{m1} = \frac{u_{max}}{3600\eta_t}\left(mgf + \frac{C_D A u_{max}^2}{21.15}\right)$$

式中：m 为整车质量（kg）；f 为滚动阻力系数；C_D 为迎风阻力系数；A 为迎风面积（m^2）；u_{max} 为最高行驶车速（km/h）；η_t 为机械传动系统效率。

2. 根据电动汽车最大爬坡度确定电动机功率

电动汽车以某一车速爬上最大坡度消耗的功率为

$$P_{m2} = \frac{u_p}{3600\eta_t}\left(mgf\cos\alpha_{max} + mg\sin\alpha_{max}\frac{C_D A u_p^2}{21.15}\right)$$

式中：u_p 为电动汽车爬坡时的行驶速度（km/h）；α_{max} 为最大坡度角。

3. 根据电动汽车加速性能确定电动机功率

电动汽车在水平路面上加速行驶消耗的功率为

$$P_{m3}=\frac{u_f}{3600\eta_t}\left(mgf+\frac{C_D A u_f^2}{21.15}+\delta m\frac{\mathrm{d}u}{\mathrm{d}t}\right)$$

式中：δ 为汽车旋转质量换算系数；u_f 为电动汽车加速后达到的速度（km/h）；$\frac{\mathrm{d}u}{\mathrm{d}t}$为加速度。

电动机额定功率应满足电动汽车对最高车速的要求，峰值功率应能同时满足电动汽车对最高车速、最大爬坡度和加速度的要求。所以电动汽车电动机的额定功率和峰值功率分别为

$$P_e\geqslant P_{m1}$$

$$P_{e\,max}\geqslant \max\{P_{m1}\quad P_{m2}\quad P_{m3}\}$$

电动汽车电动机的峰值功率与额定功率的关系为

$$P_{e\,max}=\lambda P_e$$

式中：$P_{e\,max}$ 为电动机的峰值功率；P_e 为电动机的额定功率；λ 为电动机的过载系数。

（二）电动机的最高转速和额定转速

电动汽车最高行驶速度与电动机最高转速之间的关系为

$$n_{max}=\frac{u_{max}\sum i}{0.377r}$$

式中：n_{max} 为电动机的最高转速（r/min）；$\sum i$ 为传动系统传动比，一般包括变速器传动比和主减速器传动比；r 为车轮半径（m）。

电动机额定转速为

$$n_e=\frac{n_{max}}{\beta}$$

式中：β 为电动机扩大恒功率区系数。β 值越大，转速越低，转矩增高，有利于提高车辆的加速和爬坡性能，稳定运行性能越好，但同时功率变换器尺寸也会增大，因此 β 值不宜过高。β 通常取值为 2 ～ 4。

（三）电动机最大转矩

电动机最大转矩的选择需要满足汽车起动转矩和最大爬坡角的要求，同时结合传动系统最大传动比来确定。

$$T_{max}\geqslant\frac{mg(f\cos\alpha_{max}+\sin\alpha_{max})r}{\eta i}$$

式中：i_{max} 为传动系统最大传动比。

（四）电动机额定电压

额定电压由所选取的电动机的参数来决定。

近年来，由感应电机驱动的电动汽车几乎都采用了矢量控制和直接转矩控制技术。由

于直接转矩的控制手段直接、结构简单、控制性能优良且动态响应迅速，因此非常适合电动汽车的控制。

三、减速器传动比的确定

由于电动机的转速高，不能直接驱动车辆的车轮，通常在驱动系统中采用大速比的减速器或 2 挡变速器。作用：减速、增扭，减速器或变速器中不设置倒挡齿轮，倒车是靠电动机的反转来实现的。

传动系统传动比的上限由电动机最高转速和最高行驶车速确定。

$$\sum_{\min} i \leqslant \frac{0.377 n_{\max} r}{u_{\max}}$$

由电动机最高转速对应的输出转矩和最高行驶车速对应的行驶阻力确定传动系统传动比下限为

$$\sum_{\min} i \geqslant \frac{r}{\eta_{\mathrm{t}} T_{\mathrm{u\,max}}}\left(mgf + \frac{C_{\mathrm{D}} A u_{\max}^{2}}{21.15}\right)$$

式中：$T_{\mathrm{u\,max}}$ 为电动机最高转速对应的输出转矩。

由电动机的最大输出转矩和最大爬坡度对应的行驶阻力确定传动系统传动比下限为

$$\sum_{\min} i \geqslant \frac{r}{\eta_{\mathrm{t}} T_{\mathrm{u\,max}}}\left(mgf \cos\alpha_{\max} mg \sin\alpha_{\max} + \frac{C_{\mathrm{D}} A u_{\mathrm{f}}^{2}}{21.15}\right)$$

式中：$T_{\max}$ 为电动机最大输出转矩（N·m）。

四、电池管理系统与电池组热管理

（一）电池管理系统

电池管理系统的作用是实时监控电池的工作状态，实际使用的过程中使用不当会对电池寿命有非常大的影响，而最大的影响因素是电池过度放电与单体电池的差异过大，导致整个电池组提前报废。研制电动汽车实时电池监控系统可以实时监测电池的电压，电流和温度大小，并记录下电池的充放电次数等各种影响电池工作状态的参数，比较准确地估算出电池的状态和最佳的工作参数。根据这些实时的信息一方面可以随时让使用者了解电池的真实情况，更加合理地使用电动汽车并能更好地提前做好维护工作，延长电动汽车的使用寿命；另一方面，内置的 MCU 控制程序可以主动地对不合理的使用情况进行管理和保护，既可以最大限度地满足使用者的要求，也可以主动地避免因使用不当而对电池等主要部件造成影响。

（二）电池组热管理系统

电池组热管理系统包括电池箱、风机、传热介质、监测设备等部件。它是从使用者角度出发的一套系统，作用是确保电池组工作在适宜的温度范围内。该系统主要有五项功能：电池温度的准确测量和监控；电池组有效的散热和通风；低温条件下电池组的快速加热，使其能够正常工作；有害气体产生后的有效通风；电池组温度场的均匀分布。电池热管理系统设计的一般过程如图 2–9 所示。

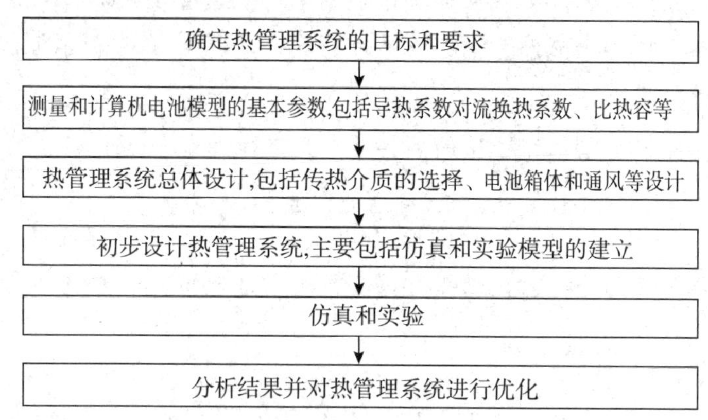

图 2–9　电池热管理系统设计过程

电池组热管理系统设计过程中的关键技术包括确定电池最优工作温度范围、电池热场计算及温度预测、传热介质选择、热管理系统散热结构设计和风机与测温点选择等。

1. 确定电池最优工作温度范围

在不同的气候条件、不同的车辆运行条件下，电池组热管理系统要确保电池组在安全的温度范围内运行，并且尽量将电池组的工作温度保持在最优的工作温度范围之内。所以设计电池组热管理系统的前提是要知道电池组最优的工作温度范围，可以由电池制造者提供，也可以由电池使用者通过实验来确定。

2. 电池热场计算及温度预测

电池不是热的良导体，仅掌握电池表面温度分布不能充分说明电池内部的热状态，通过数学模型计算电池内部的温度场，预测电池的热行为，对于设计电池组热管理系统是不可或缺的环节。

3. 传热介质选择

传热介质的选择对热管理系统的性能有很大影响，传热介质要在设计热管理系统前确定。按照传热介质分类，热管理系统可分为空冷、液冷等方式。

（1）空气冷却

空气冷却是最简单方式，只需让空气流过电池表面。其主要优点有：结构简单，重量相对较小；没有发生漏液的可能；有害气体产生时能有效通风；成本较低。缺点在于其与电池壁面之间换热系数低和冷却、加热速度慢。

（2）液体冷却

液体冷却分为直接接触和非直接接触两种方式。矿物油可作为直接接触传热介质，水或者防冻液可作为典型的非直接接触传热介质。液冷必须通过水套等换热设施才能对电池进行冷却，这在一定程度上降低了换热效率。电池壁面和流体介质之间的换热率与流体流动的形态、流速、流体密度和流体热传导率等因素相关。该方式主要优点有：与电池壁面之间换热系数高，冷却、加热速度快；体积较小。主要缺点有：存在漏液的可能；重量相对较大；维修和保养复杂；需要水套、换热器等部件，结构相对复杂。

4. 热管理系统散热结构设计

电池箱内不同电池模块之间的温度差异，会加剧电池内阻和容量的不一致性，如果长时间积累，会造成部分电池过充电或者过放电，进而影响电池的寿命与性能，并造成安全隐患。电池箱内电池模块的温度差异与电池组布置有很大关系，一般情况下，中间位置的电池容易积累热量，边缘的电池散热条件要好。

5. 风机与测温点选择

在设计电池热管理系统时，希望选择的风机种类与功率、温度传感器的数量与测温点位置都恰到好处。

纯电动汽车动力系统的结构与工作原理

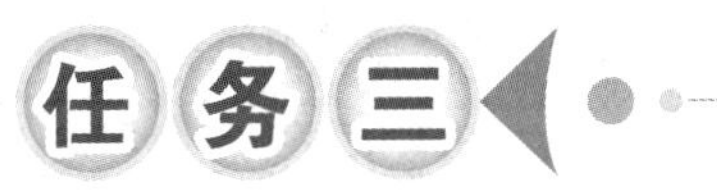

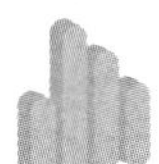

一、动力系统基本构造

纯电动汽车的主要部件由动力电池组及其控制器、车身与底盘、驱动电机及其控制器、传动系统组成。其代表结构如图 2-10 所示。

（一）电池及管理系统主要结构

电动汽车的电池一般称为动力电池，原因就是电动汽车对电池的功率密度与能量密度都要求很高。

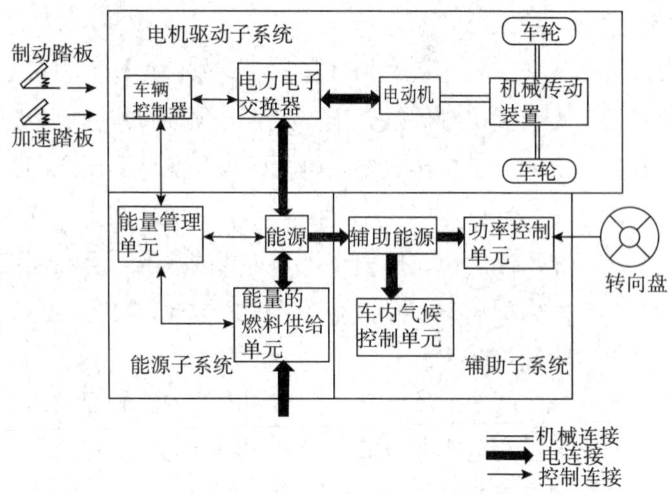

图 2-10　电动车结构

纯电动汽车一般是由多个 12 V 或 24 V 的电池串、并联形成的动力电池组作为动力源，动力电池组的电压为 155 ～ 400 V，用周期性的充电来补充电能。目前常用的动力电池主要有铅酸电池、镍镉电池、锂离子电池、镍氢电池等可充电电池。

动力电池组管理系统的基本组成如图 2-11 所示。带有温度测量装置的动力电池组管理系统的基本组成如图 2-12 所示。它是利用损坏的电池在充电过程中电池的温度高于正常电池温度的原理，用温度传感器来测定和监控每一个电池在充电过程中的温度是否在允许的正常范围内。如若不在允许的正常范围内，则即刻向动力电池组管理系统反馈这个电池的相应信息，并由故障诊断系统预报动力电池组的故障。

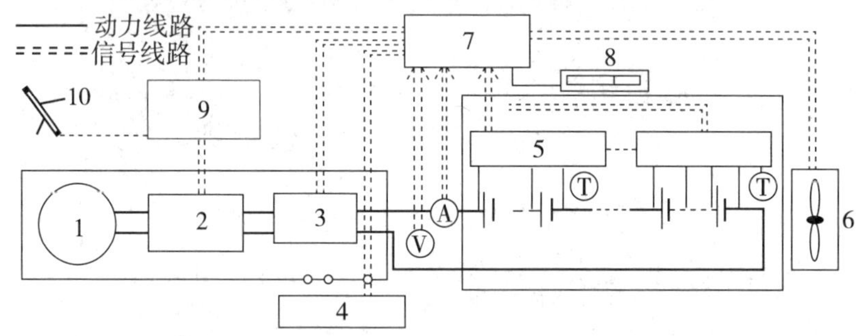

图 2-11　动力电池组管理系统的基本组成

1- 电动机；2- 逆变器；3- 继电器箱；4- 充电器；5- 动力电池组；6- 冷却风扇；7- 动力电池组管理系统；8- 剩余电量 SOC（里程）显示器；9- 车辆中央控制器；10- 驾驶人控制信号输入

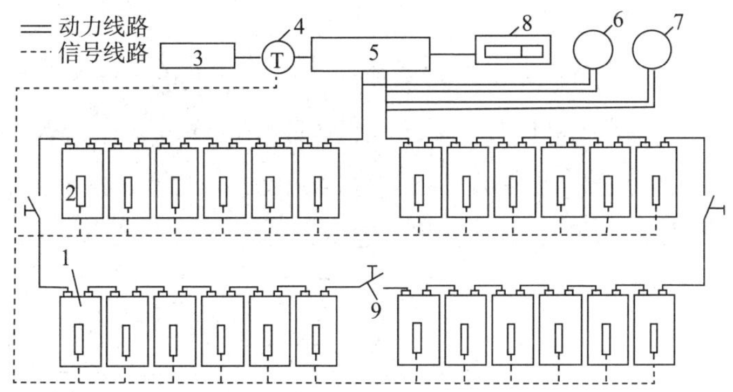

图 2-12　带有温度测量装置的动力电池组管理系统的基本组成

1- 分电池组；2- 温度传感器；3- 故障诊断器；4- 温度表；

5- 动力电池组管理系统；6- 电压表；7- 电流表；

8- 剩余电量 SOC（里程）显示器；9- 断路线

（二）电动机及其控制器的主要结构

电动机是纯电动汽车的唯一动力源，其结构包括电动机的转子与定子、电动机控制器两大部分。其中电机的转子与定子的作用是实现电能与机械能之间的转换，电机控制器的作用是高效地、可控地对电机的转速、力矩进行控制，从而满足汽车各种工况的要求。纯电动汽车的电机类型如图 2-13 所示。

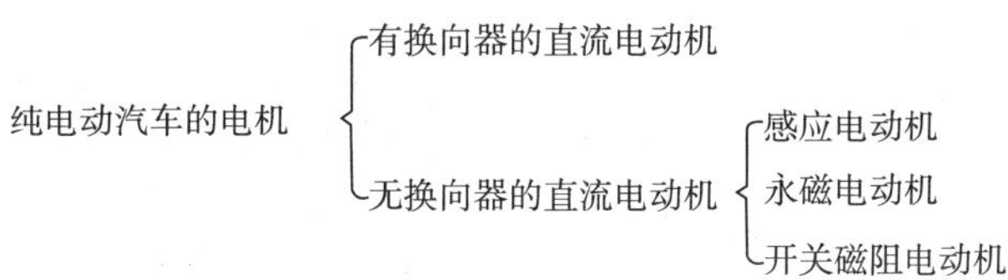

图 2-13　纯电动汽车的电机类型

由于汽车使用工况比较复杂，所以电动汽车对电机的要求比较高。基本要求有如下几点：

（1）转矩、功率密度大。

（2）宽调速范围，最高转速要达到基速的 4 ～ 5 倍。

（3）在很宽的转矩和转速区内保持高效率。

（4）过载能力强，以满足短时加速行驶和最大爬坡度的要求。

（5）快速转矩响应。

（6）高可靠性和一定的容错运行能力。

（7）低噪声。

（8）合理的价格。

（三）辅助系统的主要结构

辅助系统主要是提供一个安全、舒适、方便的汽车使用环境。辅助系统主要包含娱乐、通信、空调、灯光、人机交互等系统。

纯电动汽车常采用 DC/DC 转换器和单独设立低压辅助电池组的方式提供低压电源，其供电方式如图 2–14 所示。单独设立低压辅助电池组的供电方式，需单独设立 DC/DC 转换器或充电电路，给低压辅助电池组充电，然后由低压电池组向各个用电装置提供电能。全部过程都是在中央控制器的监控和指令下进行的。

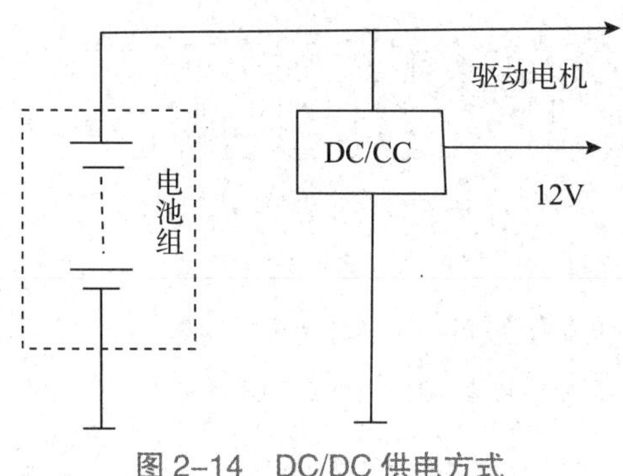

图 2–14　DC/DC 供电方式

（四）驱动系统的布置形式

驱动系统是纯电动汽车的核心，其性能直接关系着电动汽车运行性能的好坏。其布置方式不止一种，常见的如图 2–15 所示。

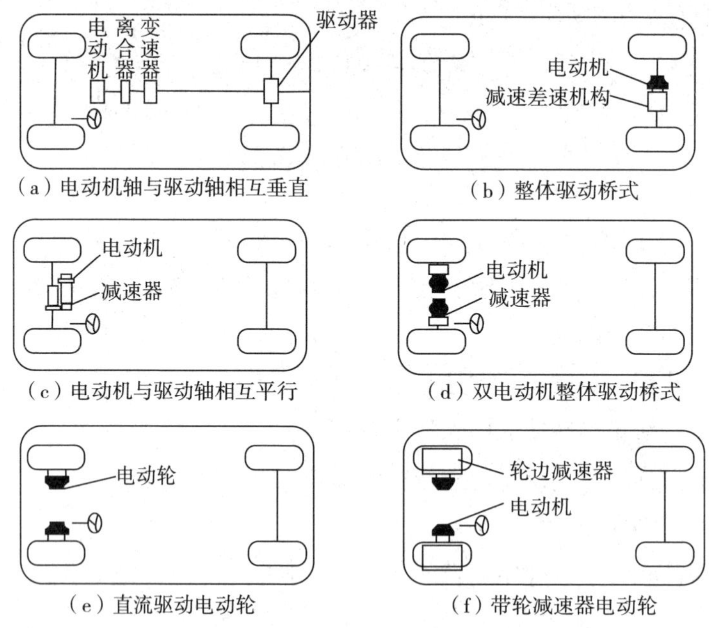

图 2–15　纯电动汽车驱动系统布置方案

二、动力系统工作原理

驾驶者通过加速或制动踏板发出信号，电子控制器发出相应的控制信号，以控制功率转换器的开关。功率转换器的作用是调节电动机和能量源之间的能量流动。能量的回馈是因为电动汽车制动能量的再生，通过能量转换器由能量源吸收。多数的电动汽车电池、超级电容和飞轮都能够吸收再生制动能量。能量控制单元与电子控制器一起控制可再生制动的能量，实现系统能量流的优化。能量控制单元与能量单元一起控制并监控能源的使用情况。辅助动力供给系统向电动汽车的所有辅助装置提供所需的不同电压等级的电源。纯电动汽车的工作示意图见图 2–16。

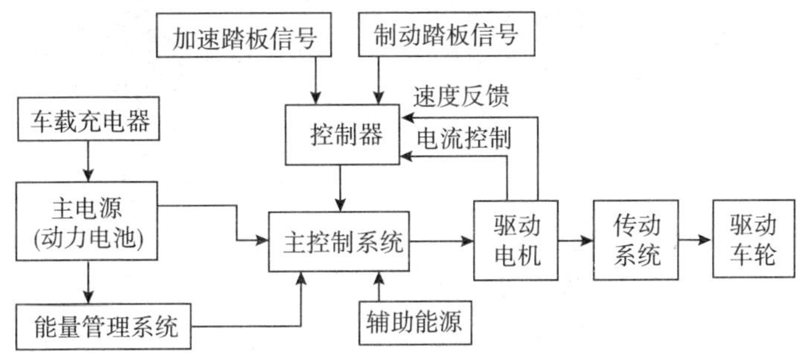

图 2–16　纯电动汽车的工作示意图

纯电动汽车驱动系统的布置形式与使用

一、纯电动汽车驱动系统的布置形式

（一）传统驱动模式

电动汽车的驱动系统是电动汽车的核心部分，其性能决定了电动汽车运行性能的好坏。电动汽车的驱动系统布置取决于电机驱动系统的方式。

常见的驱动系统布置形式有传统驱动模式、电机 – 驱动桥组合式驱动模式、电机 – 驱动桥整体式驱动模式和轮毂电机驱动模式等几种。图 2–17 所示与传统汽车驱动系统的布置方式一样，带有离合器和变速器，只是将发动机换成驱动电机，属于改造型电动汽车。这种布置形式特点是电机轴与驱动轴相互垂直，这样可以提高电动汽车的起动转矩，增加低速时电动汽车的后备功率。

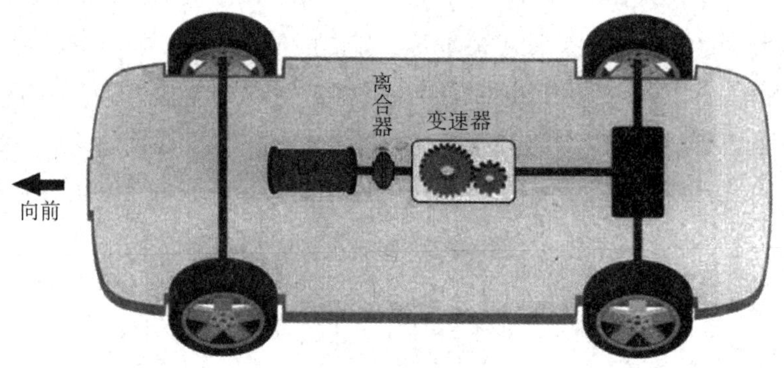

图 2–17　传统驱动模式

（二）电机 – 驱动桥组合式驱动模式

如图 2–18 所示，电机 – 驱动桥组合式驱动模式取消了离合器和变速器，主要是由电机和减差速器组成，分为前驱型和后驱型。这种模式的优点是可以继续沿用传统汽车中的动力传动装置，只需要一组电机和逆变器。这种模式对电机的要求较高，不仅要求电机具有较高的起动转矩，而且要求具有较大的后备功率，以保证电动汽车的起动、爬坡、加速超车等动力性。

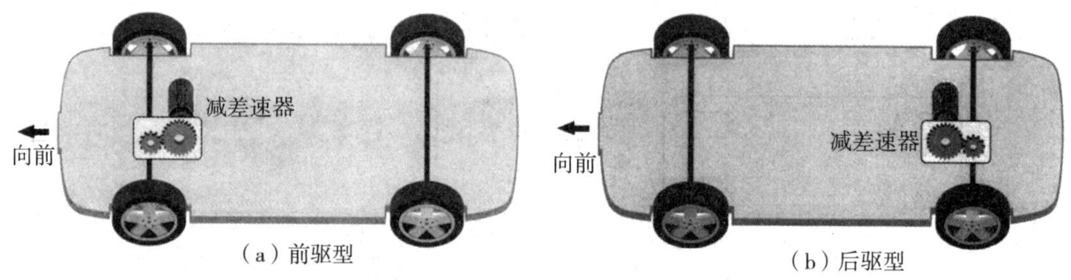

（a）前驱型　　（b）后驱型

图 2–18　电机 – 驱动桥组合式驱动模式

（三）电机 – 驱动桥整体式驱动模式

图 2–19 为电机 – 驱动桥整体式驱动模式。该模式是将电机装到驱动轴上，直接由电机实现变速和差速转，如图 2–20 所示。这种传动方式同样对电机有较高的要求，要求有大的起动转矩和后备功率，同时不仅要求控制系统有较高的控制稍度，而且要具备良好的可靠性，从而保证电动汽车行驶的安全、平稳。

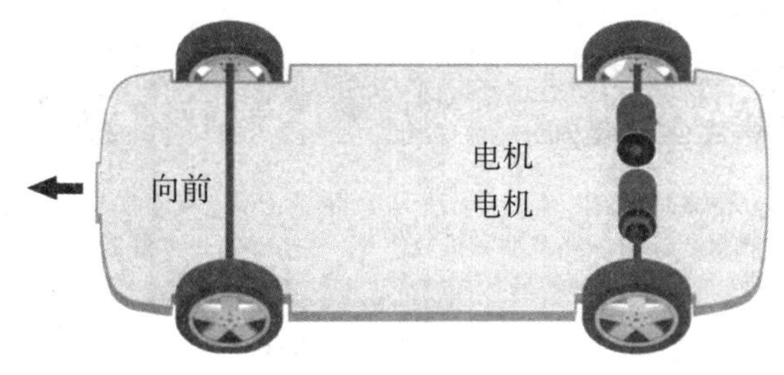

图 2-19 电机－驱动桥整体式驱动模式

图 2-20 电机直接驱动车轮

（四）轮毂电机驱动模式

图 2-21 是轮毂电机驱动模式，这种布置方式是将电机直接装到了驱动轮上，由电机直接驱动车轮行驶。

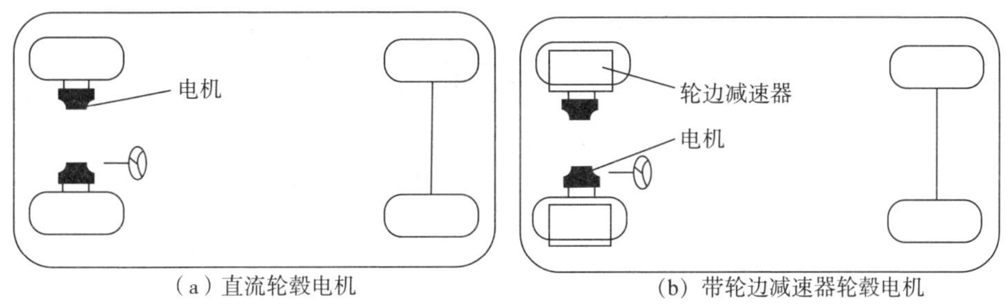

（a）直流轮毂电机　（b）带轮边减速器轮毂电机

图 2-21 轮毂电机驱动模式

二、纯电动汽车的使用

（一）纯电动汽车仪表

汽车仪表的作用是在汽车的使用运行过程中，能够随时向驾驶员或维修人员提供车辆总成、各系统的动态技术指标，以便驾驶员和维修人员随时了解各系统的工作性能、技术状况和运行参数，保证汽车可靠、安全地行驶（见图 2-22）。

图 2-22 纯电动汽车仪表

1. 车速表与驱动电机功率表

车速表主要显示当前车速，驱动电机功率表显示实时电机的能量走向及功率。

2. 剩余电量及挡位显示

电量显示表用于显示当前动力电池存储的电量，提示驾驶员车辆动力电池的蓄电情况。

3. 仪表指示灯

其他关于纯电动汽车与传统内燃机汽车仪表不同的指示灯相关信息，见表 2-1。

表 2-1 仪表指示灯含义

序号	显示	名称	指示说明
1	HV	高压断开报警灯	表示高压系统没有工作，信号来自 VBU 的 CAN 信号
2	HV	绝缘故障报警灯	表示产生了绝缘故障，信号来自 VBU 的 CAN 信号
3	HV	动力电池故障报警灯	表示动力电池故障，信号来自 VBU 的 CAN 信号
4		系统故障灯	这个故障灯出现频率较高，大多数情况会与其他故障灯一同亮起，表示动力系统故障。如果是这个故障灯单独亮起，则代表系统总线通讯出现故障，需及时维修
5	READY	READY 灯	表示车辆可以行驶，信号来自 VBU 的 CAN 信号
6		动力蓄电池电量不足指示灯	当动力蓄电池电量低于 30% 时候，该指示灯亮起。表示动力蓄电池电量不足，可能不能满足驾驶里程的需求。这个时候，就需要及时充电了，当动力蓄电池电量高于 35% 时，故障灯就会熄灭
7		动力蓄电池过热警告灯	说明动力蓄电池过热，此时最好不要继续行驶，应该靠边停车，等待蓄电池冷却。等蓄电池冷却，故障灯熄灭后才可再行驶
8		电机及控制器过热指示灯	表示纯电动汽车的电机及控制器过热，需要靠边停车，自然冷却。如果故障灯熄灭可继续行驶，如故障灯不熄灭或者频繁亮起，则马上需要对车辆进行维修

（二）智能钥匙的使用

智能钥匙如图 2-23 所示，能实现无钥匙进入和无钥匙起动两个功能。即不需要人主动去拧钥匙，便可以实现开锁、闭锁，起动车辆。无钥匙系统相对于普通的遥控钥匙，操作和防盗性能都更加先进。

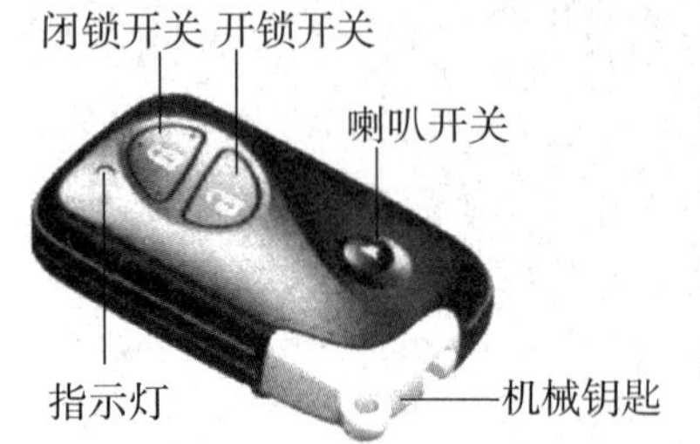

图 2-23 智能钥匙

当驾驶员带着钥匙接近车辆时，进入车门探测区域范围或行李舱测量区域范围，按下开锁按钮后即可打开车门或行李舱门，探测距离通常是 0.7 ～ 1.5 m，也有的技术资料显示为 2.5 m。驾驶员带着钥匙进入车辆后，按下起动按钮，便可以起动车辆。其功能如下。

无钥匙解锁：通过主驾驶车门的微动开关或行李舱盖上的按钮将汽车解锁。微动开关如图 2-24 所示，打开车门时，手伸入车门把手 A 同时按下微动开关 B，即可实现无钥匙进入功能。

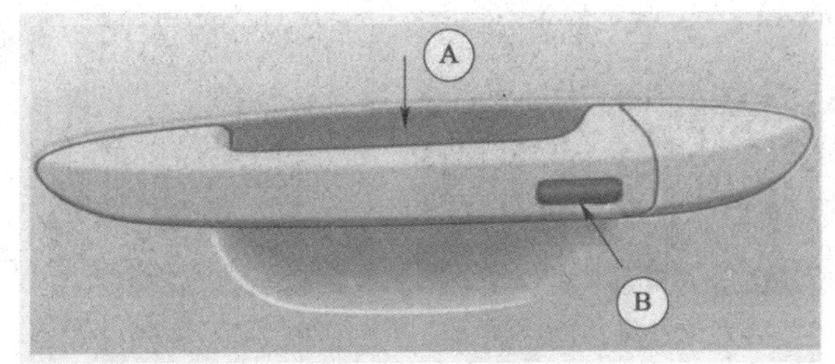

A- 车辆门把手；B- 微动开关

图 2-24　微动开关

无钥匙起动：通过起动按钮起动车辆。

无钥匙闭锁：当关闭整车电源及全部车门车窗后，可以按门把手的微动开关来闭锁车门。

（三）起动按钮

起动按钮如图 2-25 所示，主要是给全车上电、进行无电模式交换信息、匹配钥匙。起动车辆时要踩下制动踏板，将汽车挡位置于 N 挡或 P 挡，再按下起动按钮，其电源模式变化如图 2-26 所示。

图 2-25　起动按钮图

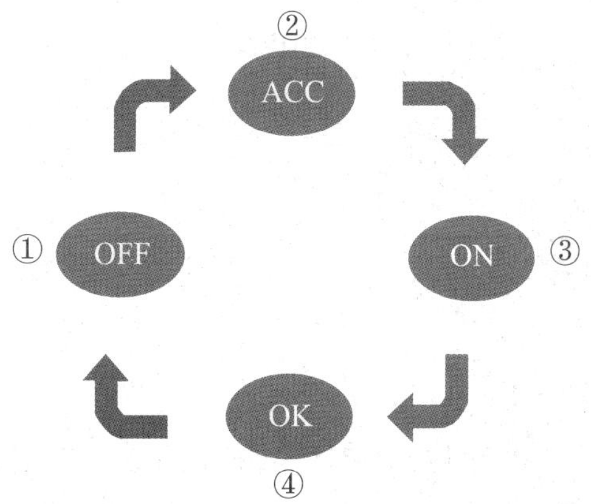

图 2-26　电源模式变化

（四）换挡杆

和内燃机汽车的换挡杆有所不同，在纯电动汽车上，通常换挡杆只有三个（或四个）位置，分别为 D 挡、N 挡、R 挡（和 P 挡）。图 2-27 为比亚迪 e6 纯电动汽车换挡杆，图 2-28 为特斯拉汽车换挡杆。

图 2-27 比亚迪 e6 换挡杆

图 2-28 特斯拉换挡杆

换挡杆的功能如下：

（1）选择前进挡 D 位。在换挡之前，请先踩制动踏板，否则挡位选择无效。

（2）选择倒挡 R 位。在选择倒挡前，确保车辆处于静止状态，然后踩下制动踏板，轻轻压下手柄，再挂入倒挡。

（3）选择空挡 N 位。在选择空挡前，确保车辆处于静止状态。

电动汽车电池系统

任务五

一、汽车动力电池系统概述

（一）动力电池的定义

对于动力蓄电池，目前仍无统一的定义。动力电池的名称来源于动力机械应用领域（如潜艇等），一直沿袭下来，目前习惯将用于电动汽车的电池称为“动力电池”。因为电池厂家生产的同一类型的电池不仅仅用于电动汽车，其他如电动自行车、备用电源、储能电站等均在采用这样的电池，也把其称为动力电池。在《电动汽车术语》（GB/T 19596—2017）中动力蓄电池（traction battery）的定义为：为电动汽车动力系提供能量的蓄电池。

动力电池的分类

（二）动力电池的分类

根据正负极材料特性、电化学成分的不同，电池常有三种分类方式。

1. 按电解液种类分

（1）碱性电池

碱性电池的电解质主要是氢氧化钾溶液，如图 2-29 所示。

（2）酸性电池

酸性电池主要是以硫酸为介质，如铅酸电池等。

（3）中性电池

中性电池是以盐溶液为介质，如锌锰干电池、海水电池等，如图 2–30 所示。

图 2–29　碱性电池

图 2–30　中性电池

（4）有机电解液电池

有机电解液电池主要是以有机溶液为介质，如锂离子电池等。

2. 按电池所用正负极材料分

（1）锌系列电池，如锌锰电池、锌银电池等。

（2）镍系列电池，如镍镉电池、镍氢电池等。

（3）铅系列电池，如铅酸电池。

（4）锂系列电池，如锂离子电池、锂聚合物电池和锂硫电池。

（5）二氧化锰系列电池，如锌锰电池、碱锰电池等。

（6）空气（氧气）系列电池，如锌空气电池、铝空气电池等。

3. 按工作性质和储能方式分

（1）一次电池，又称原电池，即不能再充电的电池，如锌锰干电池、锂原电池等。

（2）二次电池，即可充电电池，如镍氢电池、锂离电池、镉镍电池等；蓄电池习惯上指铅酸电池，也是二次电池。

（3）燃料电池，即活性材料在电池工作时才连续不断地从外部加入电池，如氢氧燃料电池等。

（4）储备电池，即电池储存时不直接接触电解液，直到电池使用时，才加入电解液，如镁化银电池（又称海水电池）等。

（三）电动汽车的动力电池

1. 铅酸电池

铅酸电池用作动力电池时，可将其分为三种类型：起动式铅酸电池、牵引式铅酸电池、固定式铅酸电池。三种电池的特点见表 2–2。

表 2-2　三种铅酸电池的特点

类型	常用容量 A·h	正极板	负极板	特点
起动式铅酸电池	5 ~ 200	涂膏式	涂膏式	比功率、比能量高
可牵引式铅酸电池	40 ~ 1200	管状	涂膏式	可深度充放电
固定式铅酸电池	40 ~ 5000	板状	涂膏式	比能量较低、自放电率小

上述三类铅酸电池中，起动式铅酸电池由于不能深度充放电，不能用于电动汽车的主电源，一般仅作为低压辅助电源使用。而固定式铅酸电池虽然容量可以做到很大，但是比能量较低，体积和质量很大，一般仅用于不间断电源等位置相对固定的场合。牵引式铅酸电池容量相对较大，可深度充放电，比能量较高，用于电动汽车主动力电源。

随着铅酸电池技术的不断发展，目前牵引式铅酸动力电池已有很多种类，如开口式铅酸电池、阀控密封铅酸电池（VRLA）、胶体蓄电池、双极性密封铅酸电池、水平式密封铅酸电池、卷绕式圆柱形铅酸电池、超级蓄电池等。铅酸电池作为电动汽车的动力源，虽有许多不足，但由于其技术成熟，可大电流放电，适用温度范围宽，无记忆效应，原材料易于获取且价格远低于镍氢电池和锂离子电池，现在仍是电动汽车中非常适用的动力电池。电动汽车上应用的铅酸电池主要是阀控式铅酸电池（VRLA），如图 2-31 所示。

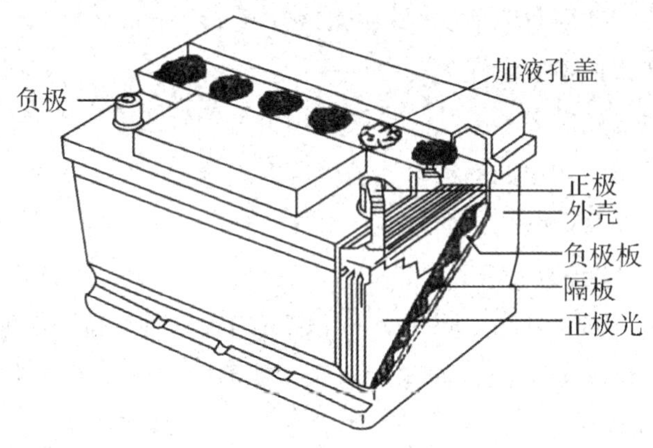

图 2-31　阀控式铅酸电池

2. 镍氢电池

镍氢电池是在镍镉电池的基础上发展起来的一种新型绿色电池，镍氢电池中没有铅、镉等重金属元素，不会对环境造成污染，能满足混合动力电动汽车所要求的高能量、高功率、长寿命和足够宽的工作温度范围要求。

镍氢电池具有无污染、高比能、大功率、快速充放电、耐用等许多优点。与铅酸蓄电池相比，镍氢电池具有比能量高、质量轻、体积小、循环寿命长的特点。

（1）比功率高。目前商业化的集氢功率型电池能做到 1350 W/kg。

（2）循环次数多。目前应用在电动汽车上的镍氢电池，80% 放电深度（DOD）循环

可以达 1000 次以上，为铅酸蓄电池的 3 倍以上，100% DOD 循环寿命也在 500 次以上，在混合动力电动汽车中可使用 5 年以上。

（3）无污染。镍氢电池不含铅、镉等对人体有害的金属，为 21 世纪“绿色环保电源”。

（4）耐过充过放。

（5）无记忆效应。

（6）使用温度范围宽。正常使用温度范围为 −30 ~ 5 ℃，储存温度范围为 −40 ~ 7 ℃。

（7）安全可靠。经短路、挤压、针刺、安全阀工作能力、跌落、加热、耐振动等安全性及可靠性试验，无爆炸、燃烧现象。

镍氢电池的基本单元是单体电池，单体电压为 1.2 V，按使用要求组合成不同电压和不同电荷量的镍氢电池总成。

3. 镍镉电池

镍镉电池（Ni-Cd）因其碱性氢化物中含有金属镍和镉而得名。镍氢电池结构示意如图 2-32 所示，镍镉电池的正极材料为球形氢氧化镍，负极材料为海绵状金属镉或氧化镉粉以及氧化铁粉，氧化铁粉的作用是使氧化镉粉有更高的扩散性，增加极板容量。

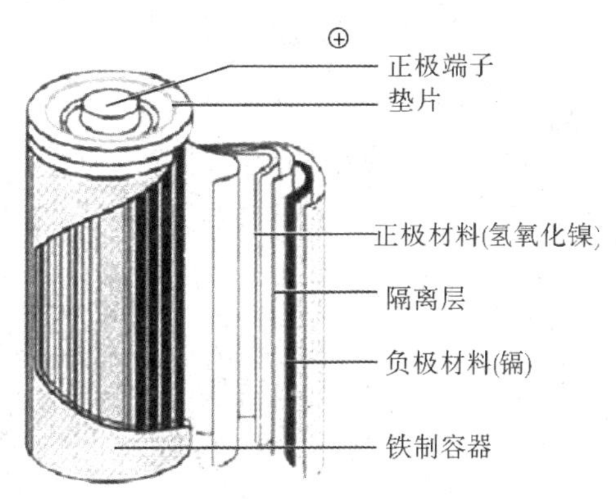

图 2-32　镍镉电池结构示意图

镍氢电池是在镍镉电池基础上发展而来的，镍氢电池与镍镉电池是换代产品，电池的物理参数、外观、尺寸、质量可与镍镉电池互换，电压（均为 1.2 V）、电性能基本一致。但与镍镉电池相比有显著的优点：能量密度高，同尺寸的电池，容量是镍镉电池的 1.5 ~ 2 倍：更环保，不含镉；充放电倍率高，可大电流充放电；无明显记忆效应；低温性能好，耐过充过放能力强。

镍氢电池的缺点是自放电性能与寿命不如镍镉电池，同时制造成本较高。

4. 锂离子电池

锂离子电池是指分别用两个能可逆地嵌入与脱嵌锂离子的化合物作为正负极构成的二次电池。人们将这种靠锂离子在正负极之间转移来完成电池充放电工作，具有独特机理的锂离子电池形象地称为“摇椅式电池”，俗称“锂电”。如图 2-33 所示，与其他电池相比，锂离子电池具有电压高、比能量高、充放电寿命长、无记忆效应、无污染、快速充电、自放电率低、工作温度范围宽和安全可靠等优点，它

图 2-33　锂离子电池

已成为未来电动汽车较为理想的动力电源。

（1）锂离子电池的分类

按照锂离子电池外形形状不同，可以分为方形锂离子电池和圆柱形锂离子电。

按照锂离子电池所用电解质材料不同，可以分为聚合物锂离子电池和液态锂离子电池。

按照锂离子电池正极材料不同，可以分为锰酸锂离子电池、磷酸铁锂离子电池、镍钴锂离子电池或镍钴锰酸锂离子电池。

第一代车用锂离子电池是锰酸锂离子电池，成本低、安全性较好，但循环寿命欠佳，在高温环境下循环寿命更短，高温时会出现锰离子溶出的现象；第二代车用锂离子电池是具有美国专利的磷酸铁锂例子电池，是锂离子电池的发展方向，它的原材料价格低，磷、铁、锂的资源丰富，工作电压适中，充放电特性好，放电功率高，可快速充电，循环寿命长，高温和高热稳定性好，储能特性强，完全无毒。

（2）锂离子电池的结构

锂离子电池由正极、负极、隔膜、电解液和安全阀等组成。圆柱形锂离子电池结构如图 2-34 所示，方形锂离子电池结构如图 2-35 所示。

正极：正极物质可选的很多，例如锰酸锂（$Li_2Mn_2O_4$）、磷酸铁锂（$LiFePO_4$）、钴酸锂（$LiCOO_2$）等都可作为正极材料。这三种电池的对比见表 2-3。

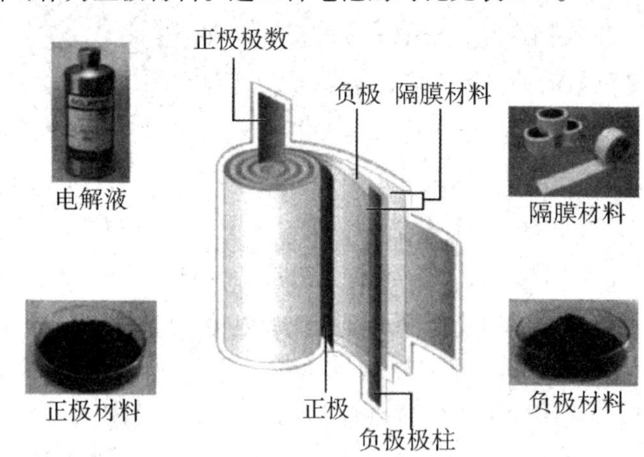

图 2-34　圆柱形锂离子电池结构

表 2-3　三种电池对比

电池	电压 V	能量密度 mA · h/g
$Li_2Mn_2O_4$	4.0	100
$LiFePO_4$	3.3	100
$LiCOO_2$	3.7	140

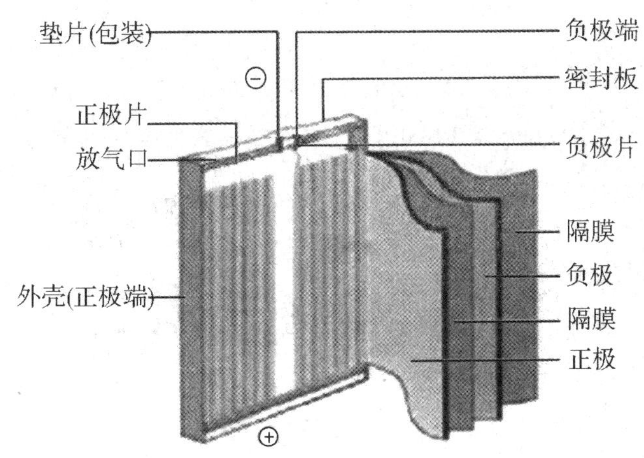

图 2-35　方形锂离子电池结构

负极：负极活性物质是由碳材料与黏合剂的混合物再加上有机溶剂调和制成的糊状，并涂在铜基上，呈薄状分布。负极的材料，选择电位尽可能接近锂电位的可嵌入锂化合物，如各种碳材料（包括天然石墨、合成石墨、碳纤维、中间相小球碳素等）和金属氧化物。

隔膜：隔膜采用聚烯微多孔膜如 PE、PP 或它们的复合膜，尤其是 PP/PE/P 三层隔膜不仅熔点较低，而且具有较高的抗穿刺强度，起到了热保险作用。

电解质：锂离子电池使用的是液体电解质，主要包括溶剂、锂盐和添加剂；而聚合物锂离子电池则以聚合物电解质来代替，这种聚合物可以是“干态”的，也可以是“胶态”的，目前大部分采用聚合物胶体电解质。

安全阀：为了保证锂离子电池的使用安全性，一般会采取控制外部电路或在蓄电池内部设置异常电流切断安全装置的措施。即使这样，在使用过程中也有可能因为其他原因引起蓄电池内压异常上升，这样，设置安全阀来释放气体，可以防止蓄电池破裂。安全阀实际上是一次性非修复式的破裂膜，一旦其进入工作状态，就会保护蓄电池使其停止工作，因此是蓄电池的最后保护手段。

二、纯电动汽车充电概述

（一）常用充电装置认知

1. 便携式充电器

图 2-36 所示为便携式充电器。便携式充电器可使用 220 V 家用电为纯电动汽车充电，简单、便捷。

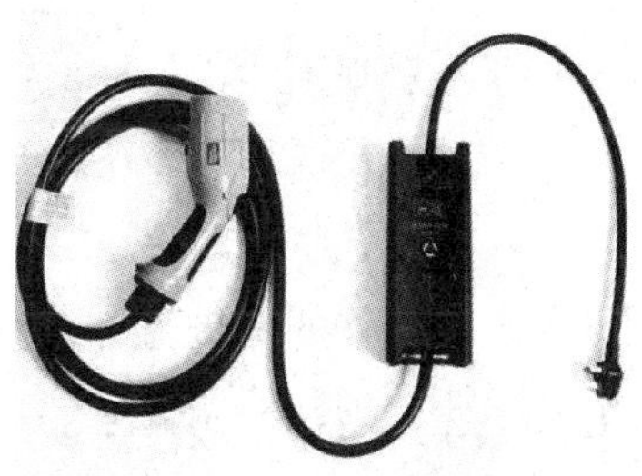

图 2-36　便携式充电器

图 2–37　公共充电桩

2. 公共充电桩

公共充电桩如图 2–37 所示，一般提供常规充电和快速充电两种充电方式，可以使用特定的充电卡在充电桩提供的人机交互操作界面上刷卡使用，进行相应的充电方式、充电时间、费用数据打印等操作，充电桩显示屏能显示充电量、费用、充电时间等数据。充电桩可分为直流充电桩、交流充电桩和交直流一体充电桩。

3. 壁挂式充电盒

壁挂式充电盒应用单项交流电通过壁挂式自带车辆插头与充电口相连，实现充电。如图 2–38 所示，壁挂式充电盒可安装在地下停车场或是车位旁。

（二）便携式充电器的使用及注意事项

1. 充电前检查

（1）充电插座检查。在将便携式充电器连接到插座上之前，首先要确保插座承载能力大于 16 A 的插座，家用插座中，一般冰箱使用的插座均为大于 16 A 的插座。插上前，检查插头是否清洁、有油污，保证插座本身连接可靠，电源线与插座本身固定牢固，无漏电现象。在连接上充电器后，还要检查充电器插头和插座的连接是否可靠，连接松动时不能充电。

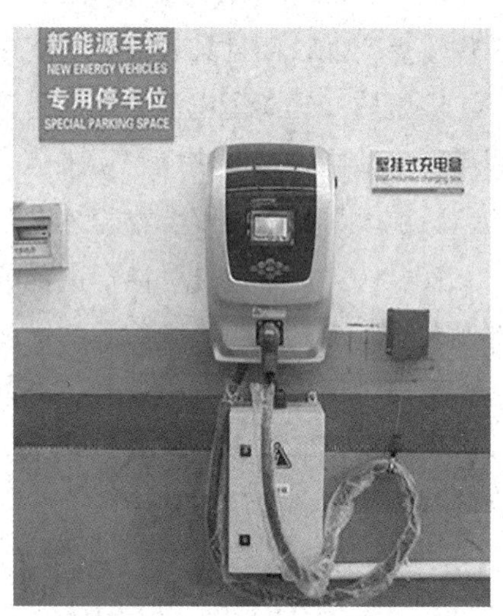

图 2–38　壁挂式充电盒

（2）便携式充电器检查。在使用便携式充电器时，要检查线束有无破损，插头端是否有破损缺角，枪头端是否有破损、盖子是否可靠，枪头固定按钮是否顺畅，充电器控制盒外观有无破损等异常现象。

（3）充电口检查。检查车身充电口盖板是否变形松动，充电口盖能否顺畅开闭，充电口上是否有油污、异物等，否则不能进行充电。

2. 开始充电

车辆处于解锁状态时，即可打开车辆左侧的充电口盖，轻微按压充电口处的锁止按钮，便可打开充电口处的保护盖，检查并确保充电插座的端部没有异常。将三相插头稳固地插入充电插座孔，确认控制盒上的指示灯全亮，0.5 s 后熄灭，取下充电枪接口的防护罩，检查并确保充电枪的插孔没有障碍物，确保锁止按钮运行顺畅，按下锁止按钮，然后将充电

枪插入电动车充电插座后松手。当听到一声轻响时，确保充电枪与充电口已经可靠连接。充电装置连接成功后，控制盒上 CHARGE（黄色）灯一直闪烁（闪烁间隔 0.5 s）即为正常充电，如图 2-39 所示。同时检查仪表上充电连接指示灯是否点亮，仪表上 SOC 是否显示。当充电完成后，CHARGE（黄色）指示灯停止闪烁，保持常亮，仪表上显示充电状态及存电量。比亚迪秦可以通过 220 V 家用电的三插口插排充电。

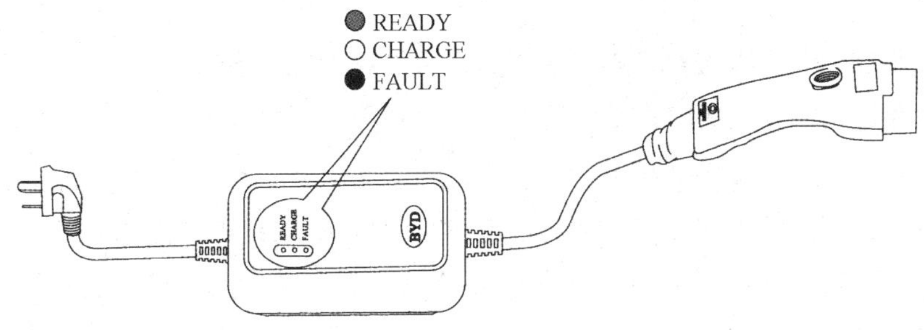

图 2-39　电动车便携式充电枪

3. 停止充电

按住锁止按钮，将充电枪从充电插座中拔出，并盖好充电插座的保护盖。从充电插座上拔出三相插头，拔出时不能拉扯电线。然后盖好充电枪防护罩，充电完成后将充电设备放入专用充电包中，置于行李舱内。

4. 注意事项

（1）当组合仪表中的电量表指针指向表盘中的红色区域时，表示动力电池电量低，应尽快充电。建议用户在电量降至红色区域时及时充电。不建议在电量完全耗尽后再进行充电，否则会影响动力电池的使用寿命。

（2）请在驱动电池的合理工作范围内对车辆进行充电，交流充电时：当电池温度高于 50 ℃或低于 -20 ℃时，或直流充电时：当电池温度高于 55 ℃或低于 -10 ℃时，车辆将不能正常充电，需做电池降温或保温处理。

（3）家用交流充电用电源插座，应使用 220 V、50 Hz、16 A 的专用交流电路和电源插座（空调插座），不允许使用外接转换接头、插线板等，且应确保 16 A 电源插座接地良好。

（三）公共充电桩和壁挂式充电桩的使用及注意事项

1. 充电步骤

（1）电源挡位置为 OFF 挡。

（2）解锁门锁开关，打开充电口舱门。

（3）打开交流 / 直流充电口盖。

（4）拔下充电桩或壁挂式充电盒上的充电枪。

（5）将充电枪插入车上充电口，仪表点亮充电连接指示灯。

（6）设置充电桩或壁挂式充电盒（如刷卡）起动充电。

（7）停止充电：充电桩或壁挂式充电盒会自动结束充电；或自行结束充电，断开充电盒（参考充电盒使用手册）。

（8）断开车辆端充电连接器，按下开关，拔出车辆插头。

（9）整理好充电设备交流充电枪总成，并妥善放置。

（10）关闭充电口盖和充电口舱门，结束充电。

2. 注意事项

（1）不要在充电插座塑料口盖打开的状态下关闭充电口盖板。

（2）不要用力拉或者扭转充电电缆。

（3）不要使充电设备承受撞击。

（4）不要把充电设备放在靠近加热器或其他热源的地方。

（5）当采用家用充电设备时，如遇到外部电网断电的情况，充电会自动重新启动，无须重新连接充电连接装置。

（6）充电时，不建议人员停留在车辆内；建议将车辆停放在通风处。

（7）当动力电池电量充满后，系统会自动停止充电。

（8）停止充电时应先断开交流充电连接装置的车辆插头，再断开电源端供电插头。

（9）当环境温度低于 0 ℃时，充电时间要比正常时间长，充电能力较低。

（10）动力电池在放置过程中会发生自放电现象，用户放置动力电池时，应确保动力电池处于半电状态（50% ～ 60%）。建议用户放置动力电池的时间不要太长，最多不要超过三个月。

（11）不要将车辆放置在 55 ℃以上环境下超过 24 h，或低于 –25 ℃环境下超过 1 天。

（12）如电动车长期不使用，最好每隔一个月进行一次慢充充电养护。建议用户不要在动力电池电量低（SOC 为 10% ～ 20%）的情况下停放超过 7 天。

（13）电动车长期停放后的首次使用前需进行均衡充电，充电时间需在 8 h 的基础上适当延长以完成充电均衡。

（四）车辆之间相互充电（VTOV）

通过车辆对车辆放电连接装置将带有对外放电功能的电动汽车与需充电车辆连接在一起，通过放电车辆的设置，即可实现车辆之间相互充电。

充电方法：

（1）将两辆车停靠在安全区域，打开双闪警灯。

（2）放电车辆电源置为 OFF 挡。

（3）充电车辆电源置为 OFF 挡且起动行车制动器或电子驻车（装配有时）。

（4）放电车辆设置放电模式，按下放电模式开关，选择“VTOV”放电模式。

（5）打开两辆车的充电口舱门。

（6）打开辆车的交流充电口盖。

（7）10 min 内通过车辆对车辆放电连接装置将两车辆连接在一起，则放电车辆作为充电设备，开始对需要充电车辆充电。

（8）结束充电，通过放电车辆设置结束“VTOV”放电模式，断开放电车辆插头，断开需要充电的车辆插头，收起车辆对车辆放电连接装置（如遇紧急情况，可直接断开充电车辆插头，正常使用时，不允许采用此种方法）。

（9）关闭放电车辆交流充电口盖和充电口舱门。

（10）关闭需要充电车辆的交流充电口盖和充电口舱门，交流充电结束。

电动汽车整车控制器

任务六

一、整车控制器的控制模式

整车控制器是车辆正常行驶的控制中枢，是整车控制系统的核心部件，是纯电动汽车的正常行驶、再生制动能量回收、故障诊断处理和车辆的状态监视等功能的主要控制部件。对于只有一个电机的纯电动汽车也可以不配备整车控制器，而是利用电机控制器进行整车控制。国外很多大企业都能够提供成熟的整车控制器方案，如博世、德尔福等。

纯电动汽车整车控制器控制模式主要分为集中式控制和分布式控制两种方案。

（一）集中式控制系统

集中式控制系统的基本思想是整车控制器独自完成对输入信号的采集，并根据控制策略对数据进行分析和处理．然后直接对各执行机构发出控制指令，驱动纯电动汽车行驶。集中式控制系统的优点是处理集中、响应快和成本低；缺点是电路复杂，并且不易散热。

（二）分布式控制系统

分布式控制系统的基本思想是整车控制器采集驾驶员的动作信号，同时通过 CAN 总线与电机控制器、电池管理系统以及其他设备控制系统通信，电机控制器、电池管理系统以及其他设备控制系统分别将各自采集的整车信号通过 CAN 总线传递给整车控制器。整车控制器根据整车信息，并结合控制策略对数据进行分析和处理，电机控制器和电池管理系统收到控制指令后，根据电机和电池当前的状态信息，控制电机运转和电池放电。分布式控制系统的优点是模块化和复杂度低；缺点是成本相对较高。

典型的分布式整车控制系统组成如图 2–40 所示，整车控制系统的顶层是整车控制器，整车控制器通过 CAN 总线接收电机控制系统、电池管理系统以及其他设备控制系统的信息，并对电机控制系统、电池管理系统和其他设备控制系统发送控制指令。电机控制系统和电池管理系统分别负责驱动电机和动力电池组的监控与管理；其他设备控制系统负责其执行与管理，如空调和仪表等。

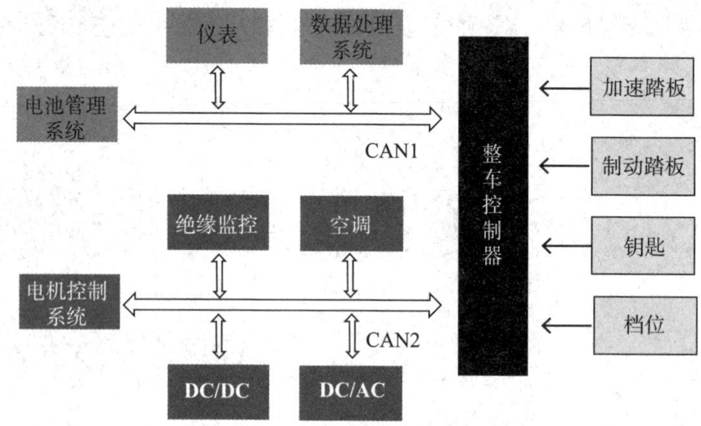

图 2–40　典型的分布式整车控制系统组成

 二、整车控制器的结构

整车控制器采集加速踏板信号、制动踏板信号及其他部件信号，并做出相应判断后，控制下层的各部件控制器的动作，可实现整车驱动、制动和能量回收。

整车控制器主要由主控芯片及其最小系统、信号调理电路组成，如图 2–41 所示。

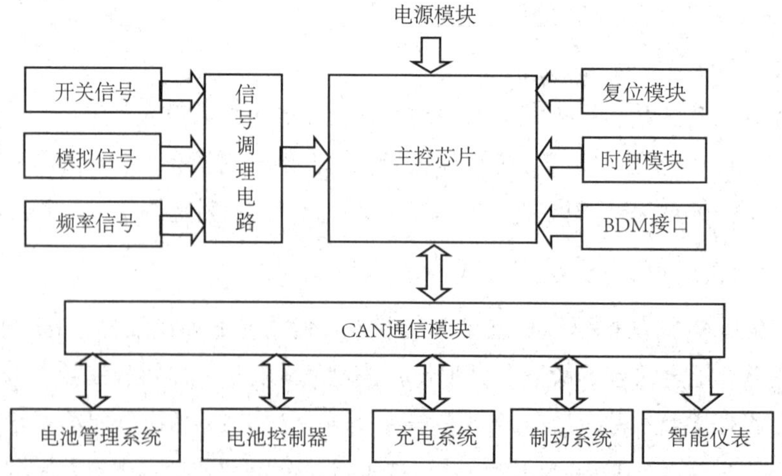

图 2–41　整车控制器组成

1. 主控芯片

主控芯片是整车控制器的核心，综合考虑纯电动汽车整车控制器的功能及其运行的外界环境，主控芯片应该具有高速的数据处理性能、丰富的硬件接口、低成本和可靠性高的特点。

2. 最小系统

最小系统是由主控芯片周边的时钟模块、复位模块、BDM 接口和电源模块组成。

3. 信号调理电路

信号调理电路包括开关信号、模拟信号和频率信号的处理电路以及与主控芯片相连的 CAN 通信模块。

开关信号包括钥匙信号、挡位信号、充电开关、制动信号等；模拟信号一般有加速踏板信号、制动踏板信号、电池电压信号等；频率信号，比如车速传感器的电磁信号。

图 2-42 所示为整车控制器和内部结构实物。

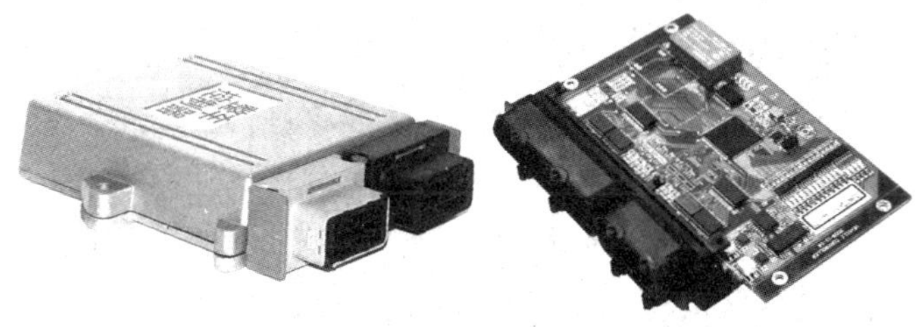

图 2-42 整车控制器实物

三、整车控制器的功能

整车控制器通过采集加速踏板信号、制动踏板信号和挡位开关信号等驾驶信息，同时接收 CAN 总线上电机控制器和电池管理系统发出的数据，并结合整车控制策略对这些信息进行分析和判断，提取驾驶员的驾驶意图和车辆运行状态信息，最后通过 CAN 总线发出指令来控制各部件控制器的工作，保证车辆的正常行驶。

整车控制器基本功能如图 2-43 所示。

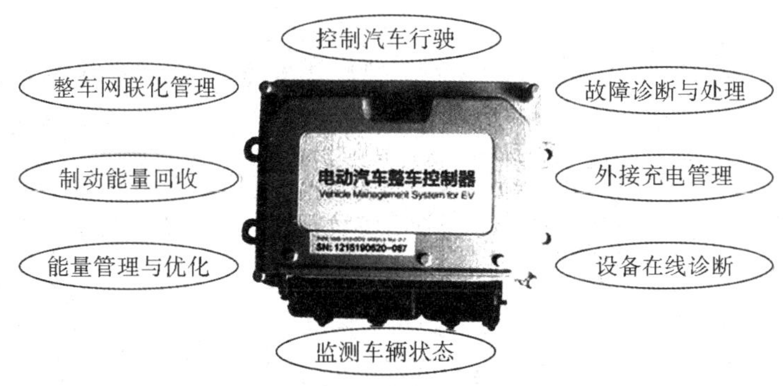

图 2-43 整车控制器基本功能

（一）控制汽车行驶

电动汽车的动力电机必须按照驾驶员意图输出驱动或制动转矩。当驾驶员踩下加速踏板或制动踏板时，动力电机要输出一定的驱动功率或再生制动功率。踏板开度越大，动力电机的输出功率越大。因此，整车控制器要合理解释驾驶员操作；接收整车各子系统的反馈信息，为驾驶员提供决策反馈；对整车各子系统的发送控制指令，以实现车辆的正常行驶。

（二）整车网联化管理

整车控制器是电动汽车众多控制器中的一个，是 CAN 总线中的一个节点。在整车网络管理中，整车控制器是信息控制的中心，负责信息的组织与传输、网络状态的监控、网络节点的管理以及网络故障的诊断与处理。

（三）制动能量回收

纯电动汽车区别于内燃机汽车的重要特征就是能够进行制动能量回收，通过将纯电动汽车的电机工作在再生制动状态来实现。整车控制器分析驾驶员制动意图、电池组状态和电机状态等消息，并结合制动能量回收控制策略，在满足制动能量回收的条件下对电机控制器发送电机模式指令和转矩指令，使得电机工作在发电模式，在不影响制动性能的前提下将电制动回收的能量储存在电池组中，从而实现制动能量回收。

（四）能量管理与优化

在纯电动汽车中，电池除了给动力电机供电以外，还要给电动附件供电，因此，为了获得最大的续航里程，整车控制器将负责整车的能量管理，以提高能量的利用率。在电池的 SOC 值比较低的时候，整车控制器将对某些电动附件发出指令，限制电动附件的输出功率，来增加续航里程。

（五）监测车辆状态

整车控制器通过直接采集信号和接收 CAN 总线上的数据的方式获得车辆运行的实时数据，包括车速、电机的工作模式、转矩、转速、电池的剩余电量、总电压、单体电压、电池温度和故障等信息，然后通过 CAN 总线将这些实时信息发送到车载仪表进行显示。此外整车控制器定时检测 CAN 总线上各模块的通信，如果发现总线上某一节点不能够正常通信，则在车载仪表上显示该故障信息，并对相应的紧急情况采取合理的措施进行处理，防止极端状况的发生，使得驾驶员能够直接、准确地获取车辆当前的运行状态信息。

（六）故障诊断与处理

连续监测整车电控系统，进行故障诊断。故障指示灯指示出故障类别和部分故障码。

根据故障内容，及时进行相应安全保护处理。对于不太严重的故障，能做到低速行驶到附近维修站进行检修。

（七）外接充电管理

实现充电的连接，监控充电过程，报告充电状态，充电结束。

（八）设备在线诊断

负责与外部诊断设备的连接和诊断通信，实现 UDS 诊断服务，包括数据流读取，故障码的读和清除，控制端口的调试。

四、整车控制器的技术要求

直接向整车控制器发送信号的传感器包括加速踏板传感器、制动踏板传感器和挡位开关，其中加速踏板传感器和制动踏板传感器输出模拟信号，挡位开关输出信号是开关量信号。整车控制器通过向电机控制器、电池管理系统发送指令间接控制电机运转和电池充放电，通过控制主继电器来实现车载模块的上下电。

根据整车控制网络的构成以及对整车控制器输入输出信号的分析，整车控制器应满足如下技术要求。

（1）设计硬件电路时，应该充分考虑汽车恶劣的行驶环境，注重电磁兼容性，提高抗干扰能力。整车控制器在软硬件上都应该具备一定的自保护能力，以防止极端情况的发生。

（2）整车控制器需要有足够多的 I/O 口，能够快速准确地采集各种输入信息，至少具备两路 A/D 转换通道用于采集加速踏板信号和制动踏板信号，应该具有多个开关量输入通道，用于采集汽车挡位信号，同时应该具有多个用于驱动车载继电器的功率驱动信号输出通道。

（3）整车控制器应该具备多种通信接口，CAN 通信接口用于与电机控制器、电池管理系统和车载仪表通信，RS232 通信接口用于与上位机通信，同时预留了一个 RS-485/422 通信接口，这可以将不支持 CAN 通信的设备兼容，例如某些型号的车载触摸屏。

（4）不同的路况条件下，汽车会遇到不同的冲击和震动，整车控制器应该具备良好抗冲击性，才能保证汽车的可靠性和安全性。

电动汽车的高压系统

电动汽车的高压系统的功能是确保整车系统动力电能的传输，并随时检测整个高压系统的绝缘故障、断路故障、接地故障和高压故障等，是确保整车设备和人员安全的首要任务，也是电动汽车产业化的关键技术之一。

一、高压系统的组成与等级

（一）高压系统的组成

电动汽车高压系统是指电动汽车内部与动力电池直流母线相连或由动力电池电源驱动的高压驱动零部件系统，如图 2-44 所示。

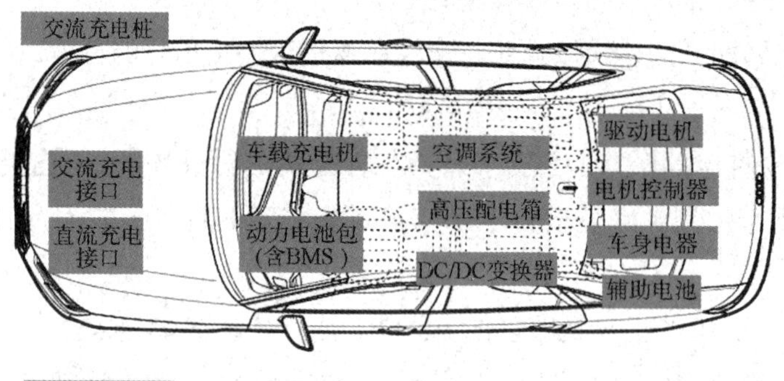

图 2-44　电动汽车高压系统

电动汽车上带有高压电的零部件有动力电池、驱动电机及其控制器、高压配电箱（PDU），空调压缩机、DC/DC 变换器、车载充电机、PTC 本体等，这些部件组成了整车的高压系统。电动汽车高压系统部件连接逻辑如图 2-45 所示。

（1）动力电池。动力电池是电动汽车中能源供给装置，需要给整车所有系统提供能源。当电量消耗后，也需要给它进行充电。因此其能源流动既有流出，也有流入。

（2）高压配电箱（PDU）。PDU 可以认为是一个电源中转分配的地方，高压系统中各个组件都需要它进行电量分配，比如高压压缩机、PTC、电机控制器等。

（3）维修开关。维修开关介于动力电池和 PDU 之间，这是个必需的元件。当维修动力电池时，使用它可以进行整车高压电的切断，确保维修安全。

（4）电机控制器与驱动电机。电机控制器将取自 PDU 的高压直流电转为三相交流电，

提供给驱动电机。驱动电机将电能转换为机械能，提供车辆行驶的动力。同时，驱动电机也可以将行驶中产生的机械能（如制动效能），将其转化为电能，最终输送给动力电池进行电量的补充。

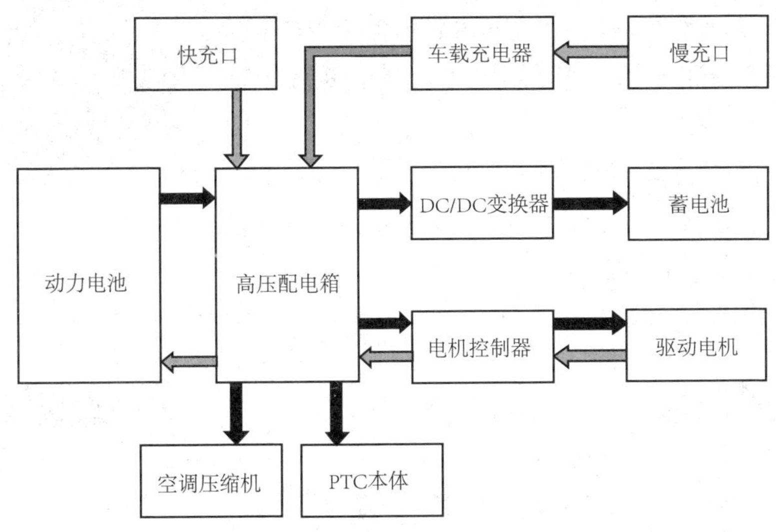

图 2-45　电动汽车高压系统部件连接逻辑

（5）快充口。快充口的电是高压直流电，可以不经过处理直接通过 PDU 输送给动力电池进行充电。

（6）慢充口。慢充口的电是高压交流电，需要经过二合一控制器中的 OBC 单元，或 OBC（没有二合一控制器，OBC 与 DC/DC 变换器是分离的）进行转化。转化后的高压直流电经过 PDU 给动力电池充电。

（7）DC/DC 变换器。为了达到整车电平衡，需要动力电池提供整车用电器的电源，同时能够给蓄电池充电。但是动力电池的电是高压电，因此需要通过 DC/DC 变换器装置，将高压直流电转化为低压直流电。

（二）电动汽车高压系统电压的等级

电动汽车高压系统电压常见的等级分别是 144 V、288 V、317 V、346 V、400 V 和 576 V 等，但并不限于这些。

二、高压配电箱

电动汽车高压配电箱（PDU）又称为高压配电盒，是高压系统分配单元。电动汽车具有高电压和大电流的特点，通常配备 300 V 以上的高压系统，工作电流可达 200 A 以上，可能危及人身安全和高压零部件的使用安全性。因此，在设计和规划高压动力系统时，不仅要充分满足整车动力驱动要求，还要确保汽车运行安全、驾乘人员安全和汽车运行环境安全。

高压配电箱实物如图 2–46 所示。

电动汽车高压配电箱（PDU）的功能是保障整车系统动力电能的传输，是动力电池与各高压设备的电源和信号传递的桥梁，并随时检测整个高压系统的绝缘故障、断路故障、接地故障及高压故障等。

图 2–46　高压配电箱实物

高压配电箱在电动汽车上的位置如图 2–47 所示。它与动力电池及管理系统、电机控制器、车载充电机、非车载充电设备及电动附件等相连。

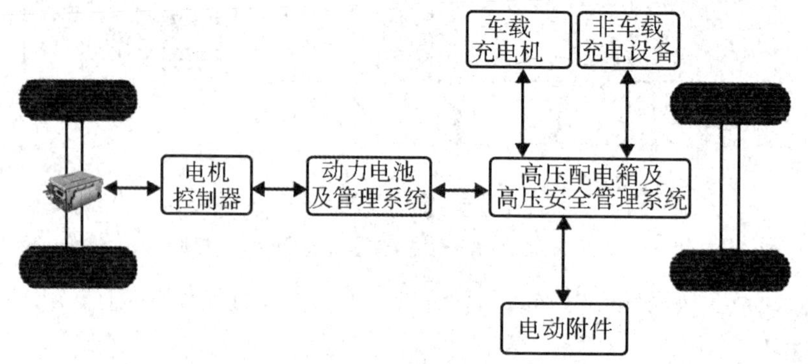

图 2–47　高压配电箱在电动汽车上的位置

电动汽车高压配电箱里面主要有高压继电器、高压连接器、高压线束和熔断器等。

（一）高压继电器

电动汽车主电路电压一般都大于 200 V，远高于传统汽车的 12 ～ 48 V，电动汽车除需要传统汽车所需的低电压继电器以外，还需配备特殊的 5 ～ 8 只高压直流继电器，分别是 2 个主继电器、1 个预充电器、2 个急速充电器、2 个普通充电继电器和 1 个高压系统辅助机器继电器。电动汽车中电路属于高压直流，一般继电器无法满足要求，目前应用最多的是真空型和充气型继电器。

（二）高压连接器

电动汽车使用的连接器不同于传统汽车使用的连接器，传统的连接器难以满足电动汽车大电流、高电压的要求。所以，电动汽车必须使用针对电动汽车的大功率连接产品。

（三）高压线束

高压线束是电动汽车上的连接器和线缆在整个汽车运行当中非常关键的连接件，影响高压线束的隐患主要是过热或燃烧，恶劣环境对线束还有屏蔽性能、进水和进尘的风险等。不同于传统汽车 12 V 线束，高压线束还需要考虑与整车电气系统的磁兼容性。

在实际使用中，电动汽车受到的电磁干扰是传统内燃机汽车的近百倍。电动汽车的高压线束是高效的电磁干扰发射天线和接收天线，是导致电动汽车出现电磁兼容故障及辐射干扰超过法规要求的最重要原因。

高压线束产生的磁干扰会影响到汽车信号线路中数据传输的完整性和准确性，严重时会影响到整车的操控性和安全性。所以，在高压线束外边常常采用注胶、包裹屏蔽线等方式来减少对整车的磁干扰。

（四）熔断器

熔断器有交流和直流用途之分，交流应用于工业配电系统。车载的锂电池、储能电容、电机、变流器和电控线路均属直流系统，都需要直流类型的熔断器做短路保护，才能保证安全可靠的正常运行和超强能力的短路开断效果。

电动汽车高压配电箱中，输出端主要连接汽车辅助电源系统，在配电盒内部一般情况下会包括电加热风机支路、空调压缩机支路、DC/DC 支路及充电机支路。这 4 个支路上，每个支路都需要安装线路保护熔断器，目的是在各负载发生短路时能够及时切断电源保护线路，避免车辆发生火灾。

图 2-48 所示为高压配电箱连接的高压电气零部件。

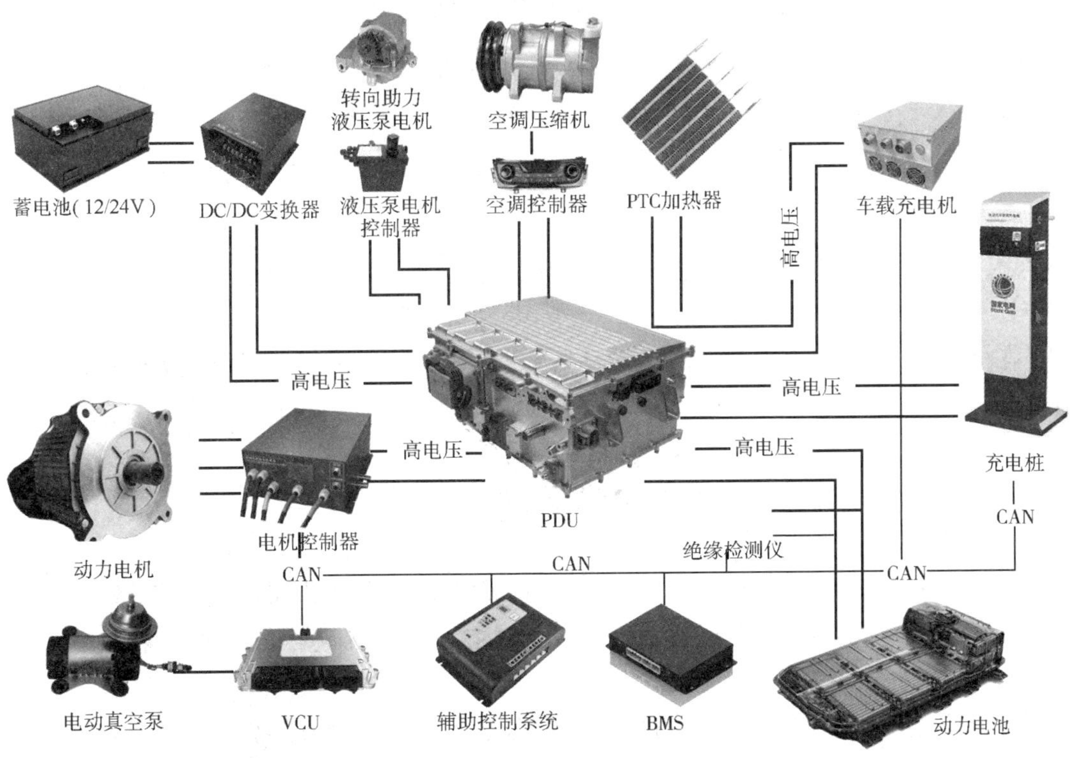

图 2-48　高压配电箱连接的高压电气零部件

图 2-49 所示为北汽新能源 EU5 的高压配电箱。

图 2-49 北汽新能源 EU5 的高压配电箱

目前大多数电动汽车的系统最大电压一般为 700 V DC 以下，也有少数车型会略高于此电压，所以用于电池保护的熔断器可分为 500 V DC 和 700 V DC 两种为主，电流等级多为 200 ～ 400 A。

三、电源变换器

电源变换器可分为直流 / 直流（DC/DC）变换器、直流 / 交流（DC/AC）变换器和交流 / 直流（AC/DC）变换器。

（一）DC/DC 变换器

DC/DC 变换器是在直流电路中将一个电压值的电能变换为另一个电压值的电能的装置，它分为降压 DC/DC 变换器、升压 DC/DC 变换器以及双向 DC/DC 变换器。

DC/DC 变换器主要实现以下功能。

1. 驱动直流电机

在小功率直流电机驱动的转向、制动等辅助系统中，一般直接采用 DC/DC 电源变换器供电。

2. 向低压设备供电

向电动汽车中的各种低压设备如车灯等供电。

3. 给低压蓄电池充电

在电动汽车中，需要高压电源通过降压型 DC/DC 变换器给低压蓄电池充电，如图 2-50 所示，将动力电池的 400 V 的高压直流电转化为 12 V 低压直流电给低压蓄电池充电。

4. 不同电源之间的特性匹配

以燃料电池电动汽车为例，一般采用燃料电池组和动力电池的混合动力系统结构。在能量混合型系统中，采用升压型 DC/DC 变换器；在功率混合型系统中，采用双向型 DC/DC 变换器。

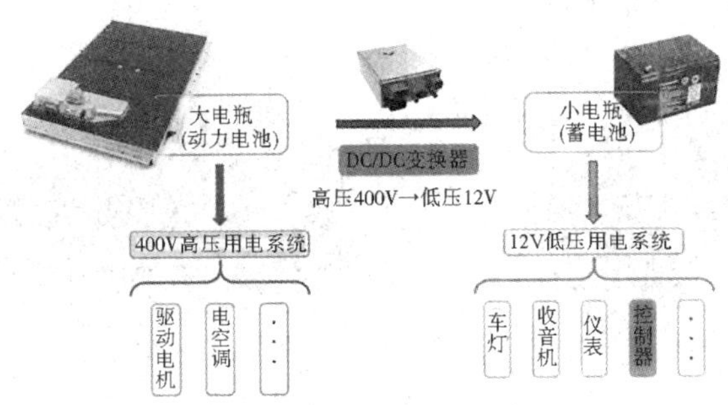

图 2-50 动力电池给低压蓄电池充电

（二）DC/AC 变换器

DC/AC 变换器是将直流电变换成交流电的装置，也称为逆变器。使用交流电机的电动汽车必须通过 DC/AC 变换器将蓄电池或燃料电池的直流电变换为交流电。

（三）AC/DC 变换器

AC/DC 变换器是将交流电压变换成电子设备所需要的稳定直流电压，电动汽车中 AC/DC 的功能主要是将交流发动机发出的交流电变换为直流电提供给用电设备或储能装置储存。

电源变换器在电动汽车上的应用实例如图 2-51 所示。

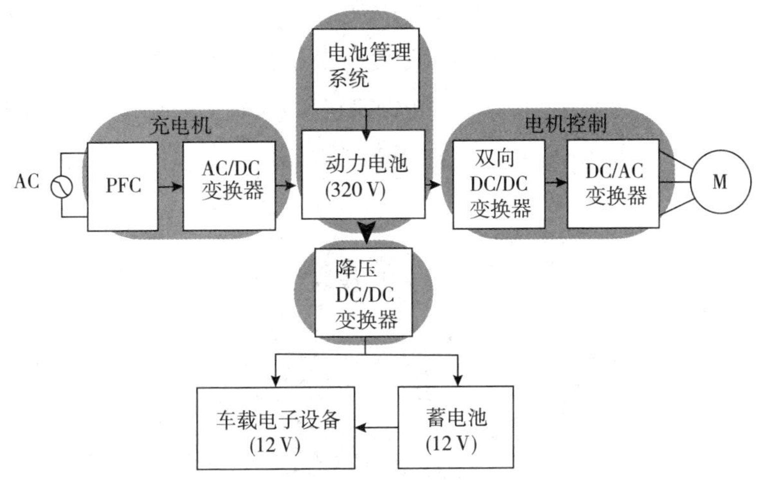

图 2-51 电源变换器在电动汽车上的应用实例

电动汽车动力电池为 320 V，由电池管理系统进行管理和监测，并通过一个车载充电机（含 AC/DC 变换器）进行充电，交流电压范围是从 110 V 的单相系统到 380 V 的三相系统；动力电池通过一个双向的 DC/DC 变换器和 DC/AC

变换器来驱动交流电机，同时用于再生制动，将回收的能量存入动力电池；同时，为了将动力电池的 320 V 高电压转换为可供车载电子设备使用和给蓄电池充电的 12 V 电源，需要一个降压型 DC/DC 变换器。

图 2–52 所示为 DC/DC 变换器实物。

图 2–52　DC/DC 变换器实物

电动汽车低压系统

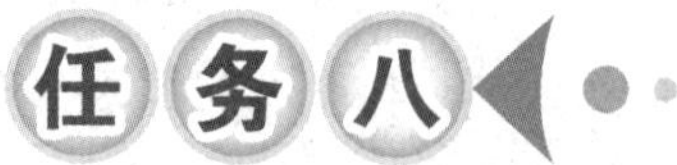

电动汽车低压系统是指由 12 V 低压蓄电池供电的零部件系统，图 2–53 所示是某纯电动汽车低压系统组成部件，其中①为右侧前接线盒（FJB），②为 12 V 启动蓄电池，③为配电盒（PSDB），④为后接线盒（RJB），⑤为静态电流控制模块（QCCM），⑥为乘客接线盒（PJB），⑦为车身控制模块（BCM/GWM），⑧为左侧前接线盒（FJB），⑨为辅助蓄电池，⑩为直流 / 直流变换器，⑪为蓄电池接线盒。

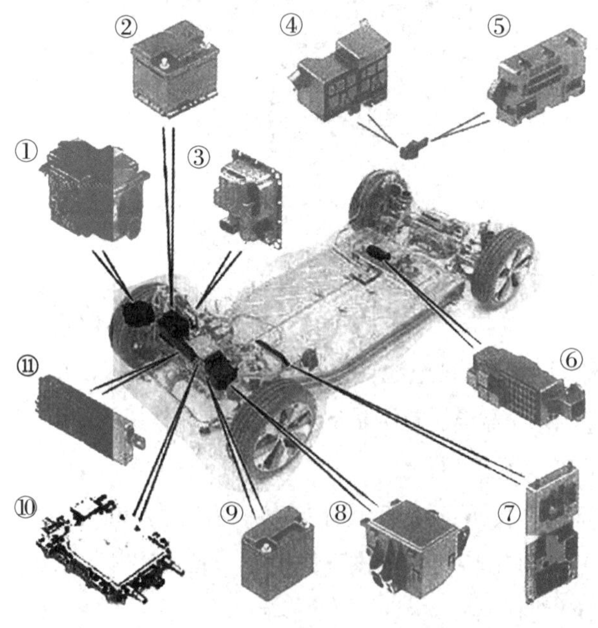

图 2–53　低压系统部件

纯电动汽车低压系统一般采用直流 12 V 或 24 V 电源，一方面为灯光、仪表、车身附件等常规低压电器供电；另一方面为整车控制器、高压电气设备的控制电路和辅助部件供电，如图 2–54 所示。

电动汽车与燃油汽车的低压系统，二者主要区别在于，燃油汽车的辅助蓄电池由与发动机相连的发电机来充电；电动汽车的辅助蓄电池则由动力电池通过 DC/DC 变换器来充电。

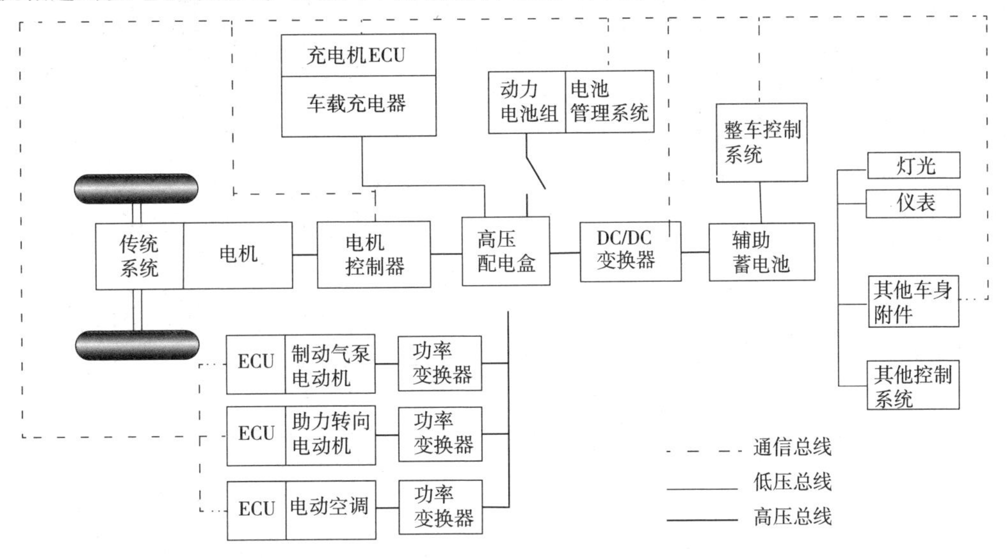

图 2–54 纯电动汽车低压系统

思考与练习

一、填空题

1. 纯电动汽车是以________为动力用电机驱动车轮行驶，符合________安全法规各项要求的车辆。

2. 纯电动汽车的优点主要有：无污染、噪声低、________、结构简单、使用维修方便。

3. 内燃机的动力源为：________；纯电动汽车的动力源为：________。

4. 纯电动汽车的仪表主要包括：车速、里程、________、________、电池电压、灯光信号等。

5. 纯电动汽车系统水温一般为________，允许最高温度为________。

6. 智能钥匙能实现：无钥匙解锁、________无钥匙起动、无钥匙闭锁等功能。

7. 比亚迪 e6 换挡杆主要有：D 挡、P 挡、________、________。

二、判断题

1. 纯电动汽车是指以车载电源为动力，用电机驱动车轮行驶，符合道路交通、安全法规各项要求的车辆。（ ）

2. 纯电动汽车根据动力源进行分类可分为两种类型，即：用纯蓄电池作为动力源的纯电动汽车和装有辅助动力源的纯电动汽车。（ ）

3. 装有辅助动力源纯电动汽车电力和动力传输系统的结构要比动力电池单独作为动力源的纯电动汽车的结构简单。（　）

4. 电动车高压辅助模块包含有车载充电器、漏电保护器、车载充电口、应急开关。（　）

5. 电动汽车的 DC/DC 变换器是电动汽车的核心部分，其性能决定电动汽车运行性能的好坏。（　）

三、简答题

1. 简述纯电动汽车的特点。

2. 简述纯电动汽车动力系统基本构造。

3. 简述纯电动汽车驱动系统的布置形式。

项目三 混合动力电动汽车认知

项目导读

混合动力电动汽车具有低油耗、低排放、高性价比的优势，因而受到消费者的关注。混合动力电动汽车将存在一个较长的历史时期，并且在21世纪的运载车辆中占有重要的地位。

学习目标

- 掌握混合动力电动汽车的类型、结构、原理和特点。
- 理解不同类型的混合动力电动汽车的工作模式。
- 了解增程式电动汽车的结构特点。
- 掌握混合动力电动汽车动力耦合类型。

混合动力电动汽车的分类与构型

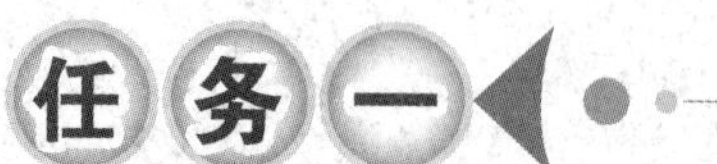

任务一

一、混合动力车辆的基本概念

根据国际能源组织（IEA）的有关文献，“能量与功率传送路线”具有如下特点的车辆称为混合动力车辆：

混合动力汽车

（1）传送到车轮推进车辆运动的能量，至少来自两种不同的能量转换装置（例如：内燃机、燃气涡轮、斯特林发动机、电动机、液压马达、燃料电池等）。

（2）这些能量转换装置至少要从两种不同的能量储存装置（例如：燃油箱、蓄电池、飞轮、超级电容、高压储氢罐等）吸取能量。

（3）从储能装置流向车轮的这些通道，至少有一条是可逆的。

如果可逆的储能装置供应的是电能时，则称作混合动力电动车。

对于混合动力汽车而言，一般在一辆汽车上同时配备电力驱动系统（traction motor）和辅助动力单元 APU（Auxiliary Power Unit），其中 APU 是燃烧某种燃料的原动机或由原动机驱动的发电机组。混合动力汽车可分为两大类，即液压蓄能式混合动力汽车 HHV（Hydraulic Hybrid Vehicle）和混合动力电动汽车 HEV（Hybrid Electric Vehicle）

二、混合动力电动汽车历史与现状

混合动力电动汽车的基本概念可追溯到 100 多年前汽车发明之初。19 世纪末，道路上的大部分汽车为纯电动的，通过蓄电池供电，由电机驱动车辆行驶，但是人们希望能够驾驶汽车行驶更远的距离。

在纯电动汽车成为道路之王的同时，一种新的汽车，即由内燃机驱动的汽车逐渐崭露头角。这些新的内燃机驱动的汽车虽然比电动汽车行驶更远的距离，但在当时却不如电动汽车应用广泛，因为 1900 年时汽油比电更难获取。

1905 年一位美国工程师 H.Piper 第一个在美国提交了混合动力电动汽车设计专利申请。

他的设想是通过将强大的电机和小型的汽油机驱动相结合，同时获得汽油机驱动可提供的行驶距离以及电机的优越性能。但是几年后他的专利获批时，内燃机的性能已经大幅提升，且汽油供应量加大，导致他的混合动力设计再无用武之地。这之后纯电动汽车和混合动力电动汽车同步继续使用，直到 20 世纪 20 年代中期，日益强大和实用的内燃机汽车数量已超过纯电动和混合动力电动汽车数百倍。

1920 年至今，内燃机驱动汽车一直主导着整个运输业，但内燃机驱动汽车的污染与高油价一直困扰着汽车行业的进一步发展。在 20 世纪 80 年代，出现了高动力 / 高速发动机控制器。这些高效的开关晶体管（称为 IGBT）使得混合动力电动汽车与电动汽车的现代化发展成为可能。

现阶段，由于内燃机车辆带来的环境污染与燃油短缺问题的日益严重，但是由于电池技术迟迟没有重大突破，纯电动汽车在相当长的时间内还无法取代传统的燃油汽车。混合动力电动汽车由于兼有燃油汽车优良的动力性和电动汽车的低排放污染的优点，同时通过功率辅助和再生制动来提高燃油经济性，从而成为这一过渡时期各国政府和汽车制造商的最佳选择。

在 20 世纪 90 年代，德国的奥迪公司、宝马公司、奔驰公司，美国的克莱斯勒公司、福特公司、通用公司，日本的本田公司、三菱公司、日产公司、丰田公司以及意大利的菲亚特公司，瑞典的沃尔沃公司，法国的标致公司等都先后开发研制了混合动力电动汽车。其中以 1997 年年底，丰田推出的 Prius 车型，开创了大规模生产混合动力电动汽车的先河，至 2014 年底，已累计销售达 700 多万辆。

目前，国内的各大自主汽车品牌公司和汽车院校也都在开展混合动力电动汽车的研究，部分车型已经投放市场，如比亚迪系列混合动力电动汽车、一汽奔腾 B70 混合动力电动汽车、奇瑞 A5 ISG 混合动力电动汽车、荣威 550 Plug-in 等都已上市。

三、混合动力电动汽车的分类

混合动力电动汽车分类方法较多，这里主要介绍 3 种分类方法。

（一）按照动力系统结构形式的不同进行分类

因混合动力电动汽车各个组成部件、布置方式及控制策略的不同，而形成了各式各样的结构形式。混合动力电动汽车分为串联式（SHEV）、并联式（PHEV）、混联式（PSHEV）三大类，如图 3-1 所示。

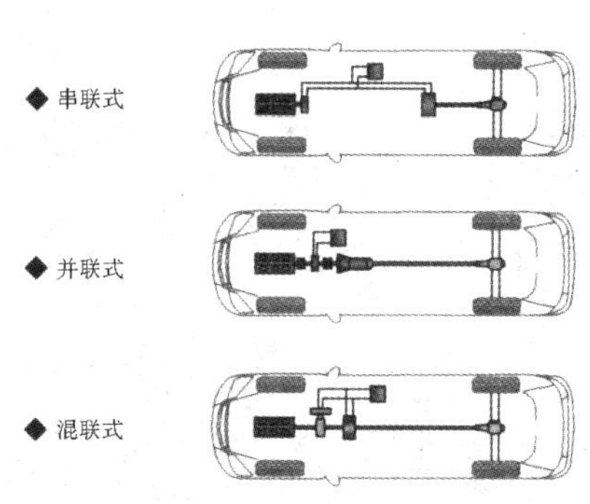

图 3-1　混合动力电动汽车按结构类型分类

（1）串联式混合动力电动汽车是指车辆系统的驱动力只来源于电机的混合动力电动汽车。它的结构特点是发动机带动发电机发电，电能通过电机控制器输送给电机，由电机驱动汽车行驶。另外，动力电池也可以单独向电机提供电能驱动汽车行驶。

（2）并联式混合动力电动汽车是指车辆系统的驱动力由电机及发动机同时或单独供给的混合动力电动汽车。它的结构特点是并联式驱动系统可以单独使用发动机或电机作为动力源，也可以同时使用电机和发动机作为动力源驱动汽车行驶。根据动力组合方式的不同又可分为发动机轴动力组合式、动力耦合器动力组合式、驱动轮动力组合式三种。

（3）混联式混合动力电动汽车是指具备串联式和并联式两种混合动力系统结构的混合动力电动汽车。它的结构特点是可以在串联混合模式下工作，也可以在并联混合模式下工作，同时兼顾了串联式和并联式的特点。根据动力组合方式的不同可分为动力耦合器动力组合式和驱动轮动力组合式两种。

（二）按照混合度划分

根据在混合动力系统中，电机的输出功率在整个系统输出功率中占的比重，也就是常说的混合度的不同，混合动力系统可以分为六种类型，即：

1. 微混（Micro Hybrids）

有时也叫“起－停混合”。微混合型混合动力电动汽车是指以发动机为主要动力源，不具备纯电动行驶模式的混合动力电动汽车。一般情况下，微混合型混合动力电动汽车的混合度在5%以下。

目前国内开发的典型代表车型有——风神S30 BSG、奇瑞A5 BSG、骏捷FSV启停版、雪铁龙混合动力版C3、丰田的混合动力版Vitz（见图3-2）。它们采用的是在传统内燃机上的起动电机（一般为12 V）上加装了传动带驱动起动电机（也就是常说的Belt-alternator Starter Generator，简称BSG系统）。该电机为发电起动（Stop-Start）一体式电机，用来控制发动机的起动和停止，从而取消了发动机的怠速，降低了油耗和排放。与混合动力电动汽车其他技术相比，优点在于结构简单，和普通燃油车型一样，没有另外的电机系统。从严格意义上来讲，这种微混合动力系统的汽车不属于真正的混合动力电动汽车，因为它的电机并没有为汽车行驶提供持续的动力。

图3-2　雪铁龙C3和丰田Vitz混合动力版

2. 轻混（mild hybrids）

轻度混合型混合动力系统指的是：采用了集成起动电机的系统（Integrated Starter Generator，ISG 系统）。除了能够实现用发电机控制发动机的起动和停止，还能够实现在减速和制动工况下，对部分能量进行吸收；在行驶过程中，发动机等速运转，发动机产生的能量可以在车轮的驱动需求和发电机的充电需求之间进行调节。轻度混合型混合动力系统的混合度一般在 5% ~ 15%。

轻度混合型混合动力系统的代表车型为奇瑞旗云 3 ISG、吉利帝豪 EC7-RV（见图 3-3）。奇瑞旗云 3 ISG 混合动力电动汽车利用 1.3 L 发动机和 10 kW 电机转矩叠加方式进行动力混合，以发动机为整车主动力源，电机辅助发动机驱动起"补峰平谷"的作用，实现了最优的驱动效率，既能达到 1.6 L 常规汽油车的动力性，又能节省燃油消耗。

图 3-3 奇瑞旗云 3 ISG 与吉利帝豪 EC7-RV

3. 中度混合

中度混合动力系统以发动机为主要动力源，电机作为辅助动力，同样采用了 ISG 系统，本田旗下混合动力的 Insight，雅阁和思域都属于这种系统。与轻度混合动力系统不同的是中混合动力系统采用的是高压电机。另外，中混合动力系统还增加了一个功能：在汽车处于加速或者大负荷工况时，电机能够辅助驱动车轮，从而补充发动机本身动力输出的不足，从而更好地提高整车的性能。这种系统的混合程度较高一般在 15% ~ 40%。图 3-4 所示为本田 Insight 混合动力版。

图 3-4 本田 Insight 混合动力版

4. 重混（full hybrids）

也称强混。强混指的是混合程度更高的混合动力系统，该系统采用高功率、高压起动电机，混合程度更高。一般情况下，强混的混合度超过 40%。

重混的代表车型为丰田 Prius 普锐斯。

（三）按照外接充电能力划分

1. 不可外接充电型混合动力电动汽车

一种被设计成在正常使用情况下从车载燃料中获取全部能量的混合动力电动汽车。

2. 可外接充电型混合动力电动汽车

也称为插电式混合动力（Plug-In Hybrids），是一种被设计成可以在正常使用情况下从非车载装置中获取能量的混合动力电动汽车。

仅当制造厂在其提供的使用说明书中或者以其他明确的方式推荐或要求定期进行车外充电时，混合动力电动汽车方可认为是“可外接充电”的。仅用来不定期的储能装置电量调节而非用作常规的车外能量补充，即使有车外充电能力，也不认为是“可外接充电”的车型。

简单来说，插电式混合动力和普通的混合动力电动汽车的区别在于，插电式混合动力配有电池充电装置，在电池没电时，可通过外接电源给蓄电池充电。另外，由于电池蓄电能量高出以往的油电混合动力电动汽车，因此在短途行驶时，主要以 EV 模式为主，在长途移动时则可兼用发动机，更好地发挥了油电混合动力的优势。

可外接充电型混合动力电动汽车的代表车型为荣威 550 Plug-In。

（四）按照与发动机混合的可再充电能量储存系统的不同进行分类

可以分为动力蓄电池式混合动力电动汽车、超级电容式混合动力电动汽车、机电飞轮式混合动力电动汽车、动力蓄电池与超级电容组合式混合动力电动汽车。

四、混合动力构型

根据 SAE J1715 的定义，混合动力构型可以用 PX（P 即 Position）来表示（见图 3-5）。

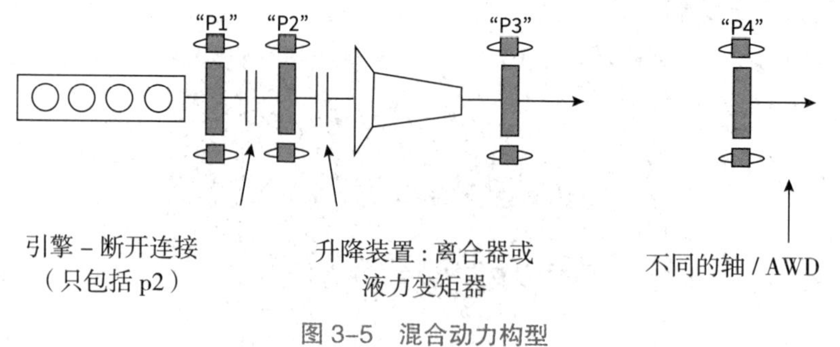

图 3-5　混合动力构型

（一）P0 构型

P0 电机实际上可认为是一种电压更高的启停系统，它直接代替了传动汽车上的逆变器，最为常见的就是 48 V P0 系统。

电机位于发动机前端皮带上，给发动机增加一款小型发电机（BSG），其通过皮带与曲轴连接，当发动机运转时，由曲轴带动发电。自动起停、弱混是常见的 P0 构型。

图 3–6 所示为吉利的 P0 构型。48 V 启发电一体机主要实现功能在于快速起停、制动能量回收和辅助转矩三个作用，理论上它可以实现在部分巡航时速下停止发动机工作，并保证快速需要动力的时候又能快速启动发动机的作用。

图 3–6　P0 电机

这项微混技术现阶段受到了很多欧系品牌的青睐，在国内，诸如长安、奇瑞等品牌也都有这项技术。它的优势在于改进成本低，与发动机的适配性很好。48 V P0 微混技术仅仅是更换了一个启发电一体机，其节油效果比较有限，这项技术大概能够实现 8% ～ 15% 的节油效果。

（二）P1 构型

电机位于发动机曲轴上，在发动机后离合器前，原来飞轮的位置。电机和曲轴转速相等，因此电机需要有较大转矩。也就是说 P1 构型将 ISG 电机固连在了发动机上，它取代了传统的飞轮，可支持动力辅助、发动机启停、制动能量回收等功能。

与 P0 相仿，支持发动机起停、制动能量回收发电。同时电机与曲轴刚性连接，可以辅助动力输出。目前 P1 构型多以轻度混合型混合动力电动汽车为主，由于可靠性高而且成本较低，国内公交车和自主品牌多采用 P1。本田思域混动和 Insight 的第一代本田 IMA 混动，以及奔驰的 S400 混动，都采用 P1 布局。P1 不能使用纯电动模式。

图 3–7 所示为 P1 构型。

图 3–7　ISG 启动 / 发电一体机

（三）P2 构型

P2 也需要布置在发动机和变速器中间，但因为不必像 P1 一样整合在发动机外壳中，P2 布置的形式更灵活，不仅可以直接套在变速器输入轴上，也可以通过皮带与变速器输入轴连接，甚至也可以使用减速齿轮。

P2 在纯电动模式下可以和发动机断开连接，因为电机和发动机之间还有个离合器，因此在纯电动模式下发动机并不会被拖动，同时由于 P2 模式下，电机的后面有变速器，因此变速器的所有挡位都可以被电机利用。

P2 的模式是：发动机→离合器 1 →电机→离合器 2 →变速器→差速器→车轮。

P2 是目前市场混合动力车型采用最多的模式。电机放在离合器后变速器前，通过在发动机与变速器之间插入两个离合器和一套电机来实现混动；是一种并联式的两个离合器的混合动力系统。P2 和 P1 模式基本相同，唯一区别在于电机和发动机之间有没有离合器，是不是可以切断电机的辅助驱动。P2 系统可以实现纯电驱动。

因为电机和发动机之间有离合器，因此可以单独驱动车轮；在动能回收时也可以切断与发动机的连接。因为电机和轴之间可以有传动比，因此不需要太大的转矩，可以降低成本和电机的体积。

与 ISG 电机一样，P2 电机同样布置在发动机和变速箱中间，但区别在于电机放在离合器后，并可通过控制离合器断开与发动机的连接。通过断开电机与发动机的连接，P2 构型可以实现纯电驱动及更高效率的制动能量回收，详见图 3-8。

图 3-8　P2 构型

（四）P3 构型

电机位于变速器输出端，与发动机共享一根轴，同源输出。P3 最主要的优势是纯电驱动和动能回收的效率。同时，P3 会比 P2 少一组离合器，且纯电传动更为直接，更高效。比如比亚迪秦，在急加速方面就表现非常突出。P3 比较适合后驱车，有充足的空间予以布置。代表车型：本田 i-DCD、比亚迪秦、长安逸动。现代的混合动力采用这种系统，此外法拉利的 LaFerrari 混合动力超级跑车也是。

图 3-9 所示为 P3 构型。

图 3-9　P3 构型

P2.5（也称 PS）是介于 P2 和 P3 之间的一种混合动力形式，就是将电机整合进入变速器内。相比电机置于发动机输出端的 P1 及变速器输入端的 P2 形式，P2.5 在油电衔接瞬时冲击方面更具优势。相比电机置于变速器输出端的 P3 形式，P2.5 可将电机的力矩通过

变速器多挡位放大，不仅能让电机经济运行区域更广，而且选型时也可以考虑采用功率更小的电机。吉利博瑞 GE 的 PHEV 版本，采用的动力系统是 1.5 T+7 DCT，并采用了 P2.5 构型的混合动力系统。

图 3-10　P2.5 构型

图 3-10 所示为 P2.5 构型。电机是集成在变速箱壳体内部位置，其输出端与变速箱输出端形成并联结构。在纯电模式下，电机直接驱动车轮；在混合动力模式下，电机与发动机一同协调工作。

实际应用中被人们称为 P3 的混合动力构型，其实往往是 P2.5。比如大众速腾混动、奥迪 A3 e-tron、沃尔沃 T5 前驱混动、比亚迪秦等。使用 P2.5 的方案包含了中混、强混、混合策略插电混动，以及增程式插电混动等。

（五）P4 构型

电机放在后桥上，另外轮边驱动也叫 P4。P4 布局最大的特点是电机与发动机不驱动同一轴，这意味着车辆可以实现四驱。如果混动车型有两个电机，就是 Pxy 构型。比如 WEYP8，左发动机前端与后轴都有电机，属于 P4 构型。

图 3-11　P4 构型

P4 大多应用于各种插电混动，或者是微混模式，因为不方便纯电驱与纯发动机驱动间的切换，P4 强混反而是比较少的。因此，大部分 P4 混动采用插电混动，以电机后驱为主，只有在需要更大功率时才启动发动机驱动前轴。

图 3-11 所示为 P4 构型。

P0 ～ P4 的比较见表 3-1。

表 3-1　P0 ～ P4 的比较

电机布置方式	作用	特点
P0（BSG 电机）	自动起停，转矩辅助，能量回收	成本低
P1（ISG 电机）	自动起停，转矩辅助，能量回收	成本较低
P2	转矩辅助，能量回收	短距离纯电驱动，成本低
P2.5	转矩辅助，能量回收，纯电驱动	体积小，效率高
P3	转矩辅助，能量回收，纯电驱动	功率转矩大，效率高
P4	转矩辅助，能量回收，纯电驱动	功率转矩大，适合四驱

P4是将用电机直接驱动车轮，纯电动汽车均为P4电机，混合动力汽车上一般用于后驱，

见图 3–12。

图 3–12　电动四驱

效率上的差异，也导致了混合程度的不同：通常离轮端最远的 P0 和 P1 构型只能实现微混到中混的程度，而 P2 以后构型可以做到强混。

（六）PS 构型

PS 构型指专门开发的混动变速箱，一般完全摒弃现有 CVT、DCT 等变速器结构，而采用行星排、离合器等进行组合传动。

 五、典型混合动力电动汽车车型实例

（一）丰田普锐斯混合动力电动汽车

1. 丰田普锐斯简介

1997 年 12 月，丰田首先在日本市场上推出了世界上第一款批量生产的混合动力电动汽车，即普锐斯（Prius），见图 3–13。普锐斯混合动力系统由汽油发动机和电机组成，采用一种折中的方式弥补了汽油发动机车和纯电动车两者之间的缺陷。2000 年，普锐斯经过细微的改动之后推向美国市场，随后进入欧洲市场。表 3–2 所示为丰田第一代普锐斯技术参数，图 3–14 所示为丰田第一代普锐斯透视图。

图 3–13　普锐斯混合动力汽车

表 3-2　丰田第一代普锐斯技术参数

动力源	类型	最大功率	最大转矩
发动机	1.5 L 直列 4 缸汽油发动机（阿特金森循环）	50 kW	110 N · m
电机	274 V 永磁同步交流型	30 kW	165 N · m
蓄电池	6.5 A · h，40 个镍氢电池串联		

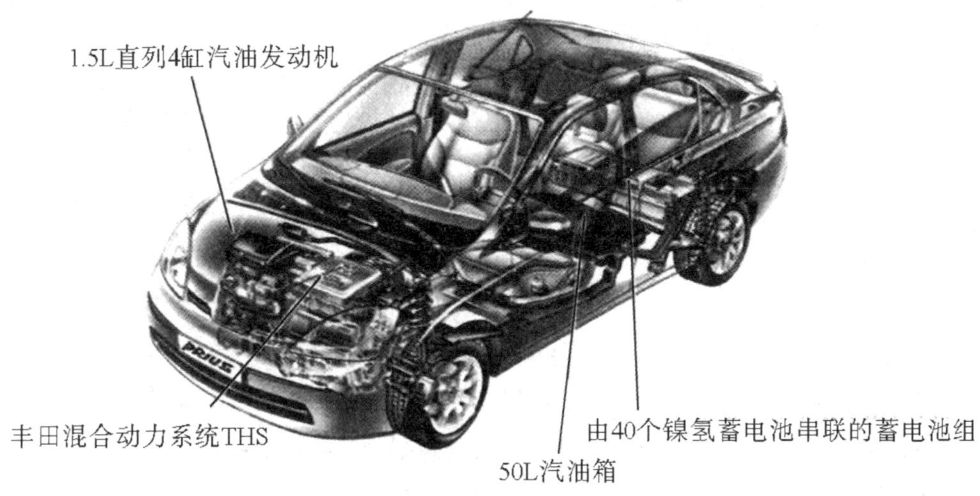

图 3-14　丰田第一代普锐斯透视图

2003 年 9 月，丰田在日本首先上市了全新第二代普锐斯，其技术参数见表 3-3，除了外表的改进外，最重要的是引入了第二代丰田混合动力系统 THS- Ⅱ。THS- Ⅱ是在 HSD（混合动力协同驱动）的概念下开发出来的，即电机、发动机在车辆各种状态中，采用不同的方式协同工作，来适应各种驾驶模式。THS- Ⅱ与 THS 基本理论相同，不过使用的电机在同类电机中性能较高。另外，为了更好地进行能源消耗管理，THS- Ⅱ使用一种新型的线路和制动能量回收系统，与高效的蓄电池组合，可以在制动的时候更好地对制动能量进行回收。THS- Ⅱ最大的改进在于使用了高电压线路——发动机、电机和蓄电池之间的电压高达 500 V，而上一代 THS 的电压只有 274 V。

表 3-3　丰田第二代普锐斯技术参数

动力源	类型	最大功率	最大转矩
发动机	1.5 L 直列 4 缸汽油发动机	52 kW	110 N · m
电机	500 V 永磁同步交流型	50 kW	400 N · m
蓄电池	6.5 A · h，28 个镍氢电池串联		

2. THS-Ⅱ丰田混合动力系统

（1）THS-Ⅱ动力系统结构原理　普锐斯是第一辆混联式混合动力电动汽车（HV），它的混合动力系统叫作 Toyota Hybrid System（THS），如图 3-15 所示，它利用汽油发动机和电机两种动力系统，通过串联和并联相结合的形式进行工作。丰田混合动力系统在行车过程中可以不断检测车辆行驶工况，然后通过管理控制系统，对车辆动力分配装置的工作模式进行调整，从而达到省油减排的目的。

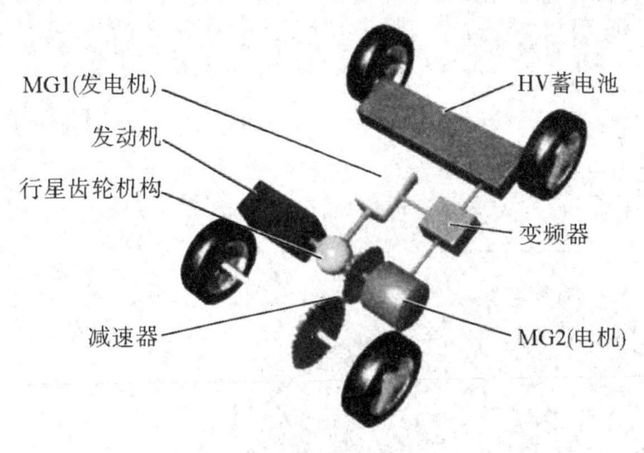

图 3-15　THS-Ⅱ组成简图

THS-Ⅱ分为发动机、带转换器的变频器、带电动机的压缩机、动力管理控制单元总成、动力电池总成、传动桥、电机、发电机等功能总成。图 3-16 为 THS-Ⅱ动力系统结构原理图。结构上，在电机和发电机之间采用 AC500 V 高压电路传输，可以极大地降低动力传输中电能损耗，高效地传输动力。采用大功率电机输出，提高电机的利用率。当发动机工作效率低时，此系统可以将发动机停机，车辆依靠电机动力行驶。极大地增加了减速和制动过程中的能量回收，有效提高了能量的利用率。

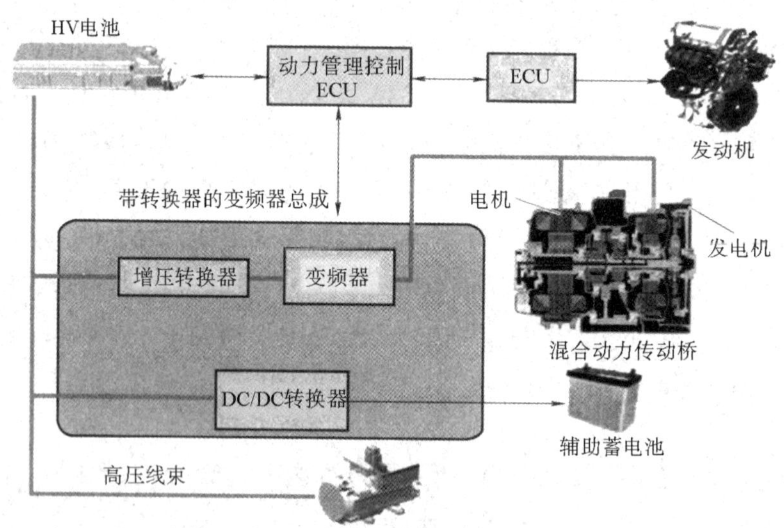

图 3-16　THS-Ⅱ动力系统结构原理图

① Prius 控制系统原理。如图 3-17 所示，HV ECU 采用 32 位计算机，通过加速踏板传感器来检测驾驶人的驾驶需求，HV ECU 还要接受有关行车速度和变速器挡位的信息，

并通过 CAN 总线与其他 ECU（发动机 ECU、HV 蓄电池 ECU、制动防滑控制 ECU、电动转向 ECU）进行通信，获取相关信息。利用这些信息，HV ECU 就能确定车辆的行驶状况，计算车辆所需的转矩和功率，将计算结果发送给发动机 ECU、变频器总成、蓄电池 ECU 和制动防滑控制 ECU。

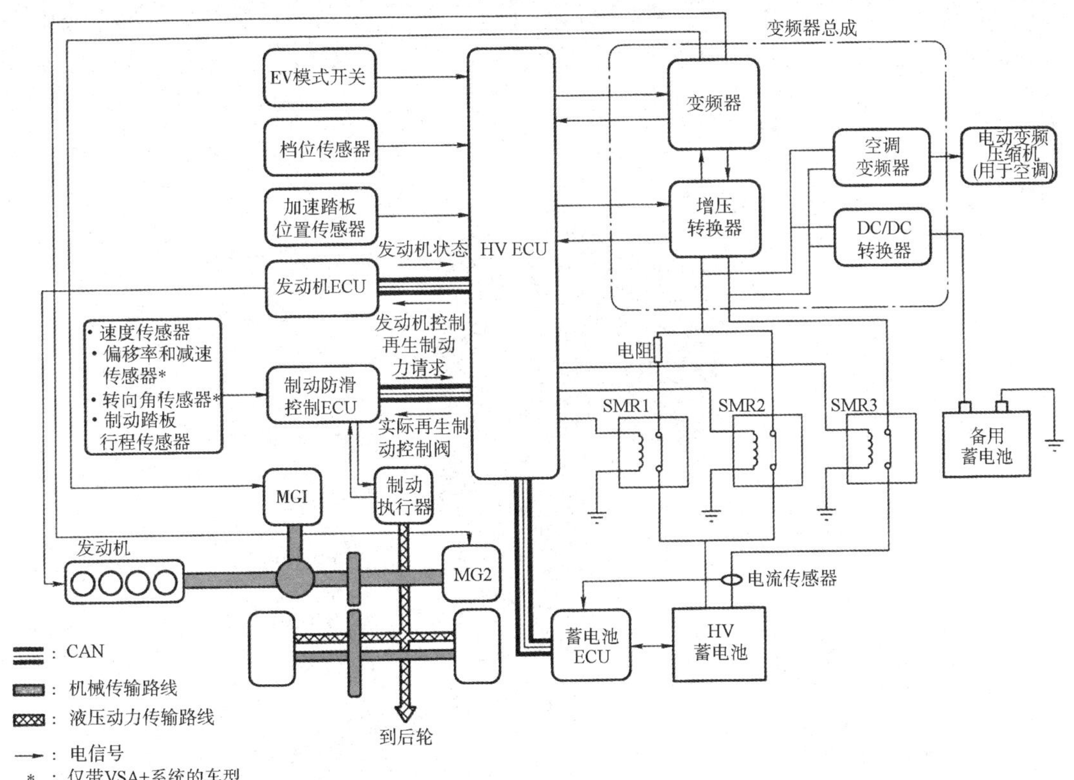

图 3–17　Prius 控制系统原理图

② Prius 变频器。变频器（Variable-frequency Drive，VFD）是应用变频技术与微电子技术，通过改变电机工作电源频率方式来控制交流电机的电力控制设备。变频器靠内部功率晶体管 IGBT 的开断来调整输出电源的电压和频率，根据电机的实际需要来提供其所需要的电源电压，进而达到节能、调速的目的。Prius 变频器主要由增压转换器、逆变整流器、直流转换器、空调变频器和驱动单元等组成，各部分的主要作用如下：

增压转换器：将 HV 蓄电池 DC201.6 V 电压增压到 DC500 V（反之从 DC500 V 降压到 DC201.6 V）。

逆变整流器：将 DC500 V 转换成 AC500 V，给电机 MG2 供电；反之，将 AC500 V 转换成 DC500 V，经降压后，给 HV 蓄电池充电。

直流转换器：将 HV 蓄电池 DC201.6 V 降为 DC12 V，为车身电器供电，同时为备用蓄电池充电。

空调变频器：将 HV 蓄电池 DC201.6 V 转换成 AC201.6 V 交流电为空调系统中电动变频压缩机供电。

③ Prius 传动桥总成。Prius 传动桥总成结构如图 3–18 所示，采取双电机设计，其中 MG1 主要用于起动发动机，还可作为发电机对蓄电池充电，当 MG2 工作时为其提供电力，此外，还可以通过控制转矩保持传动系统的正常工作。MG2 主要用于在低速时提供牵引力，在高速时又可以补充动力，让发动机与汽车协调运作，发挥最优越的性能，并可以在制动时回收能量。

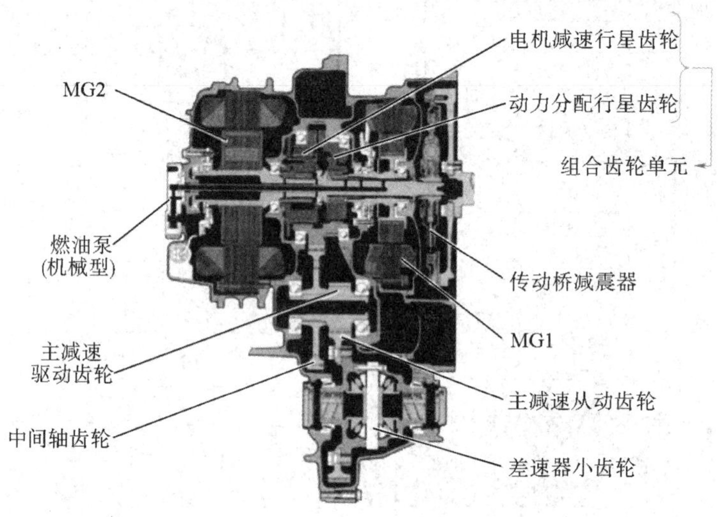

图 3–18　Prius 传动桥总成结构

发动机与两台电机通过行星齿轮机构相互连接，其对应的连接关系为：太阳轮 –MG1、环齿圈 –MG2、行星架 – 发动机输出轴，如图 3–19 所示。

④ Prius 动力电池总成。Prius 上电池包括动力电池与辅助电池，如图 3–20 所示，其主要作用除了作为驱动动力能源外，还要向空调系统、动力转向系统、点火系统、照明、信号系统、刮水器和喷淋器以及车载娱乐和通信设备等装备提供低压电源。

（2）THS–Ⅱ系统电机工作原理　交流伺服驱动系统中，应用的交流永磁驱动电机有两大类。一类称为无刷直流同步电机（BDCM），另一类称为三相永磁同步电机（PMSM），THS–Ⅱ系统的电机（MG1、MG2）属于 BDCM 类型的驱动电机。BDCM 用装有永磁体转子代替了有刷直流电机的定子磁极。有刷直流电机依靠机械换向器，将直流电流转换成近似梯形波的交流电流。而 BDCM 是将逆变器产生的方波交流电流直接输入电机定子绕组，省去了机械换向器和电刷。BDCM 定子绕组中通入三相方波交流电流，定子绕组上会产生感应电动势，生成与永磁转子磁场在空间位置成正交的电枢反应磁场。在转子永磁铁磁场的作用下，电枢反应磁场以反作用电磁力驱动永磁转子同步旋转（见图 3–21）。

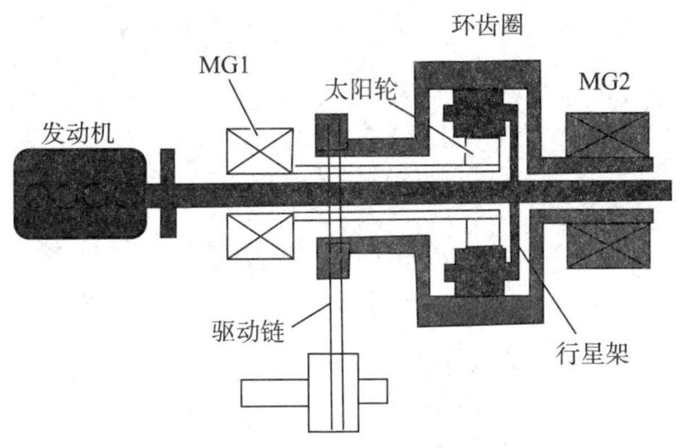

图 3-19　行星齿轮组与发动机、MG1 和 MG2 连接关系

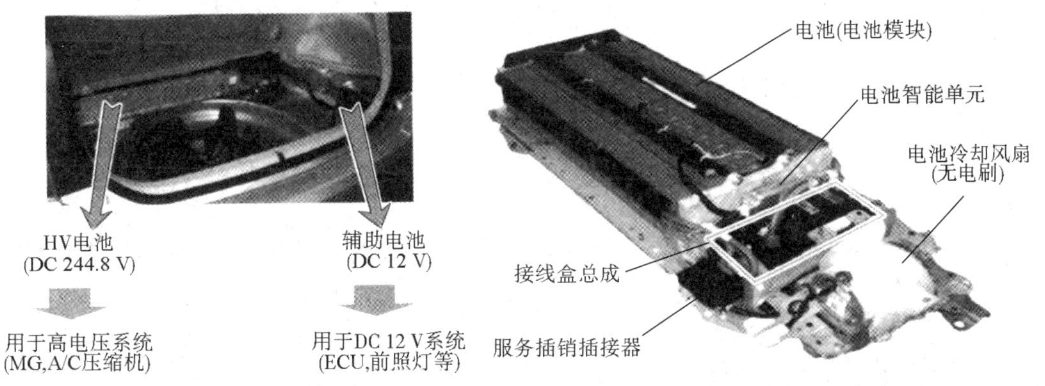

图 3-20　Prius 电池布置及动力电池结构组成

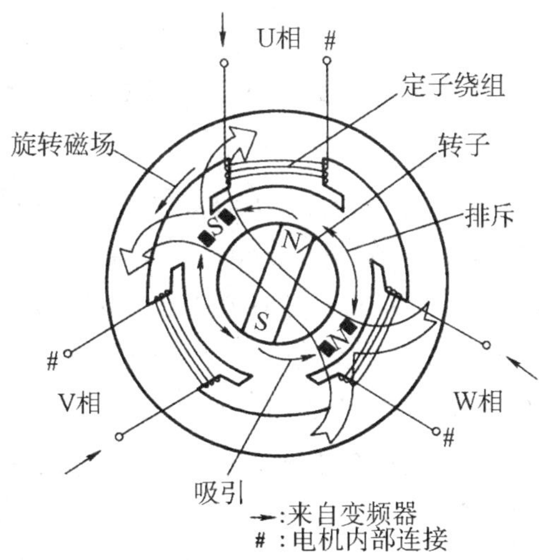

图 3-21　THS-Ⅱ 系统电机工作原理

（3）THS 的工作模式 如图 3-22 所示，Prius 低油耗行驶能量分配原则：

①在起动及低速行驶时，THS 仅利用电机的动力来行驶，因为这时发动机的效率不高。

②在一般行驶时发动机效率很高，发动机产生的动力不仅是车轮的驱动力，同时也用来发电带动电机，并给 HV 蓄电池充电。

③在减速或制动时，THS 油电混合动力系统以车轮的旋转力驱动电机发电，将能量回收到 HV 蓄电池中。

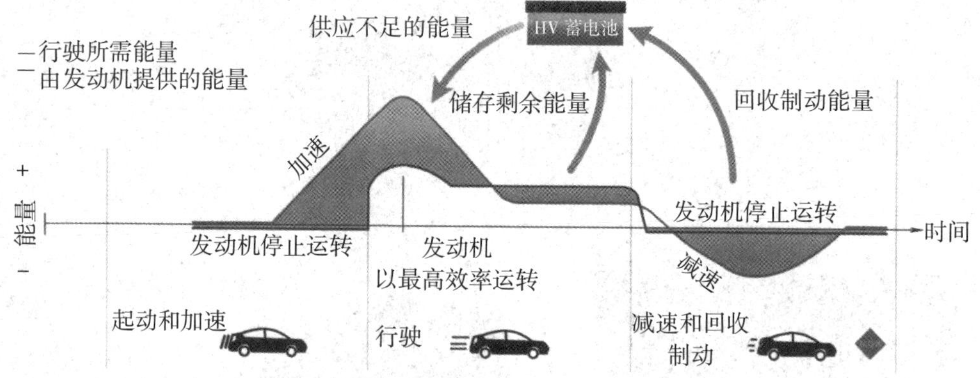

图 3-22 Prius 低油耗行驶能量分配图

3. 丰田第三代插电式（Plug-in）普锐斯

丰田第三代插电式普锐斯混合动力电动汽车是以第三代普锐斯为原型，增加了插电口，如图 3-23 所示。它采用的也是混联式结构，但和普通的混合动力电动汽车的区别在于，插电式混合动力配有电池充电装置，在电池没电时，可通过外接电源给蓄电池充电，另外由于电池蓄电能量高出以往的油电混合动力车，因此在短途行驶时，主要以 EV 模式为主，在长途移动时则可兼用发动机，更好地发挥了油电混合动力系统的优势。

图 3-23 第三代普锐斯插电式混合动力电动汽车

（1）动力系统组成和性能：第三代普锐斯车型搭载 1.8 L 阿特金森发动机和 650 V 永磁同步交流电机。其中 1.8 L 发动机型号为 2 ZR-FXE，最高输出功率为 73 kW，转速为 5200 r/min，电机最高输出功率为 60 kW，发动机和电机的动力耦合时的最高输出功率为 100 kW。动力蓄电池为锂离子蓄电池，额定电压为 345.6 V（3.6 V × 96 个单元），容量为 5.2 kW · h。官方公布的 EC 工况下油耗为 2.6 L/100 km，二氧化碳的排量为 59 g/km。

（2）工作状态：起步时，普锐斯只用电机进行驱动，能量来自于车载电池，发动机完全处于停止状态。纯电动状态下，普锐斯能够行使 20 km 左右的范围，同时在制动时候产生的能源作为电力能源回收。EV 模式行驶的最高时速可达 100 km/h。当电池没有电时，可以通过外接电源来补充，在 200 V 的电源时，大约 100 min 可以完成充电。当速度达到 100 km/h 时，可以自动地从电动驱动模式转变到混合驱动模式。

（3）锂离子蓄电池组可通过家用电源来进行充电，因此，不受蓄电池剩余量和充电

设施完善情况的限制。比起传统的混合动力电动汽车将更加能够降低油耗、抑制不可再生资源消耗、减排 CO_2 以及防止大气污染。当蓄电池的电量下降至一定程度时，系统就会自动地切换为混合动力模式行驶。在低温时起动以及用户用力踩下加速踏板等情况下，如果系统判断电池提供的功率较低时，就会起动发动机驱动行驶。

（二）雪佛兰 Volt 混合动力电动汽车

雪佛兰 Volt 是通用汽车公司开发的一款串联插电式混合动力电动汽车（通用汽车称为增程式电动汽车），如图 3–24 所示。该车型 2010 年底在美国上市，2011 年正式进入中国。

图 3–24　雪佛兰 Volt 混合动力电动汽车

1. 动力系统组成和性能

如图 3–25 所示，雪佛兰 Volt 混合动力电动汽车采用一台额定功率为 45 kW（峰值输出功率为 120 kW）电机驱动前轮的驱动方式，配合 1.0 L 三缸涡轮增压汽油发动机以及最大输出功率为 53 kW 的发电机共同工作。车载电池采用的是容量为 16 kW · h 的锂离子电池。

其电力系统可以产生大约 110 kW 的功率和 370 N · m 的转矩输出，最高车速能达到 161 km/h，百公里加速时间约为 9 s。当行驶里程在 64 km 以内时，雪佛兰 Volt 电动汽车可以完全只依靠车载 16 kW · h 的锂离子电池所储备的电力来驱动。

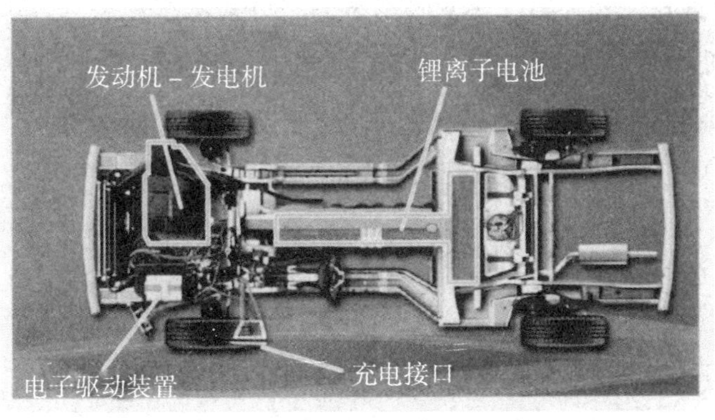

图 3–25　雪佛兰 Volt 动力系统组成

2. 工作状态

从“增程”的字面上可理解为这是一款能够“增加行驶里程的”电动汽车，其驱动方

式为完全靠电力驱动。在起步或者短途行驶时，由电池经过逆变器为电机提供动力，电机带动车辆行驶；而当电池组的电力耗尽后，或者不充足时，则可以通过车载的汽油或其他形式发动机带动电机来为车辆电驱系统继续提供电能。另外，在提供电能的同时发动机也同时带动发电机为电池充电。这种类型的车辆的发动机都偏小，并且只为发电机提供动力，而不直接参与驱动车辆。

3. 充电方式

如果说通过外接电源充电获取行驶所需电力，则 Volt 需在 110 V 电源上充电约 6 h，如果使用 220 V 电源充电则只需 3 h 就可以充满。

（三）本田 Insight 混合动力电动汽车

1. 本田 Insight 概述

1999 年 12 月，本田首款混合动力电动汽车 Insight 在美国上市销售。这台车搭载了本田的混合动力系统 IMA（集成电动机辅助），汽油发动机为 1.0 L 三缸，电机功率为 10 kW 并配备有镍金属蓄电池，油箱加满油，续驶里程可达 960 ～ 1120 km。电机主要是在低转速提供更强的转矩和在必需的时候提供动力辅助。

为更进一步地削减 CO_2 的排放，本田以成为“新时代小型车的标杆”为目标，研发出了第二代混合动力电动汽车 Insight，如图 3–26 所示。全新的 Insight 在紧凑的车身内搭载了小型化、轻量化、高功率的 1.3 Li–VTEC+IMA（Integrated Motor Assist）混合动力系统，还首次搭载“节能驾驶辅助系统”，该系统具有以下三项功能：

图 3–26　本田 Insight 外观图

（1）ECON 模式　通过控制发动机和 CVT 辅助驾驶人进行节能驾驶。

（2）提醒功能　车辆行驶中，实时改变仪表盘背景颜色提醒驾驶人注意节能驾驶。

（3）评分功能　对驾驶人在实际驾驶过程中的节能状况进行评分，并在仪表盘上显示树叶图形，通过树叶的数量对驾驶人的节能成绩进行评分。

表 3–4 所示为本田 Insight 混合动力电动汽车主要技术参数。

表 3-4　本田 Insight 混合动力电动汽车技术参数

动力源	类型	最大功率	最大转矩
发动机	1.3 L 直列 4 缸汽油发动机	65 kW	121 N · m
电机	薄型 DC 无刷电机	10 kW	78 N · m
蓄电池	580 W · h（100.8 V）镍氢电池串联		

2. IMA 本田混合动力系统

图 3-27 为本田混合动力系统——IMA 系统，本质上是一种并联式混动力系统，主要由主动力（知能型 i-VTEC 发动机）、高功率薄型 DC 无刷电机和智能动力单元 IPU 组成。

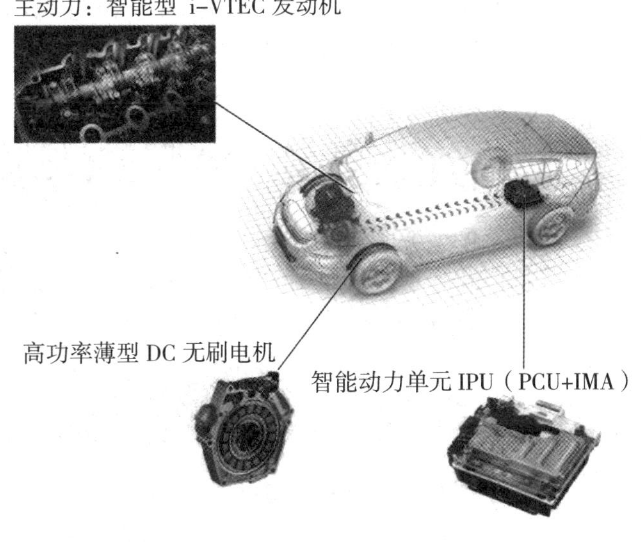

图 3-27　本田混合动力系统分解图

（1）主动力　采用智能高效的 i-VTEC 发动机，具有可变气门正时和升程控制技术，在此基础上应用了 VCM（Variable Cylinder Management）可变气缸管理技术，根据行驶工况，智能控制工作气缸数，降低燃油消耗；高效率的燃烧控制，使其具有最高水平燃油经济性以及强转矩、低排放的优越性能。

（2）高功率薄型 DC 无刷电机　电机线圈密度大幅提高，采用高性能磁石，具备了极高的输出功率；同时，体积更加小型化，可以完全容纳在发动机和变速器之间。

（3）智能动力单元 IPU　新款 Insight 车型采用的智能动力单元由动力控制单元（Power Control Unit, PCU）和辅助电机（Integrated Motor Assist, IMA）组合而成，电机定子平角剖面线圈圈数和密度大幅提高，加上高性能磁石部位薄型化，与以往电机相比，厚度减少约

22%。本田 IMA 系统实现纯电动行驶的前提是闭缸技术，因为发动机曲轴与电机是连在一起的，当车辆以纯电动状态行驶时，发动机虽然停止供油但气缸与曲轴仍保持运转，或多或少会消耗电能。

3. 本田 Insight 混合动力系统工作模式

本田 Insight 混合动力系统工作模式如图 3-28 所示。

（1）起步加速 起步时电机辅助驱动，提供强有力的加速能力。

（2）低速巡航 低速巡航行驶时，发动机气缸关闭，只靠电机行驶。

（3）加速 发动机驱动并由电机辅助，提供强有力的加速动力。

（4）高速巡航 电机关闭，只由发动机驱动，以稳定的低油耗行驶。

（5）减速 将制动能量转化为电能存储在蓄电池中，此时发动机关闭，减少能耗，提高充电效率。

（6）怠速、停车 怠速、停车时发动机自动停止，此时能源消耗和排放为零。

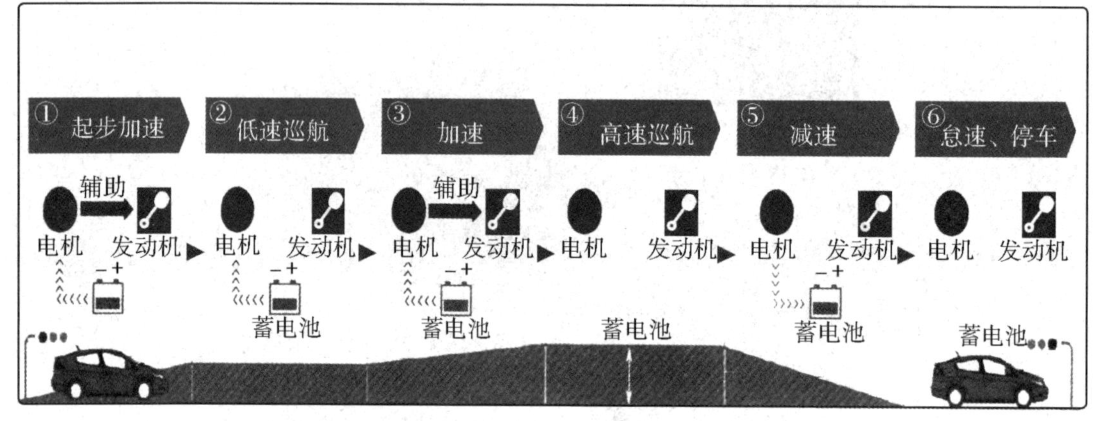

图 3-28 本田 Insight 混合动力系统工作模式

（四）别克君越 ECO-Hybrid 油电混合动力系统

别克君越 ECO-Hybrid 油电混合动力采用的是 BAS（Belt Alternator Starter）系统，即驱动带—发电机—起动机系统，也称为 BSG（Belt Stalter Generator）系统，具有再生制动、减速断油控制及车辆静止时发动机关闭等功能。

在混合动力电动汽车里，根据混合程度的强弱，会有不同的区分，而所谓的 BSG 系统，是一种采用传带传动方式进行动力混合，具备怠速停机和起动功能（STOP-START）的弱混合动力技术。起停系统可以在车辆怠速状态下自动关闭发动机从而起到降低油耗、减少排放污染的作用。起停系统特别适合于经常在交通拥堵的城市中运行的车辆。

BAS 混合动力电动汽车的基本结构如图 3-29 所示。BAS 混合动力电动汽车的特点就是由发动机提供主要的车辆动力，电机提供车辆的辅助动力，同时电机也替代了传统车辆

的起动机和发电机。在该系统使用中，发动机使用燃油提供车辆的主要动力，电机提供车辆的辅助动力，既是起动机也是发电机，蓄电池组储存电能。采用中等电压的发电机和蓄电池组（36 V），蓄电池组充电电压为 42 V，使用发动机作为动力，电机作为动力辅助，可节省燃油 12% ～ 20%。

1. BAS 混合动力系统操作

混合动力电动汽车在工作时，发动机和电机之间是互相配合工作的，图 3–30 详细说明了系统的工作过程。

（1）车辆停止阶段 发动机进入自动停止模式（Auto Stop），此时发动机处于关闭状态，没有燃油流向发动机，车上的一些附件装置，像灯光系统、娱乐系统等都由蓄电池进行供电。

（2）电机短暂工作阶段（Auto Start） 当驾驶人松开制动踏板、踩下加速踏板车辆需要起步时，电机带动发动机运转，燃油供应恢复，发动机自动起动。另外，当滑行阶段，车辆快要停止之前，电机会带动发动机转动（发动机此时未供油），目的是使转矩平顺、驾驶性能更好。

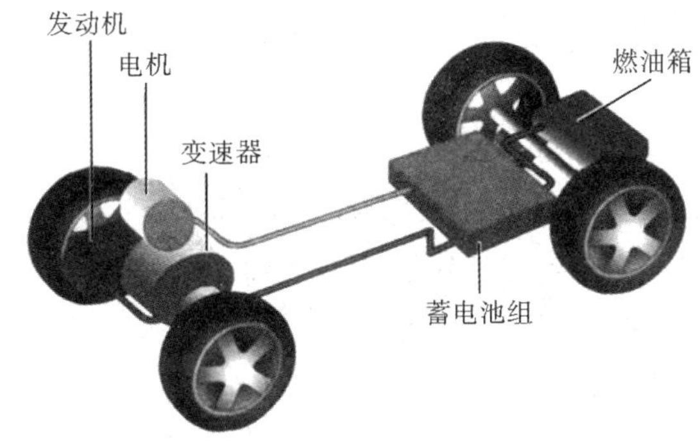

图 3–29　BAS 混合动力电动汽车的基本结构

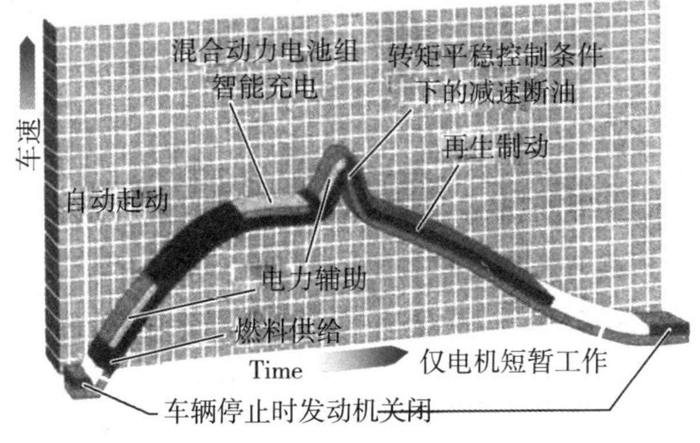

图 3–30　BAS 混合动力系统的工作过程

注意：传统的起动机并没有取消，发动机初始起动（第一次起动）是靠传统的起动机带动的。

（3）燃油供给阶段 此阶段发动机正常工作，消耗燃油。

（4）电动助力阶段 当驾驶人踩下加速踏板比较深时，通过电机为车辆提供电动助力。

（5）智能充电阶段 在这一阶段，电机由发动机带动旋转，蓄电池组尽可能地从系统中获得更多的充电机会。

（6）减速断油阶段 当车辆进入滑行阶段或停下来后，发动机被切断燃油供应，在某些滑行期间，为了保证转矩的平顺性，电机也将转动。

（7）再生制动阶段 当车辆减速时，发动机停止供油，变矩器锁止，车辆带动发动机转动，电机此时作为发电机发电，发电机相当于车辆的负载，对车辆又有制动作用（类似于发动机制动），系统进入再生制动阶段。BAS 混合动力电动汽车，其制动效果比常规车辆要强得多。

2. BAS 混合动力系统的组成

BAS 混合动力系统的组成部件如图 3–31 所示，主要部件的布置如图 3–32 所示。系统主要由下列元件组成：

（1）电机总成 MGU（Motor/Generator Unit）。

（2）起动机 / 发电机控制模块 SGCM（Starter/Generator Control Module）。

（3）混合动力蓄电池组分离控制模块（Generator Battery Pack Disconnected Control Module），也叫能量存储控制模块（ESCM）。

（4）混合动力镍氢电池组（NiMH）。

（5）12 V 蓄电池。

（6）驱动带及双张紧器总成。

（7）其他附件。

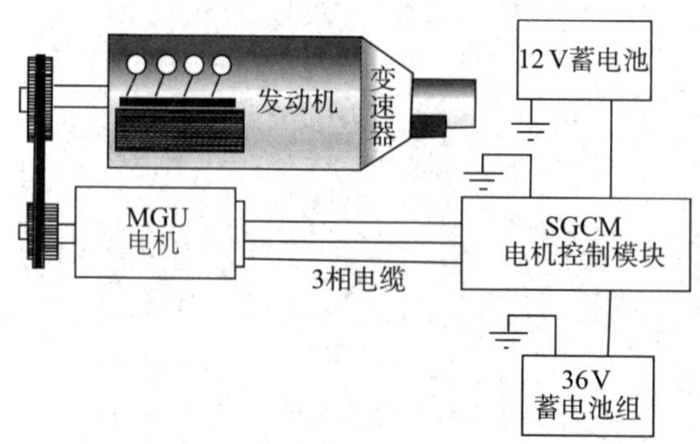

图 3–31 BAS 混合动力系统的组成部件

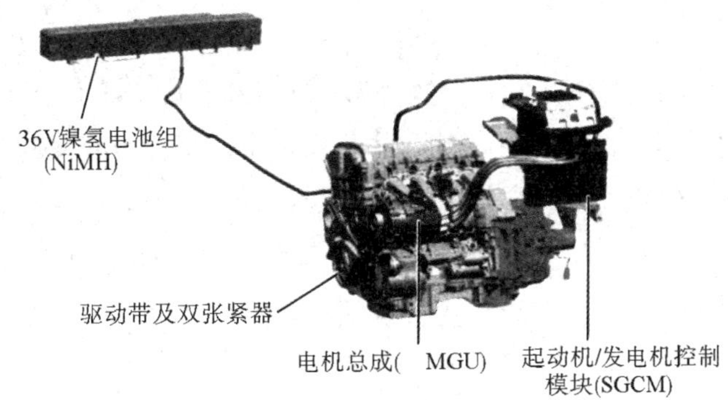

图 3-32　BAS 混合动力电动汽车主要部件的布置

（五）宝马 i8 插电式混合动力电动跑车

图 3-33 为宝马 i8 插电式混合动力电动跑车，其动力结构包括：汽油发动机、蓄电池组和一台前置电机和一台后轴布置的电机，构成四驱模式。大多数情况下，中置发动机起到驱动后轮作用。搭载于宝马 i8 的 B38 是宝马首款横向布置的发动机。底盘采用前双摇臂式、后五连杆式的悬架形式。

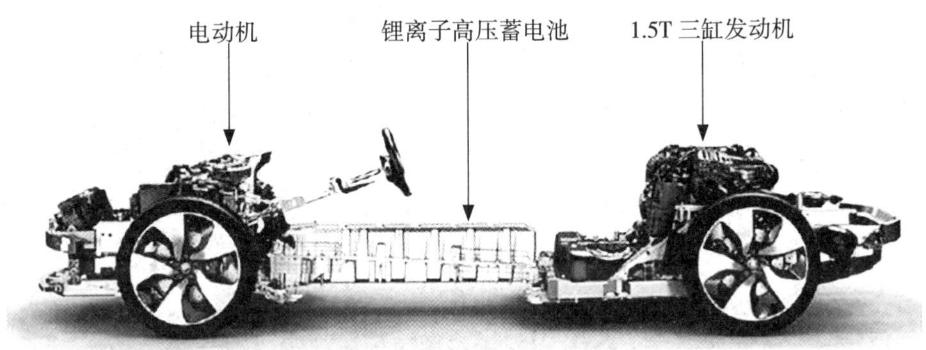

图 3-33　宝马 i8 插电式混合动力电动跑车底盘

1.5 L 涡轮增压 3 缸 12 气门 B38 发动机缸体由全铝合金制造，采用电子可变气门正时及气门升程系统。搭载一款六速自动变速器，B38 可输出峰值功率 170 kW，峰值转矩 320 N · m，升功率可达 113 kW/L。

宝马 i8 前置电机用作驱动前轮，该电机能输出峰值功率 96 kW、峰值转矩 250 N · m。配合后轮驱动，宝马 i8 四驱模式能够输出总峰值功率 266 kW 以及总峰值转矩 570 N · m。经过实测，宝马 i8 百公里加速时间仅 4.5 s，最高车速可达 250 km/h，纯电动模式下最高速度可达 120 km/h。最大续驶里程 500 km，纯电动行驶里程 35 km，平均油耗小于 2.5 L/10 km。

宝马 i8 使用了大面积的碳纤维和铝合金材料，轻量化材质的运用使得宝马 i8 整备质量仅 1490 kg。宝马 i8 的车架以及车门框都是用碳纤维制造，用这种材质构造的车架，在保证轻量化的同时，刚度以及强度远高于钢制材质。车顶也运用碳纤维，发动机盖使用铝合金，保险杠以及挡泥板材质为塑料。

（六）F1 赛车 KERS 系统——飞轮动能回收系统

该系统是雷诺采用的技术方案。2007 年，受雷诺汽车公司的支持，雷诺 F1 车队的两位工程师乔恩·希尔顿和道格·克罗斯离开总部恩斯托（Enstone）专门在银石组建了一家名为“Flybrid Systems LIP”的公司。Flybrid 是飞轮（Flywheel）和混合动力（Hybrid）的组合词。该公司在 2007 年年中开发出了一套高效率的飞轮动能回收系统，如图 3-34 所示。该系统结构紧凑，长 30 cm，质量 24 kg。

图 3-34　飞轮动能系统

该系统由一套高转速飞轮、两套固定传动比齿轮组、一台 CVT 无级变速器和一套离合器构成（离合器 2），其中无级变速器由 Torotrak 公司提供，Xtrac 公司负责制造传动系统，如图 3-35。

当赛车在制动过程中，车身动能会通过无级变速器传入飞轮，此时处于真空盒中的飞轮被驱动、高速旋转而储存能量。而当赛车直线行驶时，飞轮储存的能量可以通过无级变速器释放，并在主变速器的输出端和发动机动力汇合后，作为推动力传递给后轴。整套系统结构简单紧凑，由标准 ECU 的配套程序进行控制。

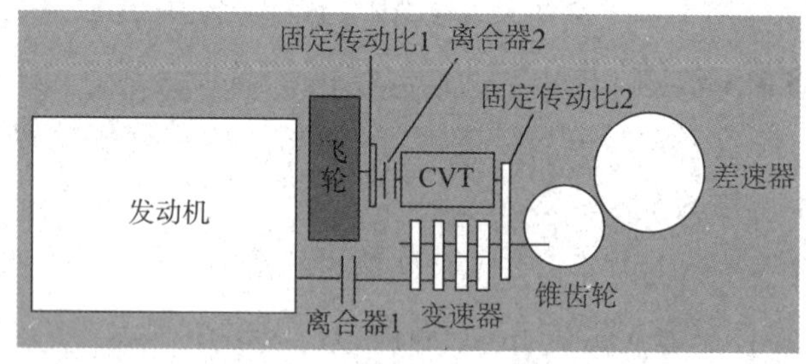

图 3-35　飞轮动能回收系统原理

（七）阿特金森循环发动机

目前，油电混合动力电动汽车的发动机普遍采用了阿特金森循环的发动机，阿特金森循环是一种 1882 年由阿特金森（James Atkinson）发明的内燃机形式。

如图 3-36 所示，传统汽油发动机是按照奥托循环的规律工作的，即一个工作循环包

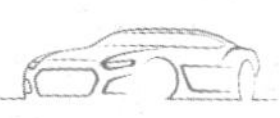

括进气、压缩、做功和排气四个行程。在奥托循环发动机里，在进气行程中油气混合物被吸入气缸，当活塞到达下止点后，进气门关闭；在压缩行程中油气混合物被封闭在气缸中；在做功行程中被压缩的混合气点燃做功，推动活塞带动曲轴旋转，这种配气正时决定了发动机膨胀比和发动机的压缩比几乎相等，很难提高膨胀过程中能量的利用率；而在阿特金森循环中，在活塞到达下止点后上升一段时间，进气门仍然开放，这样就使得有一部分混合气体被推回到进气歧管，也就是说有效气体压缩行程变短，而做功行程不变，相对增加了膨胀比，就提高了做功行程后端的能量利用，利于提高燃油效率。但由于气缸实际工作的容积缩小了，此时发动机的输出功率和转矩必然有所下降。

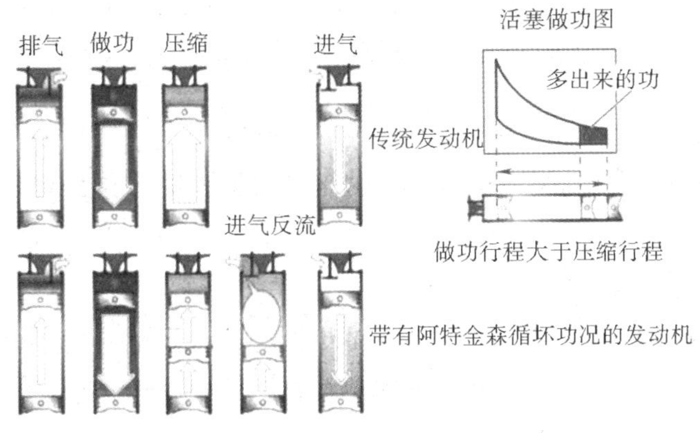

图 3-36　阿特金森循环与奥拓循环相比较

混合动力电动汽车的基本结构与原理

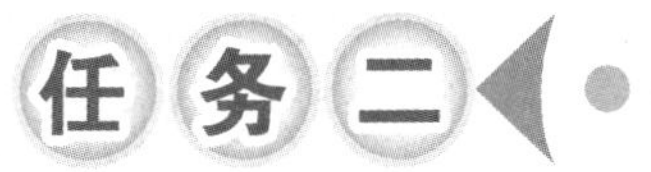

一、串联式混合动力电动汽车

（一）串联式混合动力电动汽车的组成

如图 3-37 所示，串联式混合动力电动汽车由发动机、发电机和电机三个动力总成，以串联方式组成其动力单元系统。发动机仅仅用于发电，发电机所发出的电能供给电机，电机驱动汽车行驶。发电机发出的部分电能向蓄电池充电，来延长混合动力电动汽车的行驶里程。另外，蓄电池还可以单独向电机提供电能来驱动电动汽车，使混合动力电动汽车在零污染状态下行驶。

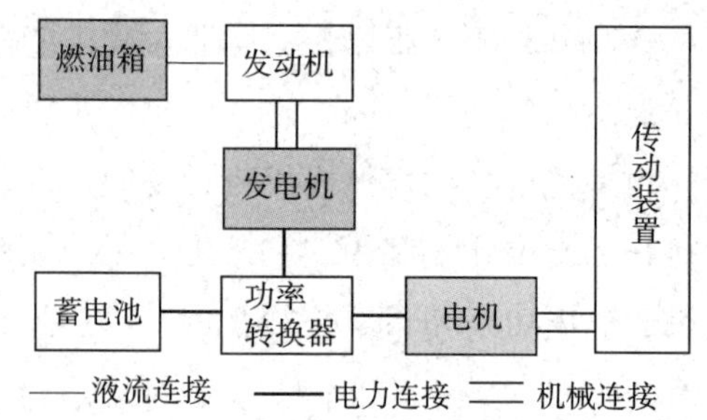

图 3-37　串联式混合动力电动汽车的功能原理图

（二）串联式混合动力电动汽车的工作模式

串联式的工作模式通常有四种：纯电动模式、纯发动机牵引模式、混合牵引模式和再生制动模式。

1. 纯电动模式

即发动机关闭，车辆行驶完全依靠蓄电池组供电、驱动。在车辆行驶之初，蓄电池组处于电量饱和状态，其能量输出可以满足车辆要求，蓄电池输出的直流电经控制器变为交流电后供入驱动电机，驱动电机输出的转矩经变速器、传动轴及驱动桥驱动车轮。但如果蓄电池组电量低于 60% 时，发动机—发电机组开始工作，为驱动系统提供能量的同时，还给蓄电池组进行充电。

2. 纯发动机牵引模式

车辆牵引功率仅源于发动机—发电机组。蓄电池电力充足时作为储备不供电，蓄电池电力不足时，发动机同时为其充电。

3. 混合牵引模式

车辆牵引功率由发动机—发电机组和蓄电池组两者在耦合器中交汇，共同提供。当车辆能量需求较大时，辅助动力系统与蓄电池组同时为驱动系统提供能量，发动机—发电机组产生的交流电经整流器变为直流电和蓄电池输出的直流电经控制器变为交流电后供入驱动电机。由于蓄电池组的存在，使发动机工作在一个相对稳定的工况，使其排放得到改善。

4. 再生制动模式

制动或减速时，发动机不工作，而牵引电机运行如同一台发电机，将动能转化为电能，通过功率转换器给蓄电池充电。

（三）串联式混合动力电动汽车的特点

1. 串联式混合动力电动汽车的优点

（1）发动机与驱动轮之间没有机械上的连接，发动机工况可以避免受道路阻力的影响，

因而能够在转矩—转速图上的一个最大效率区附近工作，在这个狭小区域，发动机处于最高效率和较低排放下工作。也由于发动机与驱动轮之间没有机械上的连接，相比于其他结构，串联式混合动力电动汽车的控制策略得以简化。

（2）因电机具有近乎理想的转矩—转速特性，其驱动系统不需要多挡的传动装置。因此，驱动系统结构大为简化，且成本下降。

（3）由于安装了发动机—发电机组，发动机—发电机组源源不断地将电能输送给牵引电机，与纯电动汽车相比行驶里程有显著的提高。

2. 串联式混合动力电动汽车的缺点

（1）能量传递需要两次转换（机械能—电能—机械能），增加了中间环节，其总体效率较低。

（2）发动机、发电机、电机三大部件质量较大，外形也较大，在中小型车辆上布置有一定的困难。

由于以上特点，串联式结构适用于城市内频繁起步和低速运行工况，主要用于客车。图 3–38 为中通串联式混合动力电动公交车。

图 3–38　串联式混合动力电动公交车

二、并联式混合动力电动汽车

（一）并联式混合动力电动汽车的组成

并联式混合动力系统有传统的发动机系统和电机驱动系统两套驱动系统，其主要由发动机、电机和蓄电池组等部件组成，如图 3–39 所示。并联式混合动力电动汽车可以单独使用发动机或电机作为动力源，也可以同时使用电机和发动机作为动力源来驱动汽车。这种系统适用于多种不同的行驶工况，尤其适用于复杂的路况。

发动机和电机是两个相互独立的系统，即可实现纯电动行驶，又可实现内燃机驱动行驶，在功率需求较大时还可以实现全混合动力行驶，在停车状态下可进行外接充电。但以何种方式使两处动力得到融合呢？并联式混合动力电动汽车将两动力源的转矩、转速、功率为对象进行耦合。按耦合对象不同，可分为转矩耦合、转速耦合、转速耦合与转矩耦合；从结构上而言，则主要有两轴式、单轴式结构。

（1）转矩耦合　在转矩耦合中，发动机和电机的转矩相加在一起，并将总转矩传递给车轮，发动机和电机的转矩可分别独立控制。但发动机转速、电机转速及驱动轮转速以一定关系耦合在一起，不能独立控制。

①两轴式。如图 3–40 所示，在这种结构中，传动装置通常设计在电机后端，电机通过离合器与发动机相连，要实现同步调节，电机与发动机的转速范围必须一致，因此仅适

用于小型电机。

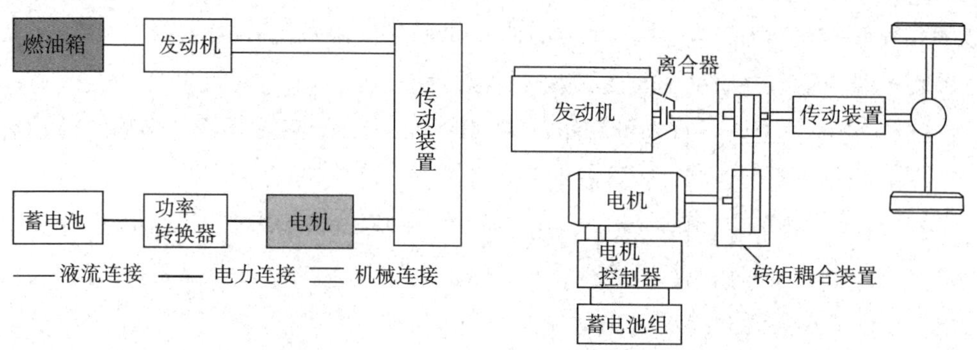

图 3-39　并联式混合动力电动汽车的功能结构图　　图 3-40　两轴式转矩耦合结构

另一种转矩耦合两轴结构形式为分离轴设计，如图 3-41 所示，电机与发动机分别为车辆提供动力。其发动机传动系统结构形式与常规汽车一样，仅是将电机作为另一动力源对车辆输出转矩。此种结构会减少车辆的乘坐空间，且不能实现发动机对蓄电池的充电。

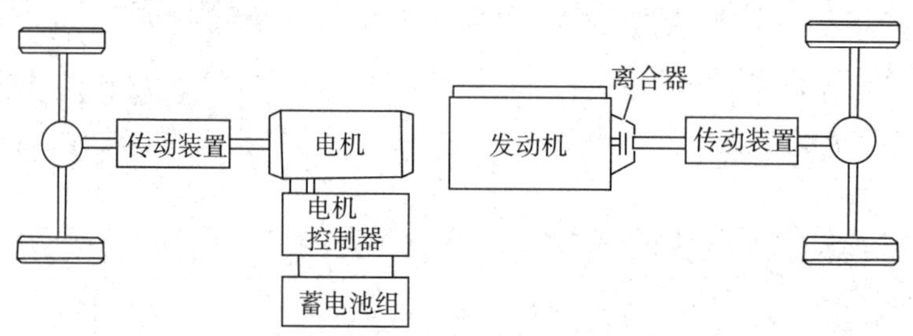

图 3-41　分离轴式转矩耦合结构

②单轴式。转矩耦合的单轴式并联混合动力电动汽车，通常有两种结构形式，如图 3-42 所示。两种结构形式最大的区别在于电机与传动装置的位置关系，且此时采用的电机兼具发电机功能，且其转子起着转矩耦合的作用。

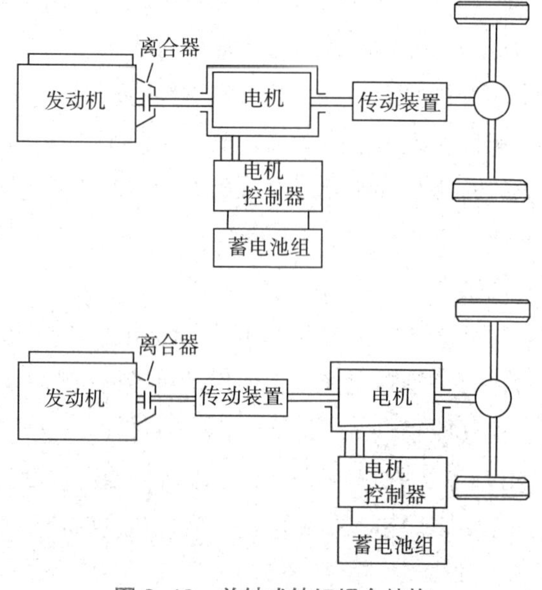

图 3-42　单轴式转矩耦合结构

（2）转速耦合　在转速耦合中，发动机和电机的转速可相加在一起，两者的转速是可以自由地进行调节。但所有转矩以一定关系被耦合在一起，不能独立控制。

对于转速耦合的并联式混合动力电动汽车而言，其关键的两种转速耦合部件（见图3–43）：一是行星齿轮机构，二是具有浮动定子的电机（也称为传动电机）。

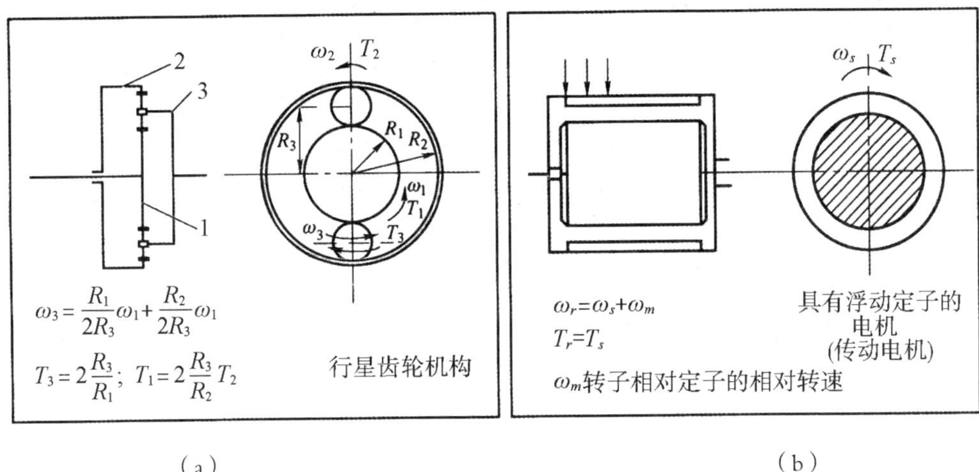

（a）　（b）

图 3–43　两种转速耦合部件

①行星齿轮机构转速耦合并联式混合动力电动汽车结构如图 3–44 所示。

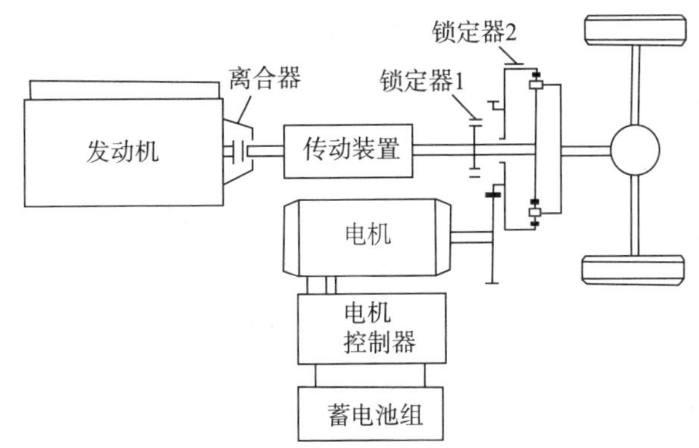

图 3–44　行星齿轮机构转速耦合并联式混合动力电动汽车结构

②传动电机转速耦合的混合动力电动汽车结构如图 3–45 所示。

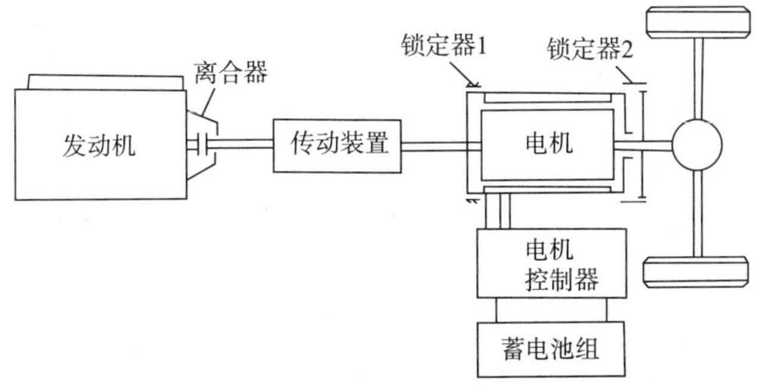

图 3–45　传动电机转速耦合的混合动力电动汽车结构

（3）转速耦合与转矩耦合　将转矩耦合与转速耦合相结合，形成复合型混合动力驱动系统。这种驱动系统下转矩耦合与转速耦合状态可交替运行。

①配置行星齿轮机构的复合型混合动力驱动系结构如图 3–46 所示。

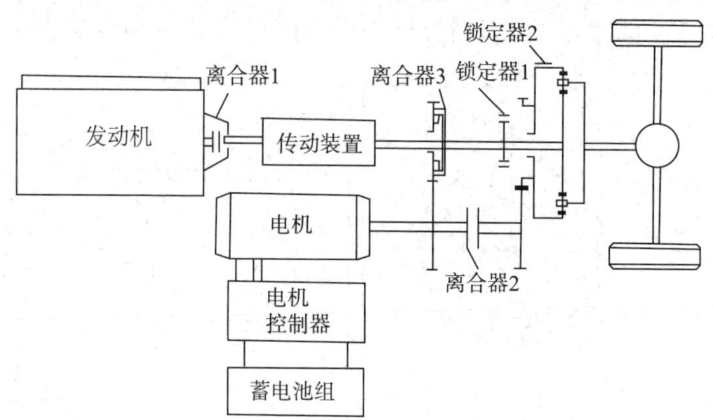

图 3–46　配置行星齿轮机构的复合型混合动力驱动系结构

②配置传动电机的复合型混合动力驱动系统结构如图 3–47 所示。

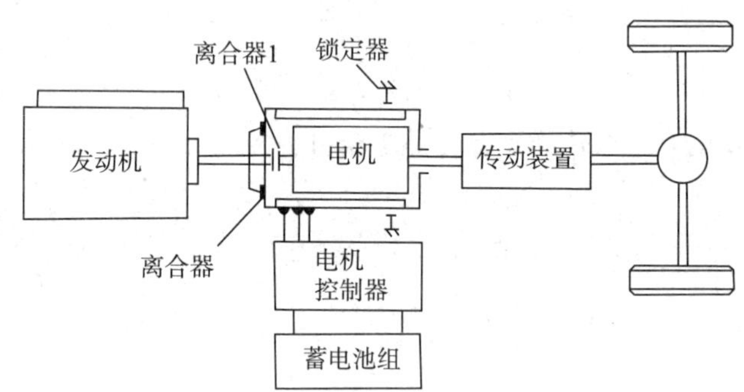

图 3–47　配置传动电机的复合型混合动力驱动系统结构

（二）并联式混合动力电动汽车的工作模式

（1）起动 / 加速模式　车辆起动或节气门全开加速时，发动机和电机共同工作，共同分担驱动车辆所需的动力。

（2）正常行驶模式　车辆正常行驶时，电机关闭，仅由发动机工作提供车辆行驶所需的动力。

（3）减速 / 制动模式　车辆减速行驶或制动时，电机工作于发电机模式进行再生制动，通过功率转换器给蓄电池充电。

（4）行驶中给蓄电池充电模式　当车辆轻载时，发动机输出功率驱动车辆行驶，同时发动机输出的多余功率驱动以发电状态工作的电机发电而向蓄电池充电。

（三）并联式混合动力电动汽车的特点

1. 并联式混合动力电动汽车的优点

（1）发动机可以单独驱动汽车，发动机发出的机械能可以直接传到驱动桥，所以效率较高，燃油消耗也较低。

（2）与串联式混合动力电动汽车传动系统相比，行驶里程更长。

（3）在较大功率要求的场合，两套系统可以同时驱动汽车，由电机提供额外功率，发动机工作于理想工况区域。

（4）两套系统都可以单独工作，因而系统整体可靠性较高。

2. 并联式混合动力电动汽车的缺点

（1）由于安装两套动力系统，整个传动系统的质量较大。

（2）系统结构复杂，对控制单元要求较高，因而成本昂贵。

三、混联式混合动力电动汽车

（一）混联式混合动力电动汽车的组成

混联式混合动力电动汽车为转矩耦合与转速耦合复合型的动力系统，是串联式与并联式的综合，它具有优于串联式和并联式（单一转矩或转速耦合）混合动力驱动系统的优点。发动机发出的功率一部分通过机械传动输送给驱动桥，另一部分则驱动发电机发电。发电机发出的电能输送给电机或蓄电池，电机产生的驱动力通过动力复合装置送给驱动桥。混联式混合动力电动汽车的功能结构如图 3-48 所示。

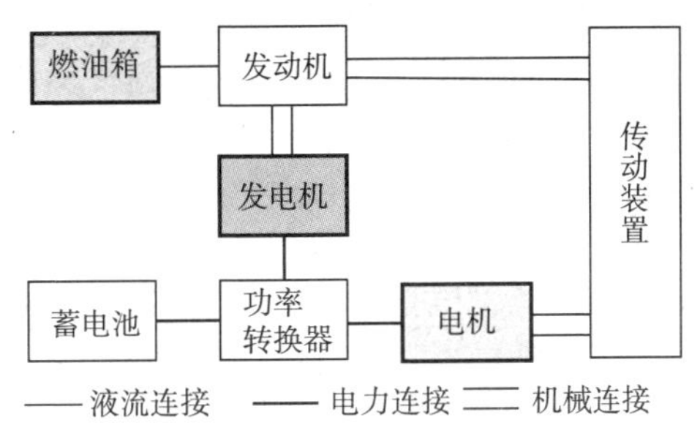

图 3-48　混联式混合动力电动汽车的功能结构图

（二）混联式混合动力电动汽车的工作模式

混联式混合动力电动汽车的工作模式有两种方式：一是发动机主动型混联式混合动力电动汽车，车辆运行时主要由发动机驱动车辆，如尼桑 Tin；二是电力主动型混联式混合动力电动汽车，车辆运行时主要由电机驱动车辆，如丰田 Prius。以下将以丰田 Prius 为例来介绍混联式混合动力电动汽车的工作模式。

（三）混联式混合动力电动汽车的特点

1. 混联式混合动力电动汽车的优点

（1）具有独特的结构，兼有串联式和并联式混合动力电动汽车的优点，通过动力分配器，优化了发电机和发动机之间的动力分配，效率比传统的内燃机汽车提高 80%。

（2）由于行星齿轮机构的传动特点类似于无级变速器，所以能够使得各种驱动模式的动力传递十分协调和平稳。

（3）动力传递路线增加，导致动力传动系统能够更好地与路面工况相匹配，燃油经济性和动力性能都获得了提高。

2. 混联式混合动力电动汽车的缺点

（1）要求精确的实时电子计算机控制过程，对结构设计和制造工艺要求很高。

（2）动力传递路线增加，控制技术复杂，成本昂贵。

混合动力系统主要部件结构

任务三

混合动力电动汽车结构以比亚迪秦为例。比亚迪秦作为 DM 二代混合动力电动汽车，主要由动力系统、车身、底盘和电气设备四部分组成。其中，动力系统包括发动机、变速器、驱动电机等；电器部分主要包括低压和高压两大系统。

一、动力系统

（一）发动机

发动机是将某一种形式的能量转换为机械能的机器，其作用是将液体或气体燃烧的化学能通过燃烧后转化为热能，再把热能通过膨胀转化为机械能并对外输出动力。发动机是一部由许多结构和系统组成的复杂机器，其结构形式多种多样，但由于基本工作原理相同，所以其基本结构大同小异。图 3-49 为汽油发动机，图 3-50 为柴油发动机。

图 3-49　汽油发动机

图 3-50　柴油发动机

汽油发动机通常由曲柄连杆、配气两大机构和燃料供给、润滑、冷却、点火、起动五大系统组成。柴油发动机通常由两大机构和四大系统组成（无点火系），本内容主要介绍汽油发动机。

1. 曲柄连杆机构

曲柄连杆机构是由气缸体、气缸盖、活塞、连杆、曲轴和飞轮等组成，如图 3–51 所示。其作用是将活塞的直线往复运动转变为曲轴旋转运动而对外输出动力。

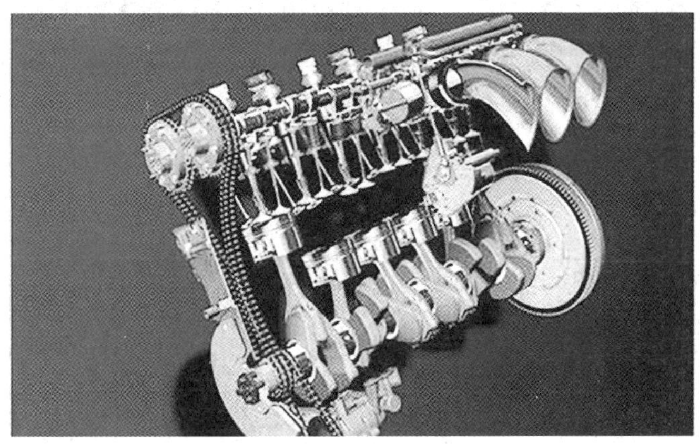

图 3–51 曲柄连杆机构

2. 配气机构

配气机构如图 3–52 所示。由进气门、排气门、气门弹簧、挺杆、凸轮轴和正时齿轮等组成。其作用是将新鲜气体及时充入气缸，并将燃烧产生的废气及时排出气缸。

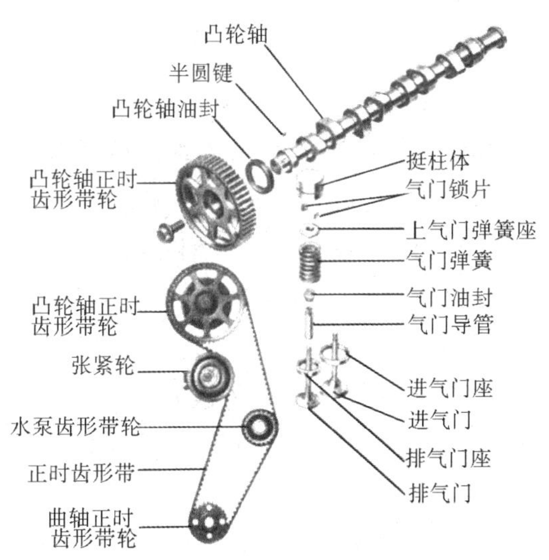

图 3–52 配气机构

3. 燃料供给系统

汽油发动机燃料供给系统如图 3–53 所示，燃油供给系统又分为燃油间接喷射和燃油直接喷射式两种，通常燃料供给系统由燃油箱、汽油泵、汽油滤清器、压力调节阀、喷油器、输油管、回油管等部件组成，其作用是向气缸内供给已配好的可燃混合气，并控制进入气缸内的可燃混合气数量，以调节发动机输出的功率和转速，最后，将燃烧后的废气排出气缸。

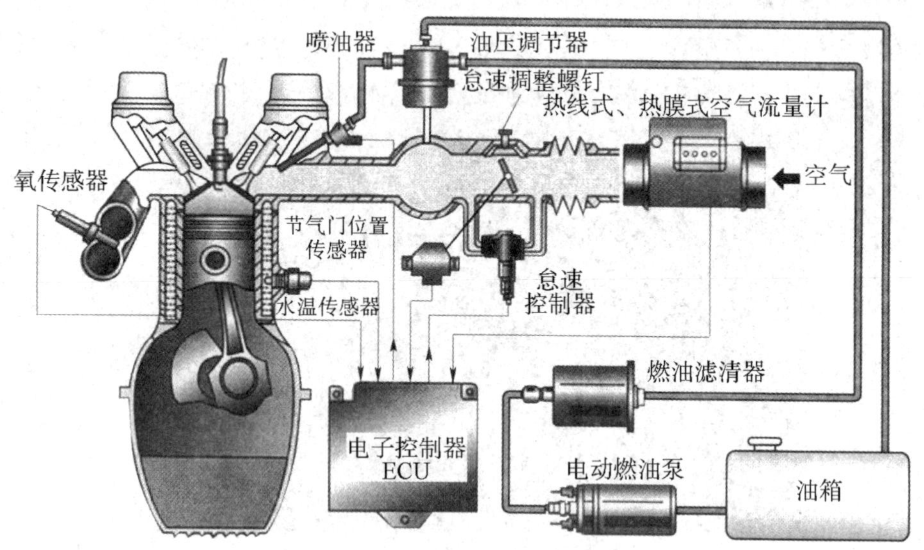

图 3-53　燃油供给系统

比亚迪唐混合动力电动汽车采用按需供油，按需供油系统是采用电子无回油技术，根据发动机瞬时工况对燃油量的需求，通过控制程序调节供给油泵的电压来控制油泵的转速，从而控制油泵的输出压力和流量。

4. 冷却系统

发动机冷却系统如图 3-54 所示。机动车一般采用水冷却式。水冷却式由水泵、散热器、风扇、节温器和水套（在机体内）等组成，其作用是利用冷却水的循环将高温零件的热量通过散热器散发到大气中，从而维持发动机电动正常工作温度。比亚迪秦与唐的冷却系统由发动机冷却系统和电机冷却系统两部分组成，发动机冷却系统与传统涡轮增压车型冷却系统一样，系统水温在 90 ～ 100 ℃之间，允许最高温度为 110 ℃。

5. 润滑系统

润滑系统由机油泵、滤清器、油道、油底壳等组成。其作用是将润滑油分送至各个相对运动零件的摩擦面，以减小摩擦力，减缓机件磨损，并清洗、冷却摩擦表面。

6. 点火系统

汽油机点火系统如图 3-55 所示。主要由电源（蓄电池和发电机）、点火线圈、分电器和火花塞等组成，其作用是按规定时刻及时点燃气缸内被压缩的可燃混合气。

7. 起动系统

起动系统由起动机和起动继电器等组成，用以使静止的发动机起动并转入自行运转状态。

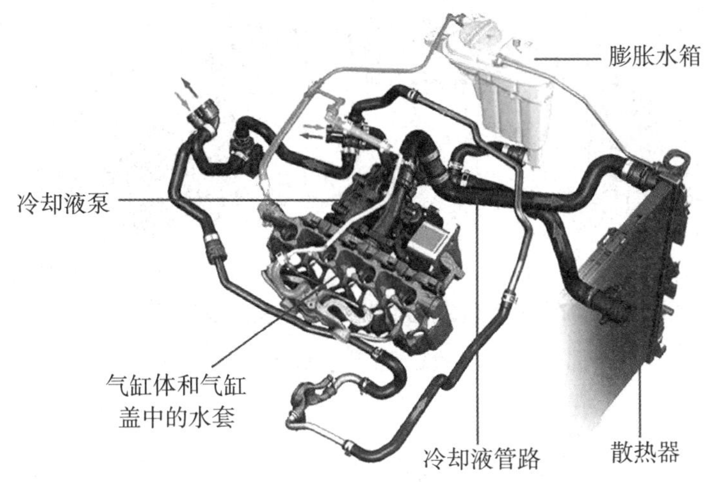

图 3-54 发动机冷却系统的组成

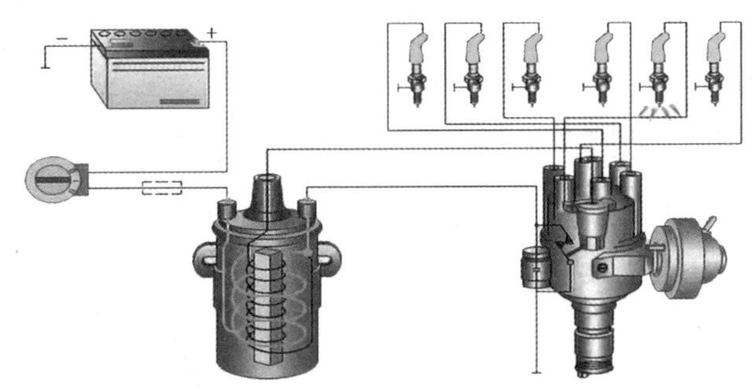

图 3-55 发动机点火系统

8. 涡轮增压装置

宝马 I8、比亚迪唐、比亚迪秦等多款混合动力电动汽车均采用发动机涡轮增压装置。废气涡轮增压器能够提高发动机的充气效率，发动机的最大功率和转矩输出能够得到大幅度的提升。另外，采用涡轮增压技术还能够提高发动机的燃油经济性，降低尾气排放。发动机采用均质混合气燃烧的方式工作，发动机的转矩就是通过电子节气门控制进入的空气数量来控制的，这个原理称为数量调节。如图 3-56 所示，增压压力通过涡轮增压器产生后经过中冷器进入进气系统，电子节气门在增压系统和进气统之间形做了一个分界，节气门的开度最终决定了提供增压压力的大小或者是实际进气量的多少。

（二）汽车车身

汽车车身是由各种汽车零部件组成的用于承载驾驶员、乘客或者货物的空间结构，可分为客车车身、乘用车车身和载货车车身三种类型。汽车车身部件主要包括车身、车门、车窗、车身内外饰、车身附件、车前钣金制作件、汽车座椅及通风、冷气、暖气、空气调节装置等；专用汽车和载货汽车还包括车厢以及其他特制空间构架等特殊车身部件。

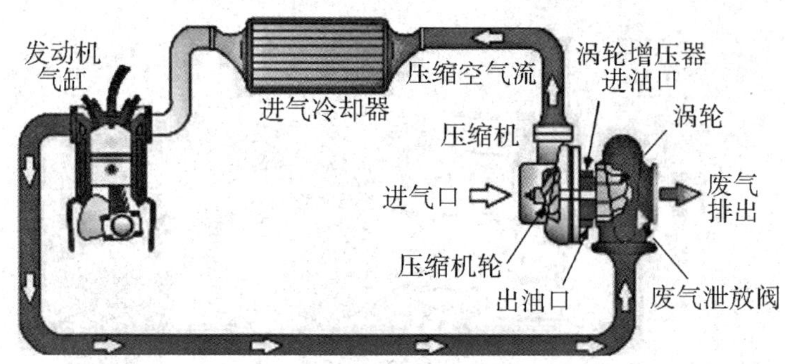

图 3–56　发动机涡轮增压系统

（三）汽车底盘

汽车底盘由传动系统、转向系统、行驶系统和制动系统组成，主要作用是支撑、安装动力系统以及各种零部件，同时接受汽车发动机系统的动力输出，进而实现汽车的正常行驶。

1. 传动系统

主要包括万向节、离合器、变速器、传动轴和驱动桥等零部件，其主要功能是将发动机系统输出的动力传递至驱动车轮，同时配合发动机系统的运行状态而工作，以保障汽车的正常行驶。

2. 转向系统

主要由转向操纵机构、转向器和转向传动机构组成，其功能是及时无误地调整汽车行驶方向，保证汽车正常行驶。

3. 行驶系统

是直接用于实现汽车正常行驶的专业装置，主要包括车桥、车架、悬架和车轮等汽车零部件。行驶系统的主要功能是接受由发动机系统通过传动系统传递的转矩，凭借地面对驱动轮的牵引力，实现汽车正常行驶。

4. 制动系统

包括制动操纵系统和制动器，主要功能是通过对特定零部件施加一定程度的外力，实现汽车行驶过程中的强制制动。制动系统可分为鼓式制动系统、碟式制动系统和盘式制动系统。

（四）汽车电气系统

汽车电气系统包括系统电源、汽车电路系统及配电装备、电子仪表系统、汽车照明系统、其他用电装备等。

1. 汽车照明系统

主要包括雾灯、前照灯、顶灯、牌照灯、仪表灯和系统工作指示灯（示宽灯、制动灯、转向灯、倒车灯等）。

2. 汽车电子仪表系统

汽车电子仪表系统是指安装于仪表盘的各类指示仪表和报警装置，以帮助驾驶者及时准确了解汽车各大系统的运行状态。电子仪表系统分为三类：机械式仪表系统、电子式仪表系统和综合信息显示系统。

3. 电路系统及配电装备

主要包括继电器、保险装置、插接器、电路开关和电路导线线束等零部件。

4. 其他用电装备

汽车内还有大量的其他用电装备，包括起动系统、点火系统、辅助电器系统（如空调、刮水器、收音机、电动座椅、电动门窗、防盗系统、汽车安全系统）等零部件。

（五）变速器

目前，混合动力电动汽车动力装置主要采用内燃机，内燃机转矩和转速范围较小，不能适应汽车行驶时车速改变和牵引力变化的需要，需要采用变速装置改变发动机和车轮之间的转速比，使发动机工作在合理的工作范围内，提高汽车的动力性和经济性，减少排放；还要解决发动机不能有载起动的问题，保证汽车平稳起步；发动机只能单向旋转，而汽车需要前进后退双向运动；有时需要切断发动机动力，使发动机处于怠速状态。因此，需要采用变速器来解决这些问题，变速器对汽车来说是不可缺少的很重要的部件（见图 3–57）。常见的变速器有手动变速器（MT）、自动变速器（AT）、双离合自动变速器（DCT/DSG）和无级自动变速器（CVT/ECVT）。

变速器

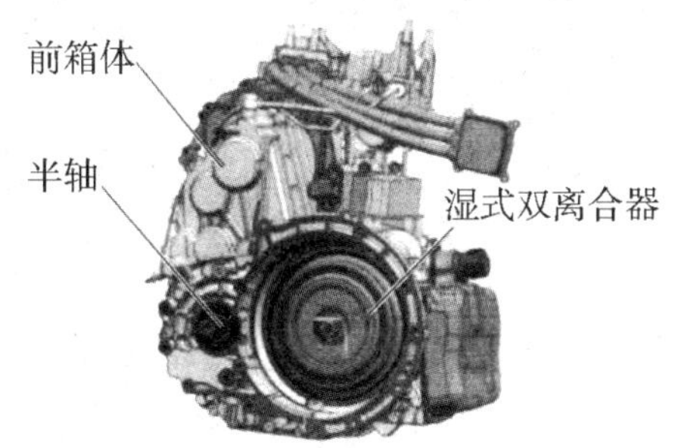

图 3–57　湿式双离合自动变速器

例如，比亚迪唐、比亚迪秦 DM、比亚迪宋 DM 混合动力电动汽车采用混合动力湿式双离合自动变速器（DCT）。比亚迪唐采用的 BYD6 HDT45 型双离合变速器，这种类型的变速器主要有纯燃油驱动模式、纯电动驱动模式和混合动力三种模式；包括 6 个前进挡、1 个倒挡、1 个电动挡。BYD6 HDT45 型双离合变速器外观结构如图 3–58 所示，内部结构如图 3–59 所示。

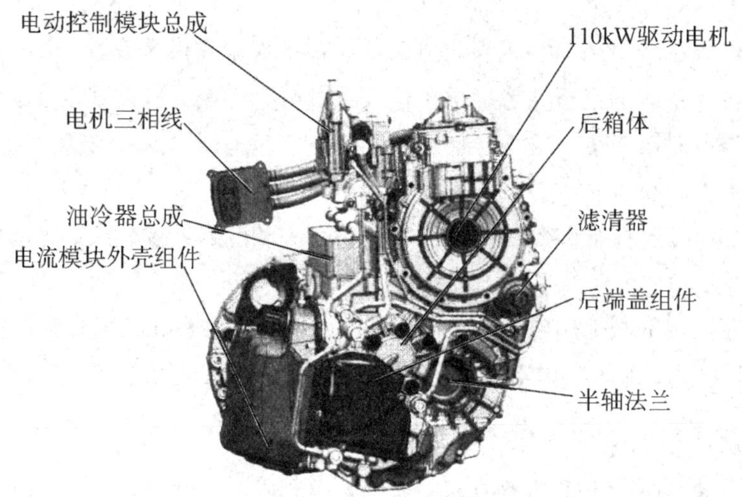

图 3-58　BYD 6 HDT45 变速器外观

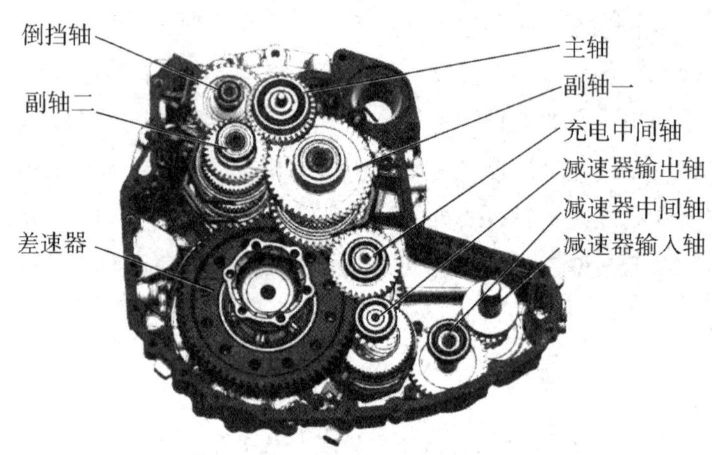

图 3-59　BYD 6 HDT45 变速器内部结构

1. 挡位传递路线

一挡动力传递路线如图 3-60 所示，由 K1 离合器→主轴一→副轴一→差速器→车轮。

二挡动力传递路线如图 3-61 所示，由 K2 离合器→主轴二→副轴一→差速器→车轮。

倒挡动力传递路线如图 3-62 所示，由 K1 离合器→主轴一→副轴二→差速器→车轮。倒挡与一挡共用一个主动齿轮。

EV 挡动力传递路线如图 3-63 所示，由驱动电机→减速器输入轴→减速器中间轴→减速器输出轴→差速器。

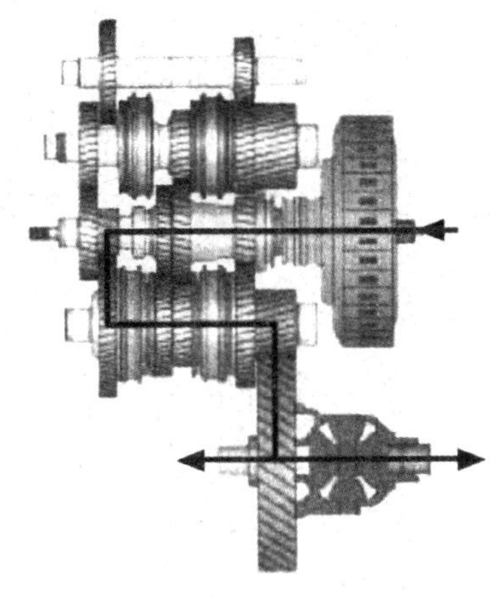

图 3-60　一挡动力传递路线

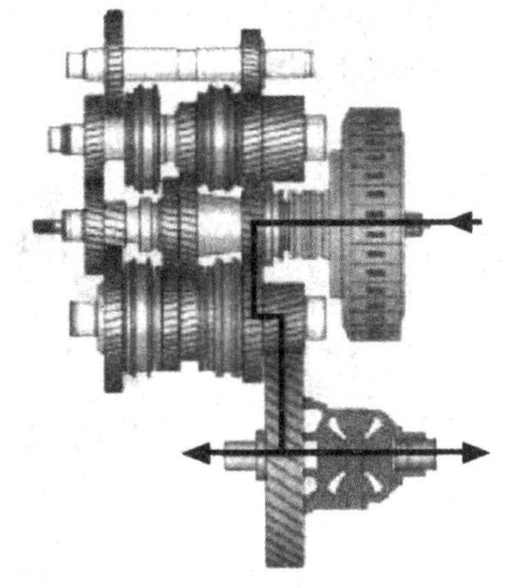

图 3-61　二挡动力传递路线

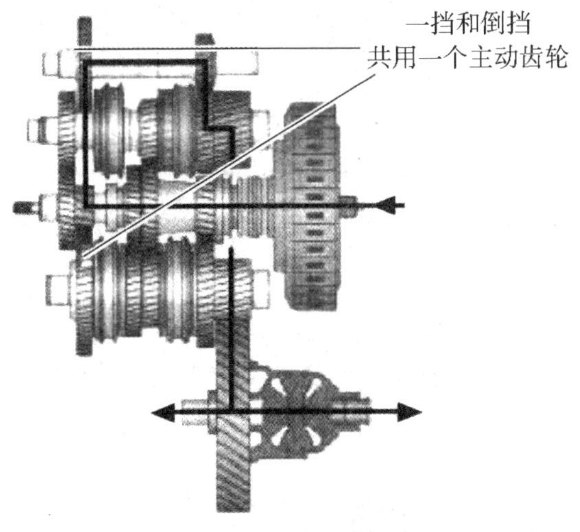

图 3-62　倒挡传递路线

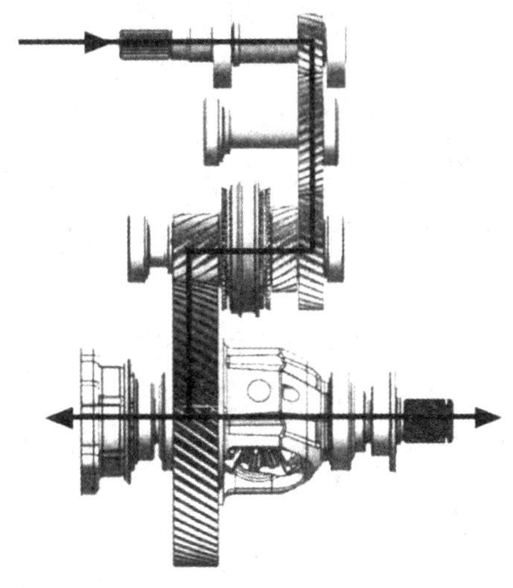

图 3-63　EV 挡动力传递路线

2. 动力系统工作模式

动力系统工作模式以比亚迪秦为例介绍。比亚迪秦动力系统搭载涡轮增压发动机、6速双离合自动变速器（DCT）以及 26 A · h 容量的电池组合。

（1）EV 纯电动模式

EV 纯电动工作模式下，动力电池提供电能，供电机驱动车辆，可以满足各种工况行驶，如起步、倒车、怠速、急加速、匀速行驶等。纯电动工作模式动力传递路线如图 3-64 所示，由动力电池包输出的高压交流电经过逆变器整流，输出高压交流电驱动电机运转，电机输出转矩，驱动车辆行驶。

（2）HEV 稳速发电工作模式

当电量不足时，系统从 EV 模式自行切换到 HEV 模式，使用发动机驱动，在车辆以较稳定的速度行驶时，发动机输出的一部分转矩会驱动电机进行发电，对动力电池进行充电，稳速发电工作模式动力传递路线如图 3–65 所示。

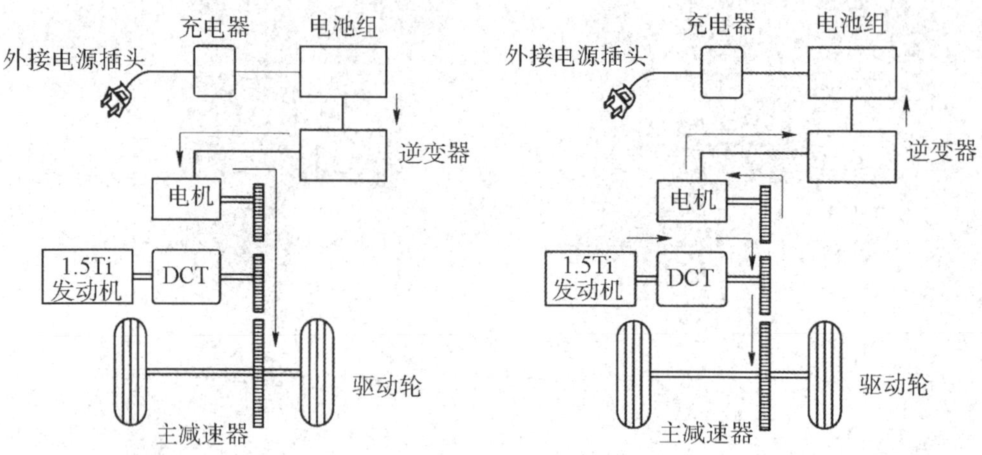

图 3–64　纯电动工作模式动力传递路线　　图 3–65　HEV 稳速发电工作模式动力传递路线

（3）HEV 混合动力工作模式

当用户从 EV 模式切换到 HEV 模式后，车辆由发动机和电机共同驱动，实现了最佳的动力性，但仍能保证混合动力系统具有良好的经济性，混合动力工作模式动力传递路线如图 3–66 所示。

（4）燃油驱动工作模式

当电量不足或高压系统故障时，可单独使用发动机驱动，实现高压系统的独立性。燃油驱动工作模式动力传递路线如图 3–67 所示。

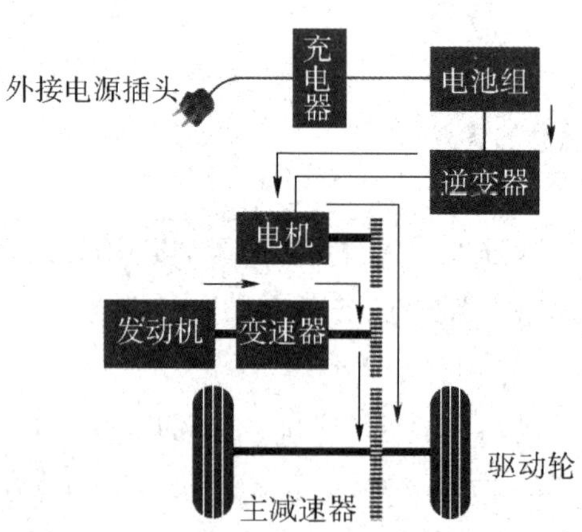

图 3–66　混合动力工作模式动力传递路线

（5）能量回馈工作模式

混合动力电动汽车在车辆减速或制动时，电机将车辆需要降低的动能转化为电能储存在动力电池内。能量回馈工作模式动力传递路线如图 3–68 所示。

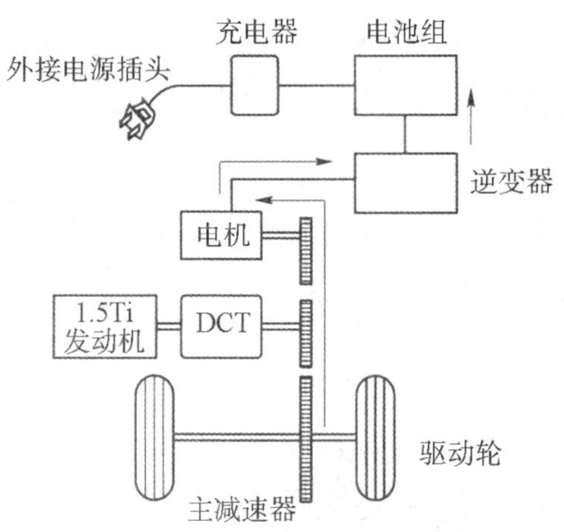

图 3-67　燃油驱动工作模式动力传递路线

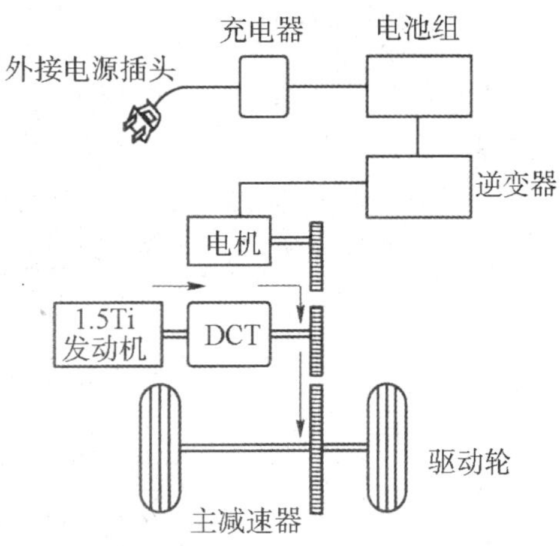

图 3-68　能量回馈工作模式动力传递路线

（六）驱动电机

比亚迪秦采用三相交流永磁同步电机，额定功率为 40 kW，最大功率为 110 kW，最大转矩为 250 N・m。电动机由外圈的定子与内圈的转子组成，是汽车的动力源之一，向外输出转矩，驱动汽车前进后退，同时也可以作为发电机发电，例如，在滑行、制动过程中剩余的动能，以及发动机输出的额外转矩的势能，通过电机转化为电能存储。

二、高压部件

混合动力电动汽车高压部件以比亚迪秦为例介绍。比亚迪秦高压系统主要由动力电池包、维修开关、高压配电箱、漏电传感器、分布式电池管理系统、驱动电机控制器及DC总成、充电系统、高压电缆组成。

（一）前舱高压部件

比亚迪秦前舱高压部件的安装位置如图 3-69 所示，主要有驱动电机、驱动电机控制器及 DC 总成、空调配电盒、电动压缩机及 PTC 水加热器。

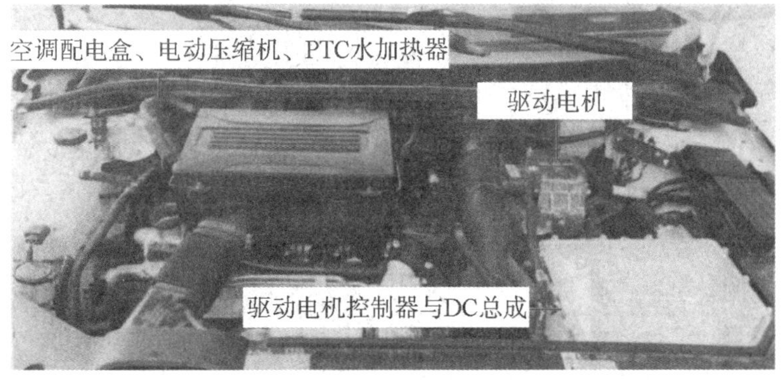

图 3-69　前舱高压部件

（二）动力电池包

比亚迪秦的动力电池安装在后排座椅与行李舱之间。电池包组的安装顺序及实物如图 3–70 所示。

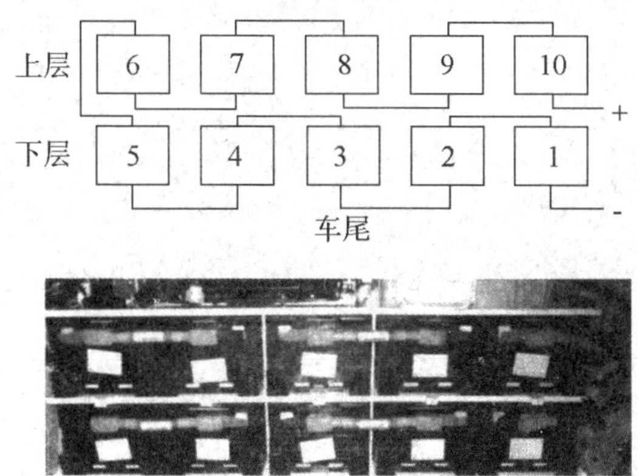

图 3–70　比亚迪秦动力电池包安装顺序及实物

（三）维修开关

维修开关是在车辆维修时直接断开高压回路，从而保证操作人员的安全。维修开关位于动力电池包总成上方的左上角，连接了动力电池的一个正极和一个负极。维修开关在车上的安装位置如图 3–71 所示。

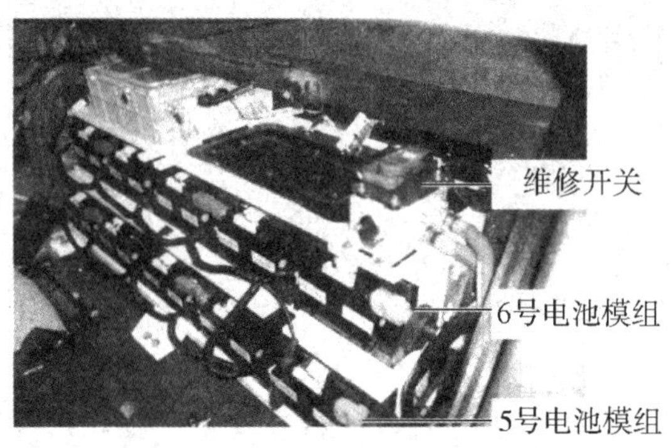

图 3–71　维修开关安装位置

（四）高压配电箱

高压配电箱位于后行李舱电池支架右上方。其功用是将电池包的高压直流电分配给整车高压电器使用，其上游是电池包，下游是驱动电机控制器及 DC 总成、PTC 加热器、电动机压缩机、漏电传感器；也将车载充电器的高压直流分配给电池包。高压配电箱与其他部件的连接关系如图 3–72 所示。

高压配电箱的外部有高压端子、低压线束、漏电传感器检测线、空调保险、车载充电器保险等。高压配电箱内部主要有正极接触器、负极接触器、空调接触器、预充接触器等。

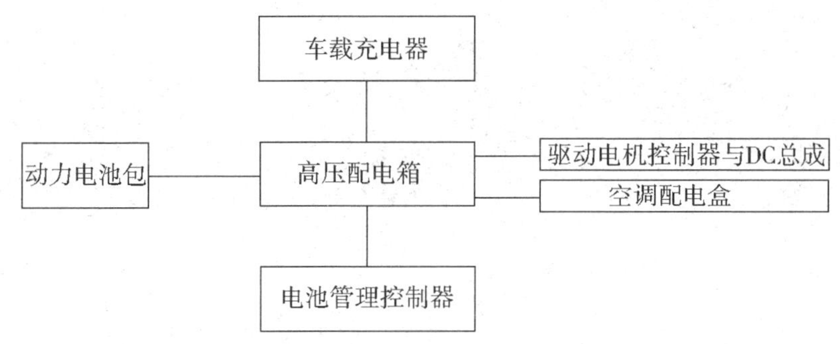

图 3-72　高压配电箱与其他部件的连接

（五）漏电传感器

漏电传感器位于车身后围搁物板前加强横梁上，主要用于电动汽车直流动力电源母线与其外壳、车身底盘之间的绝缘阻抗检测。通常检测与动力电池输出相连接的负极母线与车身底盘之间的绝缘电阻，来判断动力电池包的漏电程度。当动力电池包漏电时，传感器发出一个信号给电池管理控制器，电池管理控制器接收到漏电信号后进行相关保护操作并报警，防止动力电池包的高压电外泄，造成人或者物品的伤害和损失。漏电传感器安装位置如图 3-73 所示。

图 3-73　漏电传感器安装位置

（六）分布式电池管理器

分布式电池管理系统由 10 个电池信息采集器（BIC）和 1 个电池管理器（BMS）组成。10 个 BIC 分别位于 10 个动力电池模组的前端，其主要功能是电压采样、温度采样、电池均衡、采样线异常检测等；BMC 位于行李舱车身右 C 柱内板后段，如图 3-74 所示，其主要功能包括总电压监测、SOC 计算、充放电管理、接触器控制、功率控制、电池异常状态报警和保护、漏电报警、碰撞保护、自检以及通信等。

（七）驱动电机控制器及 DC 总成

驱动电机控制器及 DC 总成安装在前舱左侧，如图 3-75 所示。

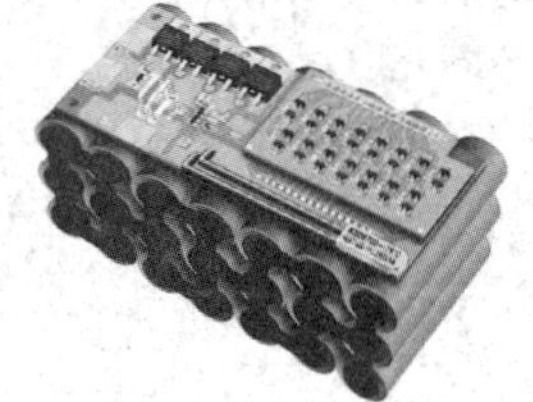

图 3-74 电池管理器

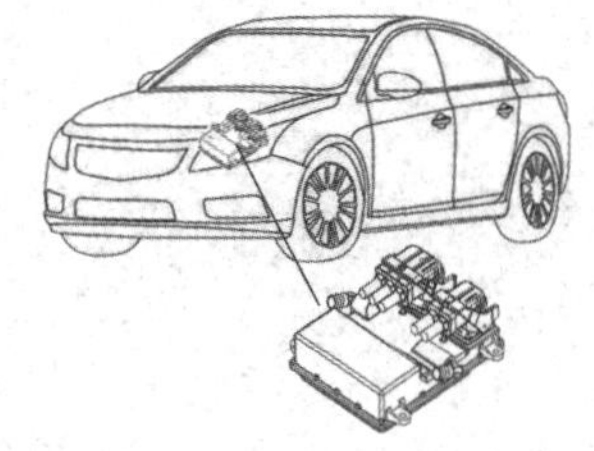

图 3-75 驱动电机控制器及 DC 总成

1. 驱动电机控制器的功用

（1）作为动力系统的总控中心，驱动电机的运行，根据工况控制电机的正反转、功率、转矩、转速等，协调发动机管理系统工作。

（2）硬件可采集电机的旋变、温度，制动、加速踏板开关信号。

（3）通过 CAN 通信采集制动深度、挡位信号、驻车开关信号、起动命令、电池管理控制器相关数据、控制器的故障信息。

（4）内部处理的信号有直流侧母线电压、交流侧三相电流、IGBT 温度、电机的三相绕组阻值。

2. DC 的功用

（1）纯电模式下，DC 的功能替代了传统燃油车挂接在发动机上的 12 V 发电机，与蓄电池并联给各用电器提供低压电源。DC 在高压（500 V）输入端接触器吸合后便开始工作，输出电压标称 13.5 V。

（2）在特殊情况下，经过 DC 升压转换成 500 V 直流给电池包充电。

（八）充电系统

比亚迪秦只有一个交流充电口，位于行李舱门上，用于将外部交流充电设备的交流电源连接到车辆充电回路上。车辆外部通过充电连接到交流充电设备，车辆内部通过高压电缆连接到车载充电器上，其安装位置如图 3-76 所示。

车载充电器简称 OBC，位于后行李舱右部，如图 3-77 所示。车载充电器的功用是将交流充电口传递过来的交流电源转换为直流高压电为动力电池充电。

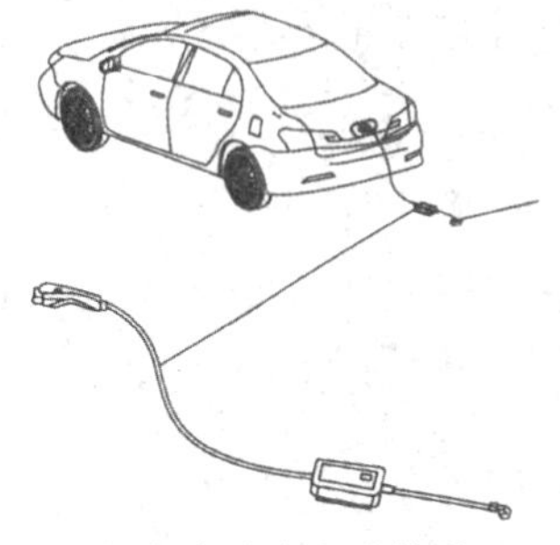

（a）交流充电连接装置

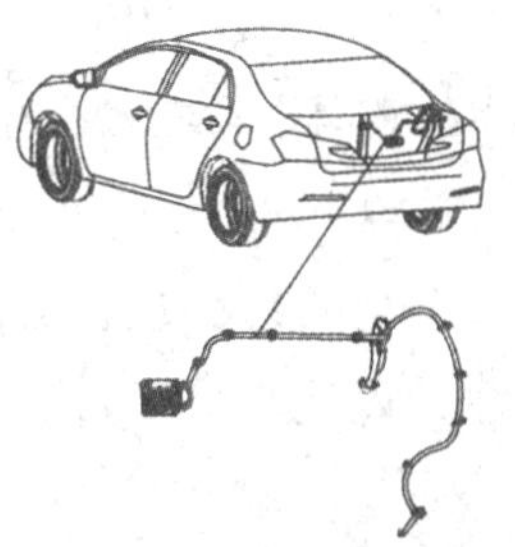

（b）交流充电口总成

图 3-76 比亚迪秦充电口安装位置

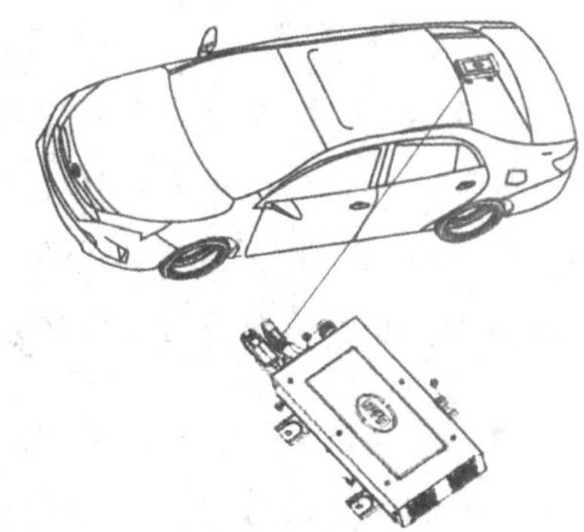

图 3-77 车载充电器

三、低压系统

比亚迪秦的低压系统中与传统燃油车主要有以下四大差别：

（1）整车线束及配电——集成化、智能化。

（2）整车网络及通信——交互多、信息量大。

（3）整车电源系统设计——双模式、三电源。

（4）整车空调系统——制冷及采暖均有较大变化。

比亚迪秦的低压系统由三个电源共同提供，分别为 12 V 低压铁电池、DC/DC 及发电机。系统主要包括：12 V 低压铁电池、钥匙系统、蓝牙钥匙系统、防盗系统、组合仪表、灯光系统、记忆系统、多媒体系统、驻车辅助系统、全景影像系统、云服务及网关等。

（一）低压铁电池

低压铁电池与传统蓄电池相比，它多出一个起动极柱，用于在纯电模式下，当动力电池电量低于 5% 时，自动起动发动机，将工作模式切换至 HEV-ECO 模式。

（二）驻车辅助系统

驻车辅助系统是驾驶员在泊车时，测量车辆与最近障碍物之间的距离，并用声响信号或可视信号，向驾驶员发出警报，提醒可能存在的危险。提示的声响可以根据车辆与障碍物之间的距离变化而变化。

驻车辅助系统主要利用超声波原理，通过在汽车的尾部或前部安装数个超声波传感器，进行信号的发射与接收，并反馈信息给控制器，控制器比照信号折返时间而计算出被测障碍物的距离，然后根据不同的距离触发不同的音、指示器告警，提醒驾驶员障碍物与车辆的距离，以增加倒车、驻车的便利性、安全性。

（三）全景影像

该系统通过 4 个超广角摄像头采集车身周围影像，由于是超广角摄像头，采集过来的影像有很严重的畸变，系统将畸变的影像输入图像处理芯片中，经过软件处理后，进行无缝拼接，将完整的全景影像输出到 DVD 显示器上，最后给用户呈现出车身周围的鸟瞰图。图 3-78 为全景影像开关位置。

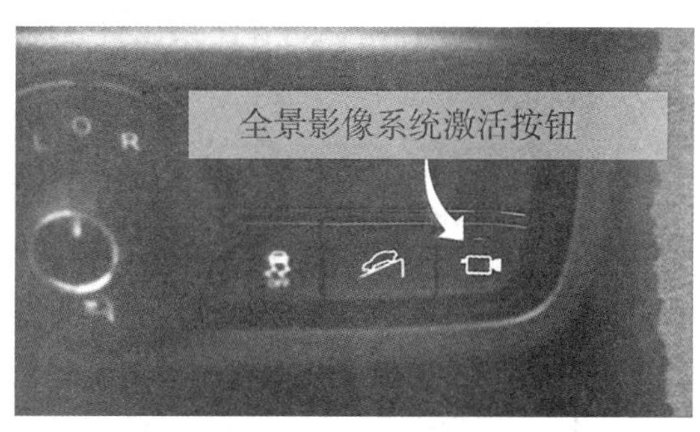

图 3-78　全景影像开关位置

混合动力电动汽车的技术难点

混合动力电动汽车是集汽车、电力拖动、自动控制、新能源及新材料等高新技术于一体的高集成产物。它的研究涉及多个领域，其关键技术主要有储能装置、发电机、发动机等。

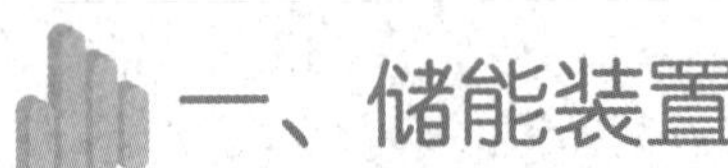

一、储能装置

目前，电化学蓄电池仍然在串联、并联以及混联的联合传动结构中，均可见其身影，可以说仍是多源混合驱动的一个基本组成元素，其具体是被用作辅助能源。

（一）蓄电池通用模型

蓄电池的等效电路图是建立蓄电池能量模型的基础，其等效电路图如图 3–79 所示。图中 R_{el} 为电解液电阻；R_e 为电极电阻；U_a 为蓄电池电压；i_a 为蓄电池负载电流；E 为电池端电压。

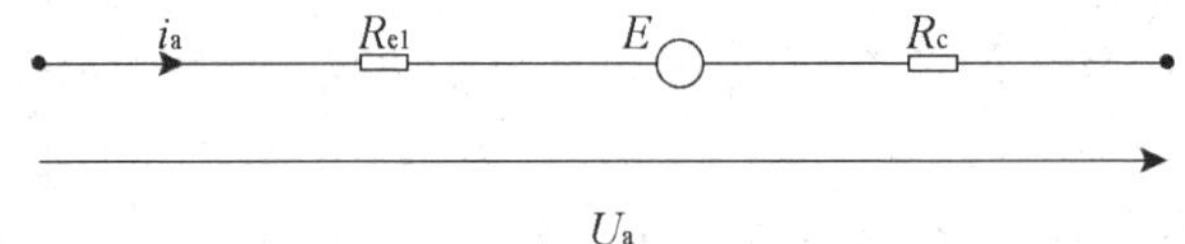

图 3–79　蓄电池的等效电路图

由蓄电池等效电路图，可计算出蓄电池两端的电压降 U_a。电压与电池的工作状态有关，计算如下：

放电时：

$$U_a=E-i_aR'_W$$

充电时：

$$U_a=E-i_aR''_W$$

根据上图给出的蓄电池等效电路图，可得蓄电池的通用模型如下：

1. 蓄电池放电时

$$Q_u(i_a,\ t,\ \tau)=c_\tau(\tau)\eta_A(i_a,\ t)Q_{\tau n}-\int_0^{t_i}i_a(t)\mathrm{d}t$$

$$Q'_u(i_a,\ t,\ \tau)=Q_u(i_a,\ t,\ \tau)-\int_0^{t_{i+m}}\eta_A(i_a,\ t)^{-1}i_a(t)\mathrm{d}t$$

$$k=c_\tau(\tau)\eta_A(i_a,\ \tau)-Q_{\tau n}^{-1}\int_0^{t_i}i_a(t)\mathrm{d}t$$

$$k'=k-Q_{\tau n}^{-1}\int_0^{t_{i+m}}\eta_A(i_a,\ t)^{-1}i_a(t)\mathrm{d}t$$

$$\eta_A(i_a,\ \tau)=\left[\frac{i_a(t)}{I_n}\right]^{-\beta(\tau)}$$

$$R'_w(i_a,\ t,\ \tau,\ k')=b\frac{E(k')}{i_a(t)}+l\left[k-Q_{\tau m}^{-1}\int_i^{t_{i+m}}\eta_A(i_a,\ t)^{-1}i_a(t)\mathrm{d}t\right]^{-1}$$

$$u(t,\ k')=E(k')-i_a(t)R'_w(i_a,\ t,\ \tau,\ k')$$

$$\eta_{Ad}t=\left[\sum_{i=1}^{m}\frac{E(k')}{u(t,\ k')}\right]^{-1}$$

2. 蓄电池充电时

$$k''=k'+Q_{\tau n}^{-1}\int_i^{t_{i+m}}i_a(t)\mathrm{d}t$$

$$\eta_A(i_a,\ \tau)=0$$

$$R''_w(i_a,\ t,\ \tau,\ k'')=b\frac{E(k'')}{i_a(t)}+l\left[k'-Q_{\tau m}^{-1}\int_i^{t_{i+m}}i_a(t)\mathrm{d}t)\right]^{-1}$$

$$u(t,\ k'')=E(k'')-i_a(t)R''_w(i_a,\ t,\ \tau,\ k'')$$

$$\eta_{A_C}(t)=\left[\sum_{i=1}^{m}\frac{E(k'')_i}{u(t,\ k'')_i}\right]^{-1}$$

3. 蓄电池不工作时

$$i_a=0$$

$$\eta_A(i_a,\ \tau)=0$$

$$\eta_{A_w}(t)=0$$

$$\eta_{A_{A1}}(t)=0$$

$$u(t,\ k)=E_{\min}+\Delta U_k$$

式中：i_a 为蓄电池负载电流；t 为时间；τ 为温度；$c\tau$ 为与温度有关的额定容量变化系数；$Q_{\tau n}$ 为额定放电时间时的电池容量；Q_u 为蓄电池瞬时可用容量；η_A 为蓄电池功率可利用系数；k 为蓄电池荷电状态值；β 为 Peukert 常数（铅酸电池为 0.325）；In 为额定放电电流；R'_w 为蓄电池放电内阻；R''_w 为蓄电池充电内阻；E（k）为蓄电池电动势；u（t，k）为蓄电池端点压；η_{Ad} 为蓄电池瞬时放电效率；η_{Ac} 为蓄电池瞬时充电效率；L 为内阻计算系数；b 为电池以电流 ia 充、放电时，电池端电压相对于在额定容量条件下的电池端电压 E 的变化系数。

（二）蓄电池功率设计

上面所述蓄电池的通用模型均是时间的函数，具有动态特性，从而可以计算出蓄电池或使用蓄电池的整个传动系统的许多物理量的时间均值。

对于给定类型的电池，使用其通用模型可计算出各种蓄电池荷电状态下的指标值。

内阻为

$$R_w(t,\ k)=b(k)\frac{E(k)}{i_a(t)}+\frac{l(k)}{k(t)}\quad k(t)\in[0,1]$$

电动势为

$$E(t)=E(k)$$

在求解式所组成的方程组之前，要首先确定下列函数，即

$$b(t)=b(k)$$

$$l(t)=l(k)$$

不可能采用试验的方法直接测量上面提到的各个量，也不可能在实车上实时记录各个量的值（通过测量监控），只能通过以蓄电池电流和电压为输入的蓄电池模型来估算。确定蓄电池动态的荷电状态值（k 值），对于混合电动车的设计和保养来说是必要的。

在区间 $k\in\sum_{n=1}^{m}[k_{n-1},\ k_n]\Rightarrow k\in(0,1)$ 里，$k_n=k_{n-1}+\Delta k$ 则按照迭代的方法获得的 E（k_n），b（k_n），l（k_n）就是一系列的离散点。对不同的 Δk 值，经过一系列的仿真分析，得到结论：Δk=0.01 就可以足够准确地反映出电池内阻的变化趋势。

采用迭代近似法进行计算，可以得到的蓄电池电动势 E、系数 b 和 l 的特性曲线。在满足一定精度的情况下，可以用多项式来拟合蓄电池的特性。

为了保证蓄电池的寿命，通常要求蓄电池放电时的放电深度不大于 0.75。在蓄电池的放电过程中，希望蓄电池的放电电压保持恒定，为电动机提供一个稳定的工作条件。而蓄电池的电压是荷电状态的函数，混合动力汽车上蓄电池理想的工作区是 SOC 为 0.4 ～ 0.8。

蓄电池的容量及功率的大小会影响整车的燃油经济性，增大蓄电池的功率会使发动机的负担降低，改善经济性和排放性能，但是增大蓄电池功率的同时也会使整车的质量大大增加，又会降低动力性、经济性和排放性。在混联式驱动系统中，蓄电池和发电机可以同时供给电动机能量，暂时忽略能量流动中的损失，理论上使得蓄电池组功率与发电机功率之和等于电动机功率。因此，设计蓄电池组的功率为 25 kW。

二、电动机

电动机在混联式混合动力电动车中扮演着多种“角色”。它是混合动力汽车的驱动单元之一，其选用原则为性能稳定、质量轻、尺寸小、转速范围宽、效率高、电磁辐射量小、成本低等，具体如图 3–80 所示。直流电动机、永磁无刷电动机、感应电动机和开关磁阻电动机等，都可以在混合动力汽车上用到。

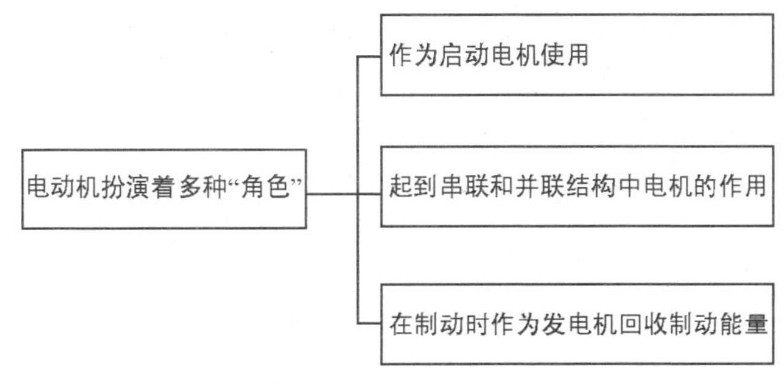

图 3–80　电动机扮演着多种“角色”

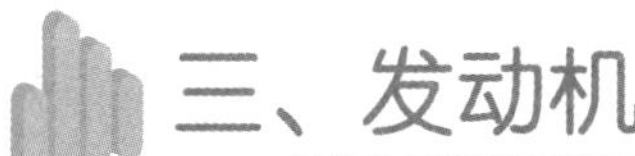

三、发动机

发动机真实模型的复杂度很高，这是因为其自身特性存在非常明显的非线性，通常情况下，对该模型进行描述时，更多采用的是高阶多项式近似方程，但在进行模拟计算时，又因多项式的阶数过高而增加了难度，因此这些数学模型的直接引用是不合理的。

为了达到降低油耗和尾气排放的目的，混合动力汽车发动机在特定区域工作需要考虑的两个问题，即要使发动机燃油消耗最小和尾气污染物排放最少。考虑发动机单独驱动的情况，汽车行驶时的功率平衡方程式为

$$P_e = \frac{1}{\eta_T}\left(\frac{Gfu_a}{3600} + \frac{Giu_a}{3600} + \frac{C_D A u_a^3}{76140} + \frac{\delta m u_s}{3600}\frac{\mathrm{d}u}{\mathrm{d}t}\right)$$

式中：P_e 为发动机输出功率；η_T 为传动系统效率；G 为汽车重量；i 为汽车行驶路面的坡度；u_a 为汽车行驶速度；C_D 为空气阻力系数；A 为迎风面积；δ 为旋转质量换算系数；m 为汽车质量。

汽车在匀速行驶时，各种坡度下的行驶车速与所需功率的关系曲线可借助于上式而得出，如图 3–81 所示。

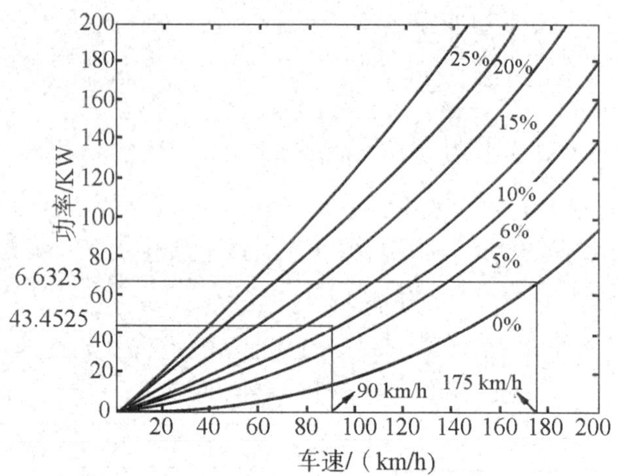

图 3-81　各种坡度下行驶车速与所需功率的关系曲线

增程式电动汽车

增程式电动指能外接充电电源和车载充电，由电动机驱动的车辆。配置的发动机输出的动力仅用于推动发电机发电。系统输出动力等于电动机输出动力。其中最出名的是雪佛兰 Voltec 混合动力系统、宝马 i3。

一、增程式电动说明

增程式电动（又叫串联式混合动力）是指只靠发电机行驶的电动汽车，配置的发动机输出的动力仅用于推动发电机发电（见图 3-82）。系统输出动力等于电动机输出动力。增程式电动汽车（Range-Extended Electric Vehicle，REEV）是电气化程度更高的一类插电式混合动力汽车（PHEV），又可以被定义为全电型插电式混合动力汽车（All Electric Range，AER PHEV），其中最出名的是雪佛兰 Voltec、宝马 i3、通用、日产。

这一类车型，严格来说仍然是电动车。车内只有一套电力驱动系统，包括电机、控制电路、电池。增程型插电混合动力车的电动机直接驱动车轮，发动机则用来于驱动发电机给电池进行充电。因为发动机并不直接驱动车轮，因此也不需要变速箱。这相当于在普通的电动车上装载了一台汽油 / 柴油发电机。

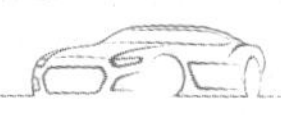

串联式混合动力系统最接近于纯电动系统。发动机在系统中仅用于推动发电机发电而不直接驱动汽车。

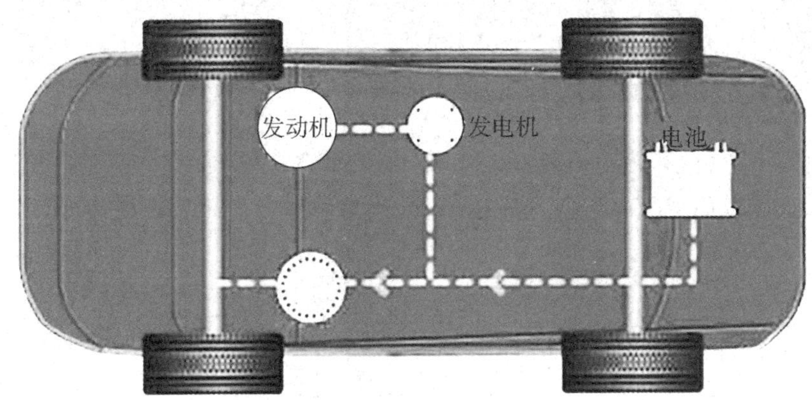

图 3-82　增程式电动系统

（一）优点

（1）具有电动车的安静、起步扭矩大的优点，可以当纯电动车使用，在充电方便的条件下只充电、不加油，使用成本较低；

（2）相比其他混合动力模式，增程型混合动力可以不用变速箱，成本略有降低。由于带有发动机发电，只要有加油站就可以一直跑下去，在不方便充电的地方不会被迫拖车，解决基础设施不足的问题；

（3）因为发动机不直接驱动车轮，发动机转速和车轮转速、汽车速度没有直接关系，通过控制系统优化，可以让发动机一直工作在最佳转速，即使在充电不便时，市内堵车路况下油耗也比较低，发动机噪音也可以控制的非常小。

（二）缺点

（1）造成功率浪费。由于发动机和发电机并不直接驱动车轮，造成了这部分功率的浪费，而发动机和发电机带来的重量并不减少。譬如：一辆增程式插电混合动力汽车发动机功率 50 kW，发电机功率 50 kW，电动机功率 100 kW，整车携带了总功率 200 kW 发动机和电机，但是能驱动车轮的功率只有 100 kW。

（2）在高速路况下，油耗反而偏高。这是因为高速路况下，如果发动机直接驱动车轮，可以一直工作在最佳工作模式，而增程式插电混合动力多了一个转换过程，转换本身要消耗能量，造成油耗反而偏高。

车型代表：这一类的代表车型有宝马 i3（可选装增程模块），雪佛兰沃蓝达（有隐藏的直接驱动模式），Fisker 卡玛和奥迪 A1 e-tron。图 3-83 为宝马 i3。

图 3-83 宝马 i3

（三）分辨方法

油电混合动力汽车有很多的类别，想要区分它们又有不同的分类方法。主要的区分方法有两种：一是按照混合动力系统构型进行分类，或者说是按发动机、电机两个动力源的耦合方式分类；二是按照电气化程度来分类，或者说按油电混合比例分类，从燃油汽车跨度到纯电动车。

增程式电动汽车就属于第二种分类，且看图 3-84，可以将不同动力系统的汽车按电气化程度从弱到强分为五类：内燃机（ICE）⟶非插电式混合动力（HEV）⟶插电式混合动力（PHEV），又分为混合型 PHEV（Blend PHEV）与增程式 / 全电型 PHEV（REEV/AER PHEV）⟶纯电动（EV）

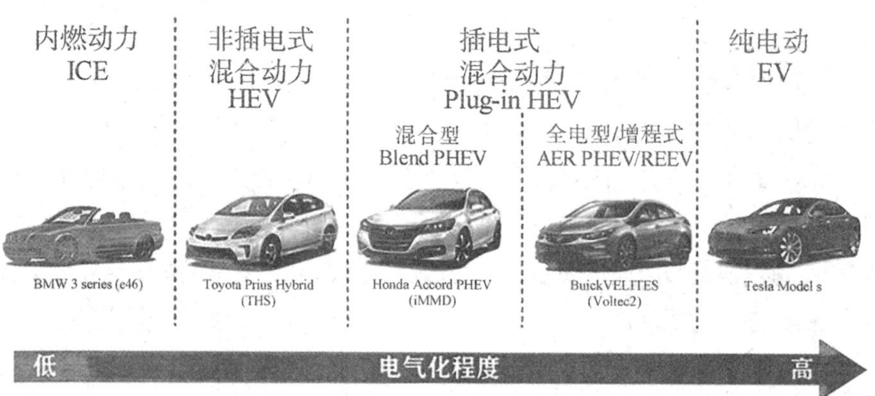

图 3-84 按动力系统电气化程度的分类

从左往右，车辆能源中用电比例逐渐升高：ICE 与 HEV 能量来源于燃油；PHEV 来源

于燃油与电网；EV 完全来源于电网。其中 PHEV 与 HEV 虽然同属于混合动力汽车，但是是否插电的技术区别就让两者能量来源发生了差异。

二、增程式电动结构特点

（一）系统构成

一般来说这一类车型，严格来说仍然是电动车。车内只有一套电力驱动系统，包括电机、控制电路、电池。增程型插电混合动力车的电动机直接驱动车轮，发动机则用来于驱动发电机给电池进行充电。因为发动机并不直接驱动车轮，因此也不需要变速箱。这相当于在普通的电动车上装载了一台汽油 / 柴油发电机。

对于增程式电动这个类型，在这里选择具有代表特征的沃蓝达作为列子进行讲解。

Voltec 混合动力系统（见图 3–85）是通用汽车的 E–Flex 插座充电式混合动力驱动系统的最新版本，采用 1 台小型的发动机、2 台电动机对车辆进行综合驱动的系统。沃蓝达上采用的是容量为 16 kW · h 的 360 V 锂电池组，电池组成 T 型布置，隐藏于后排座椅下及车身中部，纯电动最高行驶里程可达 80 km。整个 Voltec 混合动力系统包括汽油发动机、综合动力分配系统、高容量锂电池以及电力控制单元。

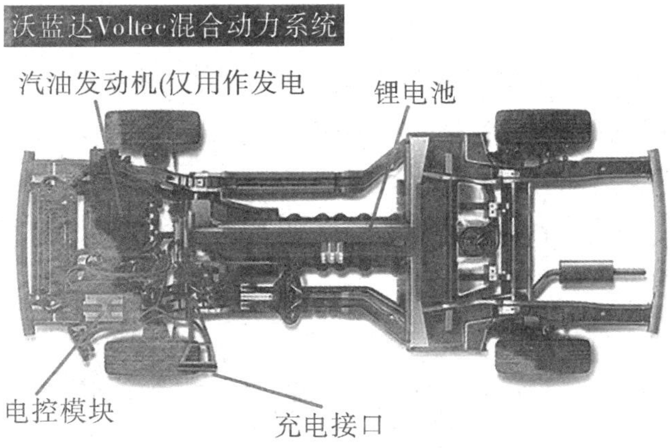

图 3–85　Voltec 混合动力系统

（二）部件解析

沃蓝达的动力系统由 2 台电动机（最大功率分别为 111 kW 和 55 kW）和 1 台发动机（最大功率为 63 kW）组成，发动机仅用于发电。其中功率较大的电动机主要用于驱动车辆，而功率较小的电动机主要用于发电。图 3–86 为沃蓝达的动力系统解析。

2 台电动机和 1 台发动机通过 1 个行星齿轮机构以及 3 个离合器组成了动力产生、回收、分配系统。和丰田 THS 系统一样，Voltec 系统同样使用行星齿轮组巧妙地实现了动力的综合分配。所不同的是，在 Voltec 系统中，太阳轮连接到电动机，行星架连接到减速机构直接输出动力到车轮，而齿圈则根据实际情况连接到动力分配系统的壳体（固定）或者连接到发电机和发动机。

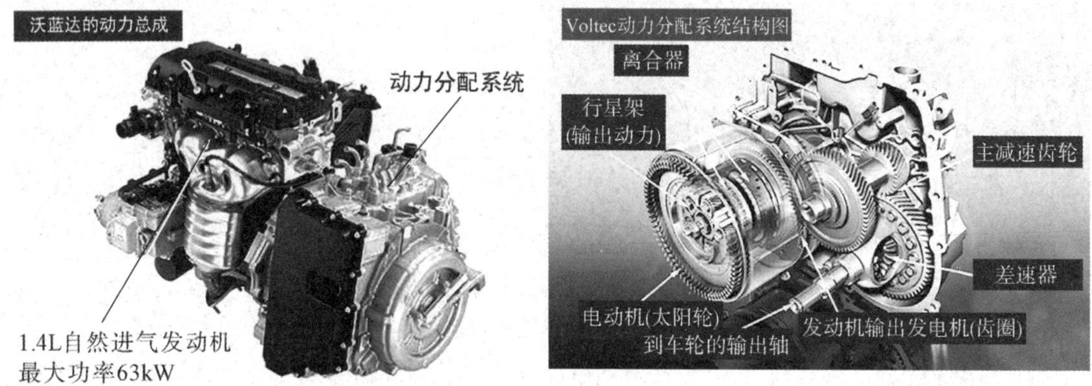

图 3-86　沃蓝达的动力系统

三、增程式电动工作逻辑

要了解系统的工作逻辑，首先要了解动力分配系统的结构。从 Voltec 的动力分配系统的控制方式与 THS 系统有一定的区别，Voltec 系统通过 3 个离合器来控制动力的分配。我们把这三个离合器分别命名为 C1、C2、C3。C1 用于连接行星齿轮齿圈与动力分配机构壳体（固定）；C2 用于连接发电机与行星齿轮齿圈；C3 用于连接发动机与发电机。图 3-87 所示为系统结构简图。

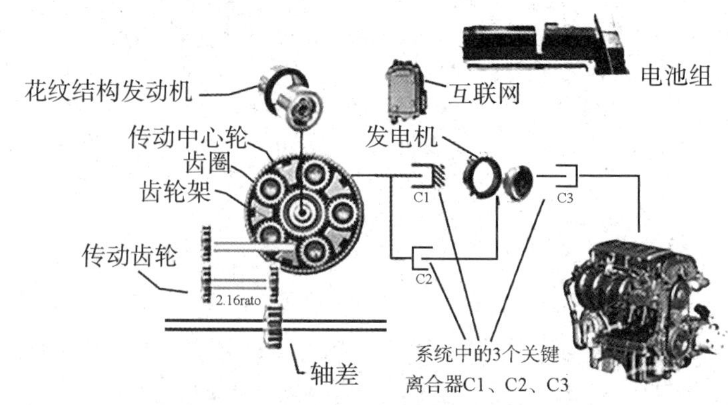

图 3-87　系统结构简图

Voltec 混合动力系统一共有 5 种工作模式，分别为：EV 低速模式（见图 3-88）、EV

高速模式（见图 3–89）、EREV 混合低速模式（见图 3–90）、EREV 混合高速模式（见图 3–91）以及能量回收模式（见图 3–92）。

处于 EV 低速模式时，C1 吸合，C2、C3 松开，发动机停转。齿圈被固定，电动机推动太阳轮转动，行星架因太阳轮的转动而转动，把动力传输到减速齿轮并传递到车轮。

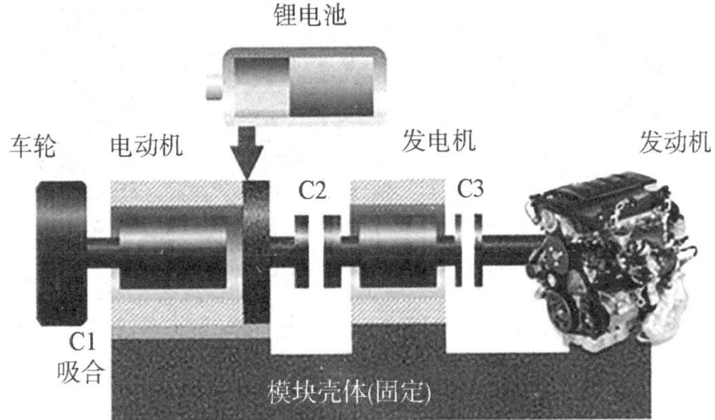

图 3–88　EV 低速模式

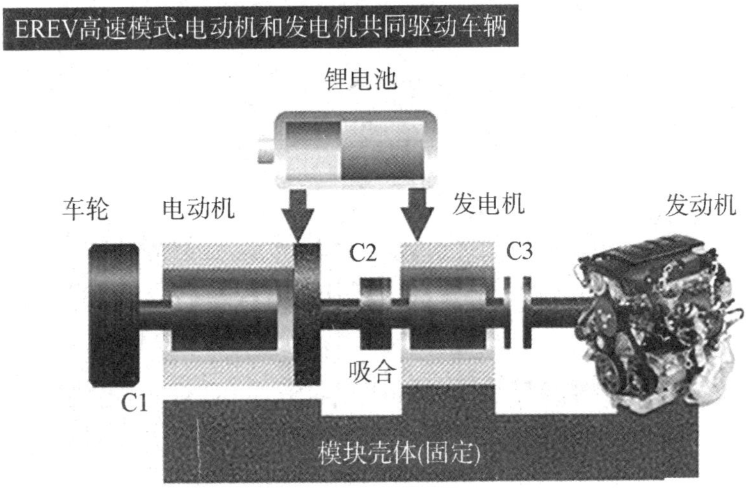

图 3–89　EV 高速模式

处于 EV 高速模式时，C2 吸合，C1、C3 松开，发动机停转。发电机此时充当电动机工作，推动齿圈转动。同时，功率较大的另一个电动机推动太阳轮转动。齿圈和太阳轮同时转动，带动行星架转动，从而把动力传到车轮。发电机充当电动机推动齿圈转动，降低了与太阳轮连接的另一电动机的转速，提高了其能源使用率。

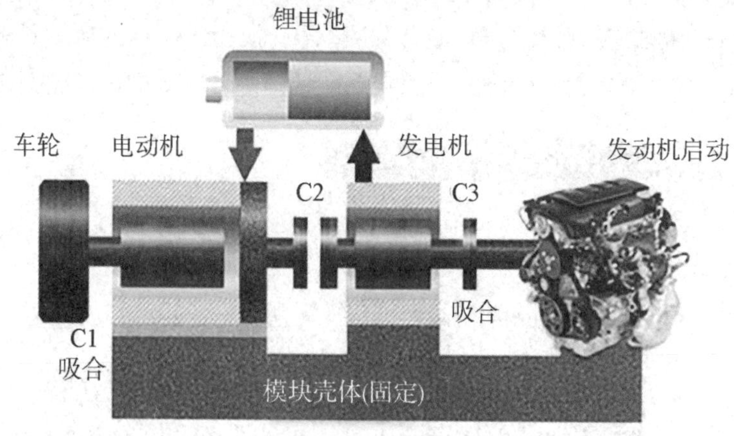

图 3-90　EREV 混合低速模式

处于 EREV 低速模式时，C1、C3 吸合，C2 松开，发动机运转。此时，发动机推动发电机发电，并为电池充电；同时电池为电动机供电推动太阳轮转动，由于齿圈固定，行星架跟随太阳轮转动，从而把动力传到车轮。

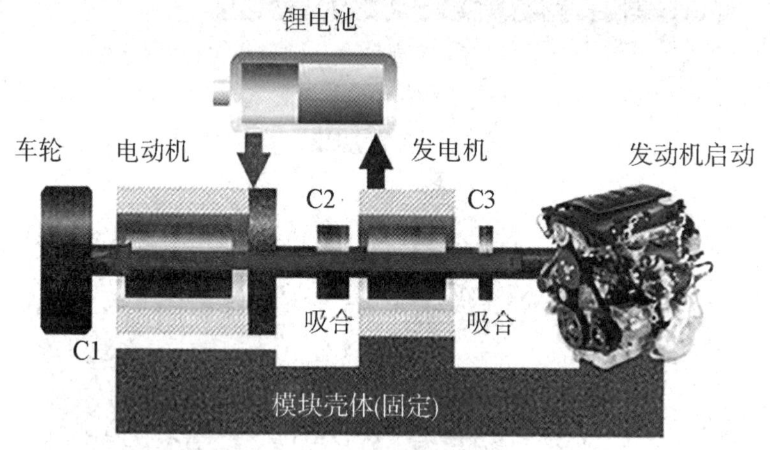

图 3-91　EREV 混合高速模式

处于 EREV 高速模式时，C2、C3 吸合，C1 松开，发动机运转。此时，发动机与发电机转子连接后推动齿圈转动同时发电，电动机推动太阳轮转动。齿圈和太阳轮同时转动，带动行星架转动，从而把动力传到车轮。发动机推动齿圈转动，降低了与太阳轮连接的另一电动机的转速，提高了其能源使用率。

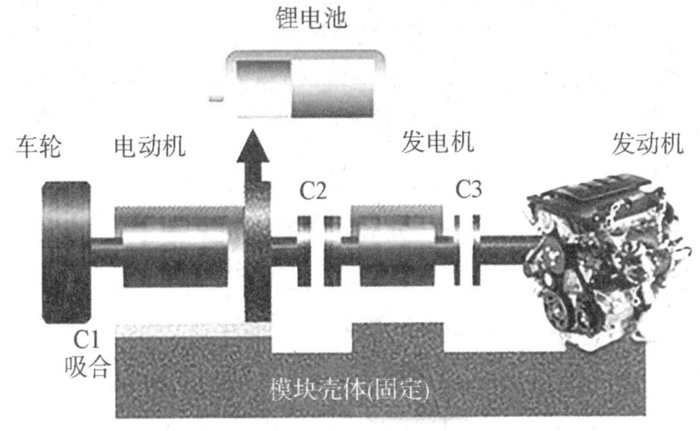

图 3-92　能量回收模式

处于能量回收模式时，C1 吸合，C2、C3 松开，发动机停转。车轮带动行星架转动，由于齿圈固定，太阳轮随着行星架转动。此时，功率较大的电动机作为发电机对电池充电。

混合动力电动汽车动力耦合类型

任务六

混合动力汽车的适用条件和使用要求以及动力系统的研究开发，受到动力耦合形式及其结构的影响。并联或混联式混合动力车的耦合装置可以分为扭矩耦合方式、转速耦合方式、功率耦合方式 3 类。

一、扭矩耦合方式

扭矩耦合式动力系统是指两动力源输出的扭矩相互独立、转速互成比例，动力以扭矩的形式进行合成，所合成的扭矩是两动力源输出扭矩之和。扭矩耦合式又可分为齿轮耦合式、磁场耦合式和链或带耦合式。如东风公司 EQ7200 HEV 车型是基于机械式自动变速器（AMT）的耦合系统，日本五十铃公司小型混合动力载货车 ELF 是基于动力输出轴的耦合系统，福特汽车公司开发了基于主减速器的动力耦合系统。

齿轮耦合式的动力耦合方式是用一对啮合齿轮将两动力源的扭矩合成在一起，齿轮与动力源的连接由离合器控制。该耦合方式可实现发动机和电动机单独或共同驱动车辆，其结构简单，易于控制，而且耦合效率较高，但是在动力切换和耦合过程中产生的冲击较大，容易损坏。

磁场耦合式的动力耦合方式是利用磁场的作用将发动机与电动机输出的扭矩合成在一起，电机的转子和发动机的输出轴是一体的。磁场耦合式的功率耦合率高而且易于能量的传递和回收，但是因为电机转子具有惯性作用会消耗较多的能量，所以这种耦合方式多用于混合度较低的轻度混合动力汽车上。最为典型的是本田 Insight 混合动力汽车的 IMA 系统，长安汽车公司的 ISG 系统等也属于这类耦合方式。

链或带耦合式动力耦合方式是指两动力源输出的动力用链条或皮带将扭矩合成在一起输出，因此耦合效率低而使用的较少。

转矩耦合方式的特点是发动机的转矩可控，而发动机转速不可控。通过控制电机转矩的大小来调节发动机转矩，使发动机工作在最佳油耗曲线附近。转矩耦合方式结构简单，传动效率高，而且无需专门设计耦合机构，便于在原车基础上改装。

二、转速耦合方式

转速耦合式动力系统是指两动力源输出的转速相互独立、扭矩互成比例，动力以转速的形式进行合成，所合成的转速是两动力源输出转速之和。常用的行星齿轮式和差速器式耦合器都是转速耦合方式。

行星齿轮式动力耦合方式是目前使用最普遍的一种方式，通过行星齿轮机构将两动力源输出的动力合成在一起输出。一般将太阳轮和齿圈分别与发动机和电机的输出轴连接作为输入端，将行星架作为输出端。这种耦合方式结构简单而且传动效率较高，可实现多形式的驱动，动力切换和耦合过程产生的冲击较小，但是整车驱动控制难度较大，适用于混合程度高的车辆。

差速器式动力耦合方式是行星齿轮式动力耦合方式的一种特殊表现形式。两者对混合动力汽车的混合程度的高低要求不同，一般装有差速器式耦合装置的混合动力汽车混合程度较高。

在行驶过程中采用转速耦合方式的混合动力汽车，可以通过调整电机转速来调节发动机转速，使发动机在最佳油耗曲线附近工作。即使在发动机的工作点不变的情况下，通过连续调整电动汽车电机转速，也可以使车速连续变化，因此采用转速耦合方式的混合动力汽车无需无级变速器便可以实现整车的无级变速。

三、功率耦合方式

丰田普锐斯混合动力汽车采用的单 / 双行星排混合动力系统、雷克萨斯 RX400 h 混合动力汽车采用的双行星排混合动力系统，及中国汽车技术研究中心开发的双行星排混合动力系统和双转子电机耦合系统，能同时满足转矩耦合条件和转速耦合条件，因此它们都属于功率耦合方式。功率耦合方式的输出转矩与转速分别是发动机与电机转矩和转速的线性和，因此发动机的转矩和转速都可控。

在采用功率耦合方式的混合动力汽车中，发动机的转矩和转速都可以自由控制，而不受汽车工况的影响。因此，理论上可以通过调整电机的转速和转矩，使发动机始终处在最佳油耗点工作。但实际上，频繁调整发动机工作点也可能会使经济性有所下降，因此通常的做法是将发动机的工作点限定在经济区域内，缓慢调整发动机的工作点，使发动机工作相对稳定，经济性能提高。采用功率耦合方式的混合动力电动汽车理论上不需要离合器和变速器，而且可实现无级变速。与前两种耦合系统相比，功率耦合方式无论是对发动机工作点的优化，还是在整车变速方面，都更具优越性。

丰田Prius介绍

任务七

一、Prius 混合动力系统的构成

Prius 是一辆以汽油化学能和电能为驱动力的混合动力汽车，因此它内部拥有一台独立的汽油发动机和一台电动机。既然有电能的介入，那必不可少的就是电池，Prius 的电池系统采用的是丰田和松下联合研制和生产的镍氢电池，选择镍氢电池的原因是它有比能量和比功率高、循环寿命长、放电过程控制简单、无污染等优点。此外，在丰田和松下的共同努力下，镍氢电池的记忆效应大大降低。而整个动力系统的变速仅仅靠一套行星齿轮组，没有传统的机械变速器和离合器。图 3–93 所示为丰田普锐斯混合动力 2019 款。

图 3–93　丰田普锐斯混合动力 2019 款

 二、Prius 在各工况下的工作原理

丰田 Prius 以电机为主，混合动力总成包括两个动力源，发动机与电动机。还有包含了发电机、电动机、内置动力分离装置的混合动力专用变速器、镍氢电池组和动力控制总成。丰田 Prius 混合动力系统有一个特点，就是采用行星齿轮变速结构，变速器内置动力分离装置，行星齿轮机构巧妙地将减速器、发电机和电动机等动力部件耦合在一起，同时行星齿轮又起到无级变速器的功能，结构十分紧凑，形成一个集成化混合动力总成系统。

启动以及中速以下行驶，此时发动机效率低下，因此 Prius 的发动机关闭，仅由大功率电动机驱动车辆。在常规行驶时，发动机作主动力源，由动力分离装置将动力分成两路，一路驱动发电机进行发电，产生的电力驱动电动机运转，另一路则直接驱动车轮，系统会自动对两条路径的动力进行最佳分配，以达到效率的最大化。

当要加速时，电池组会加进来为电动机供电，增强电动机输出功率。

当减速或制动时，则由车轮的惯性力驱动电动机。这时电动机变成了发电机，车辆制动能量转换成了电能。

电池组电量保持在一个恒定水平。当系统发现电池组电量下降会启动发动机驱动发电机发电，向电池组充电。

三、丰田 Prius 的运行原理和特点

Prius 的仪表板上有一个多功能资料显示屏，显示屏是 7 英寸轻触式彩屏，可以显示各项车上的使用资料，例如动力状况、耗油量、电池充放电量、挡位、音响、空调状况等，

并可手触彩屏调节冷气及音响系统。

Prius 的变挡拨杆安装在中控板位置上，小巧玲珑，杆头标志着挡位位置。

Prius 的运行模式：

（1）起动。插入钥匙，踩住刹车踏板及按下起动按钮（POWER），直至液晶仪表上的“READY”信号灯亮起，挂上 D 挡前进。

（2）当发动机效率偏低，例如在低速行驶，转换器及高压电子系统将电池输出的直流电转换为交流电，并升压至 500V 给予马达（电动机）使用。马达会启动与发动机并肩工作。

（3）电脑分析汽车负荷、加速踏板压力及电池状态，决定以马达，或者马达与发电机并用，提供最有效率的动力分配及组合。经常使用马达会导致电池电量下降，当降到一定限值时，发动机会自行起动带动发电机向电池充电。

（4）当高速行驶时，混合动力系统会即时启动发动机及马达输送驱动力。

（5）当减速和刹车时，在制动力作用下混合动力系统会将马达转为发电机，将动能转化为电能，向电池充电。

（6）当 Prius 停止时，发动机会自动熄机，以减少不必要的燃油消耗及废气排放。Prius 的环保空调系统全以电力驱动，因此关闭发动机空调也一样可以运行。

思考与练习

一、填空题

1. 混合动力汽车可分为两大类，即________和________。

2. 普锐斯混合动力系统由__________和__________组成，采用一种折中的方式弥补了________和________两者之间的缺陷。

3. 常见的变速器有__________、__________、双离合自动变速器（DCT/DSG）和________。

4. 混联式混合动力电动汽车为_________与_________的动力系统，是串联式与并联式的综合。

5. 增程型插电混合动力车的___________直接驱动车轮，___________则用来于驱动给电池进行充电。

二、判断题

1. 电动机在混联式混合动力电动车中扮演着多种“角色”。（　）

2. 混合动力根据混合程度分类，可分为 3 种类型。（　）

3. 混合动力根据结构分类，分为串联式、并联式和混联式等 3 种形式。（　）

4. 增程式电动汽车不属于传统意义上的电动车。（ ）

5. 可以通过调整电机的转速和转矩，使发动机始终处在最佳油耗点工作。（ ）

三、简答题

1. 简述混合动力电动汽车的类型。

2. 简述混合动力电动汽车的动力系统。

3. 混合动力电动汽车的关键技术有哪些方面?

项目四
燃料电池电动汽车认知

项目导读

虽然燃料电池电动汽车的历史不长，但是与纯电动汽车相比，燃料电池电动汽车无须依赖蓄电池技术性能的完善，与内燃机汽车相比，则具有环保、节能的优势。因此，燃料电池电动汽车已成为全世界新能源汽车开发的热点，且不断地开发出不同结构的燃料电池电动汽车。

学习目标

- 了解燃料电池电动汽车的概念及其类型。
- 理解燃料电池电动汽车的性能与关键技术。
- 掌握燃料电池电动汽车的基本结构与工作原理。
- 掌握燃料电池的工作原理。
- 了解车载储氢的装置及设备。

燃料电池电动汽车

任务一

一、燃料电池电动汽车的发展概况

燃料电池汽车（Fuel Cell Electric Vehicle，FCEV）是指以氢气、甲醇等为燃料，通过化学反应产生电流，依靠电动机驱动的汽车。其电池的能量是通过氢气和氧气的化学作用，而不是经过燃烧，直接变成电能或动能的。燃料电池的化学反应过程不会产生有害物质，燃料电池的能量转换效率比内燃机要高 2 ～ 3 倍。从能源的利用和环境保护方面而论，燃料电池汽车是一种理想的车辆。所以，燃料电池电动汽车被认为是电动汽车发展的终极目标。

燃料电池汽车

目前，奔驰、丰田、本田、宝马、现代等实力比较强的车企都在积极研究和发展燃料电池电动汽车，不少国产品牌也涉足了燃料电池汽车领域，未来燃料电池电动汽车将会得到广泛应用。

（一）燃料电池电动汽车的特点

1. 燃料电池电动汽车的优点

（1）排放绿色环保

与传统汽车相比，燃料电池电动汽车主要使用氢燃料，其排放物是水，减少了温室气体的排放，同时减少了机油泄漏带来的水污染。

（2）能量转换效率高，节约能源

燃料电池直接通过化学反应产生电能，无热能转换过程，故不受卡诺循环的限制，能量转换效率高，实际能量转换效率高达 50% ～ 70%。

（3）燃料多样化，优化了能源消耗结构

燃料电池所使用的氢燃料来源广泛，自然界中，氢能大量存储在水中，可采用水分解制氢，也可以从可再生能源获得，可取自天然气、丙烷、甲醇、汽油、柴油、煤以及再生能源。

（4）续驶里程长，性能优于其他电池的电动汽车

采用燃料电池发电系统作为能量源，克服了纯电动汽车续驶里程短的缺点，其长途行驶能力及动力性已经接近于传统汽车。

（5）运行平稳、噪声低

燃料电池属于静态能量转换装置，除了空气压缩机和冷却系统以外无其他运动部件，

因此与内燃机汽车相比，摆脱了电动机的轰鸣，运行过程中噪声和振动都较小。

2. 燃料电池电动汽车的缺点

（1）燃料电池电动汽车的制造成本和使用成本过高

制约燃料电池电动汽车推广应用的最大因素之一是燃料电池的生产成本一直居高不下。

（2）起动时间长，系统抗震能力还需提高

采用氢气为燃料的 FCEV 起动时间一般需要超过 3 min，而采用甲醇或者汽油重整技术的 FCEV 则长达 10 min，比起内燃机汽车的起动时间要长得多，影响其机动性能。此外，当 FCEV 受到振动或者冲击时，各种管道的连接和密封的可靠性需要进一步提高，以防止泄漏，降低效率，严重时引发安全事故。

（3）经济且无污染地获取纯氢燃料还存在技术难点

通过重整或改质技术转化传统的化石燃料获取纯氢天然气，不仅要消耗大量的能量，而且并没有从根本上摆脱对化石能的依赖，也没有从根本上消除对环境的污染。自然界中，氢能大量存储在水中，虽然取之不尽，但直接使用热分解或是电解的办法从水中制氢显然不划算。因此，多数科学家都将目光转向了利用太阳能，但是还存在许多技术障碍。

（4）氢燃料电池电动汽车燃料的供应还有大量的技术问题有待解决

通常氢能以三种状态存储和运输：高压气态、液态和氢化物形态，但氢气是最小的分子，很容易造成泄漏。

（5）加氢站等基础网络设施建设几乎为零

目前全球范围内投入使用的加氢站仅有 100 多家，且大部分是用于实验用途的。

（二）国外燃料电池电动汽车的发展情况

国外最早出现燃料电池电动汽车的时间可以追溯到 20 世纪 60 年代，美国通用汽车公司在 1968 年生产出了世界上第一辆以燃料电池为电源的电动汽车。该燃料电池电动汽车由厢式货车改装而成，装载了最大功率为 150 kW 的燃料电池系统，燃料采用低温冷藏的液态氢，汽车的续驶里程达到了 200 km。由于复杂的燃料电池结构庞大，几乎占去了车内所有的空间，加上当时人们的环境保护意识远不如现在深刻，能源供需矛盾也没有像现在这样突出，故未继续进行该燃料电池电动汽车的后续开发工作。

20 世纪 90 年代，燃料电池电动汽车技术开始受到人们空前的关注。这是因为燃料电池电动汽车的低排放和高效的燃料利用率，对解决汽车环境污染和缓解能源短缺问题十分有效。世界上主要汽车生产大国的政府和各大汽车制造商纷纷制定相关的政策，投入大量的人力和物力研究和开发燃料电池电动汽车，并取得了一系列的成果。现列举几个典型实例来说明国外燃料电池电动汽车的发展概况。

1993 年，加拿大 Ballard 公司研制出了以质子交换膜燃料电池为动力的燃料电池公共汽车，其燃料电池的功率为 105 kW，可载客 20 人。

1994 年，当时的克莱斯勒公司推出了 NECAR I（New Electric Car I）燃料电池轿车，该车采用 Ballard 公司生产的质子交换膜燃料电池组，功率达 50 kW，所用燃料为压缩氢气。

1999 年，重组后的戴姆勒 - 克莱斯勒公司研制出了第四代燃料电池电动汽车 VECAR4，这种 5 座轿车最高时速可达 145 km/h。

2000 年，美国通用汽车公司成功推出了“氢动一号”氢燃料电动汽车。该车采用液态氢为燃料，最高车速可达 140 km/h，一次加氢续驶里程为 400 km。“氢动一号”的诞生标志着燃料电池电动汽车已经从研制向批量化生产迈出了重要一步。

2001 年，日本丰田汽车公司推出了 FCHV-3 运动型多功能汽车（SUV）。该车采用燃料电池 + 蓄电池的混合动力驱动形式，燃料电池由丰田公司自己开发，功率为 90 kW，蓄电池采用镍氢电池。2001 年 6 月，丰田汽车公司又推出了 FCHV-4 型燃料电池电动汽车，动力驱动形式与 FCHV-3 一样，采用高压氢为燃料，电机为永磁同步电机，一次充氢可驶 250 km 以上。

2002 年，美国通用汽车公司又推出了 Hy-wire 燃料电池电动汽车。该车燃料电池的功率为 94 kW（连续）和 129 kW（峰值），工作电压为 125 ～ 200 V，最高车速达 160 km/h。

（三）国内燃料电池电动汽车的发展情况

在燃料电池电动汽车领域，我国与国外的差距并不大，也早已开展了富有成效的燃料电池及燃料电池电动汽车的研究。从 20 世纪 50 年代开始，我国一直进行燃料电池相关技术的研究，但直到 20 世纪 90 年代，全球环境署支持在中国进行燃料电池公共汽车示范，我国才对其产生了浓厚的兴趣。从那时起，我国在此方面有了很大进步。

1998 年，清华大学与北京世纪富原燃料电池公司合作研制出我国第一辆 PEM-PC 型 8 座小型电动车。该车装用 5 kW 燃料电池，车速为 20 km/h，一次加氢可行驶 80 km。1999 年该团队展示了电动轿车。这个团队取得的标志性进展是北京富源研究用于公共汽车发动机的 140 kW 燃料电池堆。

2001 年，我国加大了在燃料电池车辆研究方面的投资，保证在 5 年内每年投资 2000 万美元。2001 年，北京绿能公司与清华大学和北京工业学院合作，研制出了以燃料电池为动力的出租车、客车和 12 个座位的公共汽车。清华大学也研制了以燃料电池为动力的公共汽车，同时，与三星和丰田合作进行车辆的研制工作。2001 年，泛亚汽车技术中心研制出一款功能型车，冠名“凤凰”。“凤凰”采用了别克的小型货车车身和通用的燃料电池技术。该车采用通用车型 Hy-Wire，并于 2002 年在我国的一个技术论坛进行了展示。2002 年，中国科学院宣布大约用 3 年的时间，投资 1200 万美元进行氢技术研究，其中包

括质子交换膜燃料电池技术，并在 2008 年奥运会和 2010 年上海世界博览会上使燃料电池电动汽车真正投入运营。

目前，在我国有 60 多个机构从事燃料电池的研究。这些机构中的大多数为研究所，大多数研究的重点是 PEM 技术。上汽、同济大学等研究开发了三代“超越”系列燃料电池轿车动力系统平台和示范车。北京清能华通科技发展有限公司与清华大学等共同研发出了“清能 1 号”燃料电池城市客车。东风、长安、奇瑞等汽车公司也竞相开发出了混合动力汽车性能样车。这些均表明我国也同样十分关注燃料电池电动汽车，并且燃料电池电动汽车技术水平也已接近或达到国际先进水平。

由于燃料电池电动汽车的价格高，再加上其安全、高效的储氢和运氢等还存在着问题，所以燃料电池电动汽车的产业化尚需时日。

（四）十五年间世界燃料电动汽车发展进程

时至 2018 年，燃料电池在汽车上的应用已取得重大进展——质子交换膜电池（简称 PEM 燃料电池）功率密度已大大提高。1990 年每公升体积可产生 140 W 电力，1995 年提高至 1000 W，每公斤质量也从 100 多瓦提高到几百瓦，最高可达 700 W。2001 年每公斤体积已提高到 2200 W，质子交换膜的价格下降到 540 美元 /cm^2，工作寿命可长达 57000 h，质子交换膜燃料电池工作温度为 80℃，用于催化的铂的用量大大下降。过去的用量是 5 mg/cm^2，一辆汽车燃料电池光铂就要 3 万美元，比整个汽车还贵。到近两年，铂的用量已下降到 0.4 mg/cm^2，据报道，已有做到 0.25 mg/cm^2，甚至 0.10 mg/cm^2。

燃料电池的核心部件反应堆的能量转换效率，加拿大巴拉德公司已达到总速时为 60%，满负荷时为 40%。德国在额定负荷时为 59%，20% 额定负荷时为 69%。各种供给氢气的方法，如高压储氢瓶、液化氢储存器、金属储氢技术，都有明显进步，从甲醇和汽油经重整器获得高密度氢气的技术有很大进步，为利用现有加油站“加油”而保持汽车长距离行驶提供可能，尤其是从甲醇获取氢得到了更多的重视，因为它的重整工作温度较低，耗能较少，伴生的 CO 等副产品较少。

燃料电池技术不仅可以从根本上应对人类面临的环保和能源两大严峻挑战，而且也将引发一场真正意义上的汽车技术革命。采用燃料电池作为汽车的动力源（系统）之后，不单单汽车结构会发生重大变化，主机厂的核心技术——发动机和变速器（这对于轿车制造厂尤为重要）也将失去意义，而且原有的横向配套体系也随之改变，汽车产业的固有格局将被打破，化学工业在汽车制造中将扮演重要角色。由于燃料电池电动汽车上需要更多的电子设备，对硬件和软件的需求增加，科技含量更高，知识密集度也更高。在未来的汽车发展过程中，燃料电池电动汽车将是我们发展的方向。表 4–1 为 2005–2020 年世界燃料电动汽车发展进程。

表 4-1　2005 ～ 2020 年世界燃料电动汽车发展进程

第一阶段（2005-2010 年）	第二阶段（2010-2015 年）	第三阶段（2015-2020 年）
首个批量生产的燃料电池电动汽车问世	售价高（比传统汽车的售价高约 20%）	售价虽然仍比传统汽车高约 10%，但由于无须交纳 CO_2 排放税而在很大程度上得到补偿和平衡
汽车厂家为宣传推广燃料电池车需要较大的投资	基础设施不完备，加气（氢或甲醇等）站少，售后服务措施跟不上	基础设施已比较完备
售价高（比传统汽车贵约 30%）	由于是零排放汽车，在人口密集地区有一定的私人要求	“间接燃料”重整技术（即制氢技术和储氢技术）问题得到解决
用户日常使用感到不方便（不便利），基础设计几乎是空白，加气（氢、甲醇等）站极少，售后服务跟不上	传统汽车、混合动力电动汽车仍是其强有力的竞争者，“间接燃料”重整技术有突破，但尚未完全解决	由于实施了 CO_2 排放税而推动了燃料电池电动汽车的推广和使用进程
几乎没有私人用户需求	私人需求缓慢增长	私人需求呈跳跃式快速增长
燃料电池电动大客车（公共汽车）在人口密集地区进行较大规模的应用试验	燃料电池电动大客车（公共汽车）在人口密集地区成为主要的客运工具	市场上新添置的大客车（公共汽车）100% 是燃料电池电动汽车，车队（运输公司即公交公司）50% 的车辆是燃料电池电动汽车

二、燃料电池电动汽车的类型

虽然燃料电池电动汽车的历史不长，但是与纯电动汽车相比，燃料电池电动汽车无须依赖蓄电池技术性能的完善，与内燃机汽车相比，则具有环保、节能的优势。因此，燃料电池电动汽车已成为世界范围内新能源汽车开发的热点，且不断地涌现出不同结构的燃料电池电动汽车。

（一）按有无蓄能装置分类

根据燃料电池电动汽车是否配备蓄能装置，可把燃料电池电动汽车分为纯燃料电池电动汽车和混合型燃料电池电动汽车两大类。

1. 纯燃料电池电动汽车

纯燃料电池电动汽车的燃料电池是电动汽车上电能的唯一来源。这种类型的燃料电池电动汽车，要求燃料电池的功率大，并且无法回收汽车制动能量。因此，纯燃料电池电动汽车目前应用较少。

2. 混合型燃料电池电动汽车

混合型燃料电池电动汽车上除燃料电池外，同时配备了蓄能装置（如蓄电池、超级电容和飞轮电池等）。由于蓄能装置可协助供电，因而可减小燃料电池的功率，且蓄能装置还可用于汽车制动时的能量回收，所以可提高燃料电池电动汽车的能量利用率。因此，燃

料电池电动汽车多采用混合型结构。

（二）按燃料电池与蓄电池的结构关系分类

根据混合型燃料电池电动汽车中燃料电池和蓄电池的电路结构，可将混合型燃料电池电动汽车分为串联式和并联式两种，如图 4–1 所示。

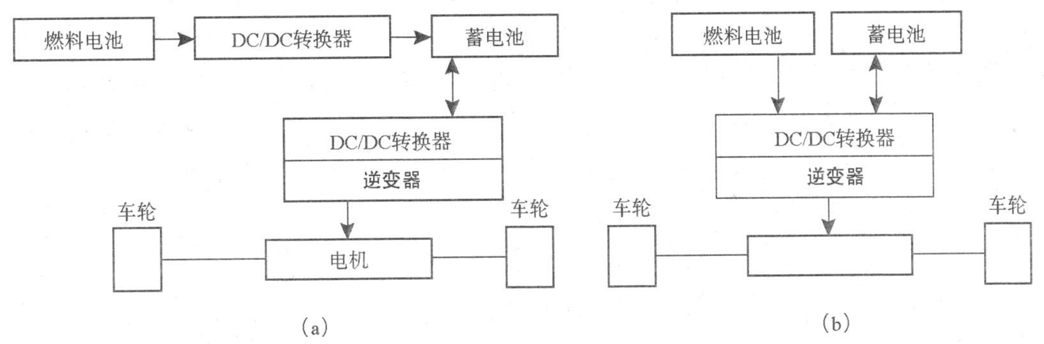

图 4–1 串联式和并联式燃料电池电动汽车动力系统示意图

1. 串联式燃料电池电动汽车

串联式燃料电池电动汽车动力系统的构成如图 4–1（a）所示，其燃料电池相当于车载发电装置，通过 DC/DC 转换器进行电压转换后对蓄电池充电，再由蓄电池向电机提供驱动车辆的全部电力。串联式燃料电池电动汽车的特点与普通的串联式混合动力电动汽车相似，其优点是可采用小功率的燃料电池，但要求蓄电池的容量和功率要足够大，且燃料电池发出的电能需要经过蓄电池的电化学转换过程，从中有能量的转换损失。目前，串联形式的燃料电池电动汽车较为少见。

2. 并联式燃料电池电动汽车

并联式燃料电池电动汽车动力系统的构成如图 4–1（b）所示，它由燃料电池和蓄电池共同向电机提供电力。根据燃料电池与蓄电池能量大小的配置不同，又可将其分为大燃料电池型和小燃料电池型两种。大燃料电池型主要由燃料电池提供电力，蓄电池的容量较小，只是在电动汽车起步、加速、爬坡等行驶工况时协助供电，并在车辆减速与制动时进行能量回收；小燃料电池型则必须采用大容量的蓄电池，由蓄电池提供主要的电力，而燃料电池只是协助供电。并联式是目前燃料电池电动汽车采用较多的形式。

（三）按提供的燃料不同分类

根据燃料电池所提供的燃料不同，燃料电池电动汽车又可分为直接燃料电池电动汽车和重整燃料电池电动汽车两大类。

1. 直接燃料电池电动汽车

直接燃料电池电动汽车的燃料主要是纯氢，也可以用甲醇等燃料。采用纯氢作燃料的燃料电池电动汽车，氢燃料的储存方式有压缩氢气、液态氢和合金（碳纳米管）吸附氢等几种。

2. 重整燃料电池电动汽车

重整燃料电池电动汽车的燃料主要有汽油、天然气、甲醇、甲烷、液化石油气等。重整燃料电池电动汽车的结构要比氢燃料电池电动汽车复杂得多。比如，甲醇重整燃料电池电动汽车需要对甲醇进行200℃左右的加热以分解出氢，汽油重整燃料电池汽车也需要对汽油进行1000℃左右的加热以分解出氢。无论采用什么燃料，重整燃料电池电动汽车都需设置重整装置，将其他燃料转化为燃料电池所需的氢。

直接以纯氢为燃料电池的电动汽车对储氢装置的要求较高。但与重整燃料电池电动汽车相比，直接燃料电池电动汽车的结构简单，质量轻，能量效率高，成本低。因此，目前的燃料电池电动汽车，采用重整技术的相对较少，大都以纯氢为车载氢源。

三、燃料电池电动汽车存在的主要问题

燃料电池电动汽车有燃油汽车无法比拟的优势，但是，由于燃料电池电动汽车的性能、成本及燃料的供给配套设施等问题还尚待解决，因此完全替代燃油汽车还尚需时日。

（一）燃料电池电动汽车的性能还有待提高

与燃油汽车相比，燃料电池电动汽车的动力性、耐久性、起动性能（起动时间及低温起动）、续驶里程等均需要提高。

燃料电池是燃料电池电动汽车的核心部件，必须要解决的问题是提高功率密度、耐久性和起动性能。

重整器是确保燃料电池电动汽车能使用纯氢以外燃料的关键部件。提高重整器的工作可靠性、循环寿命、起动性和负荷响应性以及小型化和轻量化，是重整燃料电池电动汽车必须要解决的问题。此外，开发实用型的汽油重整器具有极为重要的意义，因为当汽油重整器在燃料电池电动汽车上大规模使用时，燃料电池电动汽车燃料供给的基础设施可以与燃油汽车共用。

氢储存技术的提高是解决以纯氢为燃料的燃料电池电动汽车续驶里程问题的关键，目标是一次加氢的续驶里程能达到500 km以上。

（二）制造成本和运行成本过高

制造成本和运行成本过高是制约燃料电池电动汽车商用化的最大障碍，而燃料电池电动汽车制造成本居高不下的最主要原因就是价格昂贵的燃料电池。

在燃料电池中，无孔石墨双极板的成本（包括石墨板材料价格和加工费用）占了整个燃料电池系统成本的50%以上。无孔石墨板的优点是导电性好、质量轻、耐腐蚀，缺点是机械强度低、不易加工且难以薄片化。如今世界上正在研究改用金属板或复合板作双电

极。这不仅可以降低材料费用，而且可以减薄双极板，降低加工难度，实现大批量生产，从而较大幅度地降低燃料电池的成本，提高燃料电池的比功率。

质子交换膜的费用也较高，其成本在燃料电池系统中排第二位。目前，广泛采用的质子交换膜的工作温度极限是 85 ℃，为确保燃料电池正常工作，就必须消耗燃料电池 51% 的能量。以移走燃料电池工作所产生的热量，这就大大降低了燃料电池的比能量。提高质子交换膜材料的工作温度极限和降低膜的厚度，是提高燃料电池的比能量，降低成本的有效途径。

催化剂铂是昂贵的金属，减少其用量可有效降低燃料电池的成本。但现在的燃料电池催化剂铂的用量已减至很低的水平，因此，单纯通过减少铂的用量来降低燃料电池的成本已较困难。提高铂的回收技术或寻求铂的替代品，成了降低燃料电池成本最有效的措施。

对氢燃料电池电动汽车而言，氢气的制备、储藏和运输成本要远高于汽油和柴油，因此燃料电池电动汽车的运行成本也较高。降低氢燃料的成本或研究与开发高效的汽油重整器，也是燃料电池电动汽车能被市场接受所要努力的方向。

（三）燃料供给体系的建立尚需时日

目前，燃料电池电动汽车的燃料供给体系尚未建立，加氢站、加甲醇站等基础网络设施建设几乎为零。目前，全球范围内投入使用的加氢站仅有 100 多家，并且大都不具有商业用途。要使燃料电池电动汽车实现商用化，氢燃料的供应及燃料供给基础设施建设必须同步进行。

当大规模地使用燃料电池电动汽车时，如何较为经济地获取氢，就成了燃料电池电动汽车应用必须解决的首要问题。虽然通过重整技术可将天然气、汽油等转化为燃料电池所需的氢燃料，但是这要消耗大量的能量，且未能摆脱对有限资源的依赖，也不能完全消除对环境的污染。通过热分解或电解的方法可从水中获取氢，这虽然是一种取之不尽的制氢方法，但需要消耗较多的能源，不具备实用性。利用太阳能制氢是较有前途的制氢方法。太阳能发电后通过电解水制氢，或利用太阳能直接分解水制氢等技术均处于研究与开发之中，此外，生物制氢技术也是获取氢源的有效途径。只有到了能以太阳能或其他再生能源获取廉价氢燃料的时候，燃料电池电动汽车的燃料问题才能根本解决。

气态氢的密度很小，需要通过高压储存，而液态氢又需要低温存储。因此，氢燃料生产基地的储存设备、运输装备和充氢站等，相比于汽油和柴油的储存设备、运输装备和加油站等均要复杂得多。加氢站的技术要求和费用要比加油站高得多，这需要国家给予政策扶持。在美国及欧洲一些国家，有关加氢站建设的法规早已成型，我国也正在积极做相关的工作。

只有当燃料电池电动汽车的性能及成本能与燃油汽车相抗衡，又有完备的燃料供给体系时，燃料电池电动汽车才能真正实现商用化。

四、燃料电池汽车车型实例

（一）奔驰燃料电池汽车

2015 年东京车展上，奔驰推出了一款名为 Vision Tokyo 的燃料电池概念车，它采用氢燃料电池系统进行驱动，综合续航能力可达到 980 km，纯电的续航里程为 190 km。

外观方面，新车整体造型科幻，显示奔驰的实力（见图 4–2）。该车包围式的前风窗玻璃尺寸较大，侧面则呈现了厢式车的风格，整体造型圆润。新车的 LED 尾灯组环绕在尾窗上，非常独特。

Vision Tokyo 配备了多项科技配置，乘员可通过其鸥翼门进入车内；车内的座位布局也不是传统的样式，而是环抱式的围坐；乘员还可以利用车内的触摸屏，与车内的全息娱乐系统互动。

图 4–2　Vision Tokyo 的正面和后面

2016 年 6 月，奔驰推出了一款全新氢燃料电池概念车，该车搭载了一套结构紧凑的电池系统，由奔驰与福特联合开发。新车命名为 GLC fuel–cell，于 2017 年上市，由于该车需要加氢，所以新车前期将仅在日本和美国加州投放。奔驰 GLC fuel–cell 是第一款可外接充电的氢燃料电池车型，搭载了一套 8 kW · h 的电池组，安装在后方储氢罐上方。两个储氢罐储存的能量可提供约 451 km 的续航里程，而搭载的电池组则可以提供约 48 km 的续航里程，使总续航里程可以达到 500 km（见图 4–3）。

图 4–3　奔驰 GLC fuel–cell

（二）宝马燃料电池汽车

2015 年，宝马展示了基于宝马 i8 和 5 系 GT 车型的氢燃料电池原型车，自那以后宝马对于此种车型的研发工作从未停止过。

在动力系统方面，全新宝马 i8 搭载了高性能的混合动力系统，突出了车辆超强的动

力性能。全新宝马 i8 所使用的插入式混合动力系统由两台电动机和一台涡轮增压汽油发动机构成，最高输出功率 345 马力，最大扭矩 800 N·m。其中，1.5 L 排量三缸汽油发动机使用了燃油直喷和可变进气涡轮增压技术，将动力输出至车辆的后轮。

两台电动机将动力传递至前轮。在强劲动力的驱动下，从静止加速到 100 km/h 仅需 4.8 s，最高车速在电子装置的限制下为 250 km/h，而且百公里平均油耗仅为 3.76 L。另外，全新宝马 i8 还可以支持纯电力驱动方式，从而实现真正意义上的零排放。目前，宝马计划在 iNext 车型的基础上开发燃料电池版汽车（见图 4-4）。

图 4-4　宝马 i8 氢燃料电池汽车

（三）奥迪燃料电池汽车

奥迪曾在 2015 年斥资 1.12 亿美元购买加拿大巴拉德动力系统（Ballard Power Systems）公司研发的燃料电池技术，希望大力发展清洁能源汽车。

2016 年奥迪曾经展示过一款 h-tron quattro 的氢燃料电池概念车，概念车的续航里程为 600 km，燃料加注时间为 4 分钟。奥迪 h-tron quattro 搭载的是第五代氢燃料电池动力系统，百千米加速时间不到 7 s，极速可达 200 km/h。充气方面，新车可在 4 min 内充满氢气，燃料加满时可以拥有 600 km 的续航里程（图 4-5）。h-tron quattro 氢燃料电池概念车为全轮驱动，搭载两个电机（前置电机功率 90 kW，后置电机 140 kW），总输出功率 230 kW。奥迪 h-tron quattro 概念车配备 3 个高压气瓶储存氢气。在燃料电池中，氢气和氧气在受控制的化学反应中相互作用，生成水、热量和电能，生成的电能用于驱动电机。2018 年 6 月奥迪宣布与现代汽车合作开发燃料电池车，以实现专利共享。

图 4–5　奥迪 h–tron quattro 氢燃料电池概念车

（四）本田燃料电池汽车

本田燃料电池车首次亮相于 1999 年，到现在其燃料电池汽车的发展已经发生了很大的变化。2008 年，推出 FCX Clarity，以本田独创的燃料电池堆“VFlow FC Stack”技术为核心，燃料电池车以氢气为燃料，行驶时不排放二氧化碳，实现了燃料电池车所特有的 CO_2 零排放，被称为“终极环保车”。最大续航 372 km，并成功推向全球市场，直到 2014 年停产。本田公司新开发的 FCX Clarity 燃料电池汽车，能够在 30℃顺利启动，续驶里程达到 620 km。另外，这款车还带有 70 MPa 的高压氢气罐，在燃料耗尽后仅需 3 ～ 5 min 即可充满（图 4–6）。内饰方面，车辆内部以大尺寸的触屏式液晶显示器弱化了中控台的功能，副仪表板则采用了悬浮式的造型。此外内饰用料方面还包括了真皮座椅、木纹内饰以及金属饰条等。新车兼容苹果 Carplay 与安卓系统，匹配驾驶员辅助系统。

图 4–6　本田 Clarity 燃料电池汽车

（五）现代燃料电池汽车

韩国现代从 2002 年开始研发燃料电池汽车。2005 年采用巴拉德的电堆组装了 32 辆运动型多功能车（Sports Utility Vehicle，SUV）。2006 年推出了自主研发的第一代电堆，组装了 30 台 SUV、4 辆大客车，并进行了示范运行。2009-2012 年，开发了第二代电堆，装配了 100 台 SUV，开始在国内进行示范和测试，并对电堆性能进行改进。2012 年，推出了第三代燃料电池 SUV 和客车，开始全球示范。2013 年，韩国现代开展千辆级别的燃料电池 SUV（N 代 ix35）生产。现代 ix35 燃料电池汽车作为世界上第一款量产版的氢燃料电池汽车，它搭载了一套输出功率 100 kW 的燃料电池系统，两个储氢罐可加载共 5.64 kg 的液态氢，续航里程达 594 km，最大功率 98 kW，最大转矩 221 N·m，最高时速 160 km/h，完全能够满足日常使用的需求（见图 4-7）。

现代全新 2018 款氢燃料电池车亮相，新车续航里程约 800 千米，燃料电池能量密度比现代 ix35 氢燃料电池车高出 30%。这款车被正式命名为现代 Nexo，不过在造型上，它有着很强的现代燃油车的设计语言风格，较为圆润的车身线条以及夸张的进气格栅也让它具有很强的辨识度。在内饰部分，它采用的是全新的设计风格，双幅式方向盘简洁且很有档次感，中控台设计规整耐看。在动力部分，它在此前的燃料电池版 ix35 的基础上有了升级，在体重上它相比 ix35 燃料电池车减重了 20%，效率提高 20%、燃料电池堆功率密度增加了 30%。在参数方面电动机最大功率为 163 马力，峰值扭矩 300 N·m，0～100 km/h 加速时间为 12.5 s，最高时速 160 km/h，NEDC 工况续航里程为 500mile（见图 4-8）。

图 4-7　现代 ix35 燃料电池汽车

图 4-8　现代 Nexo 燃料电池汽车

（六）丰田燃料电池汽车

东京为了在2020年东京奥运会期间实现建立“氢能社会示范区”的目标，除准备推广6000辆燃料电池乘用车外，还逐步将东京的“都营巴士”替换为燃料电池巴士，进一步推动燃料电池巴士的应用和产业化。同时，瞄准下一代燃料电池汽车技术，启动新一轮的研发。

丰田燃料电池巴士的燃料电池系统由丰田Mirai燃料电池组改造而来，车内总共安装了10个用于储存氢燃料的高压罐，总容量600 L，共产生226 kW的功率以及670 N·m的扭矩。2017年2月，丰田已经向东京都厅交通局交付了首批燃料电池巴士，这些巴士会将被部署到2020年东京奥运会上（见图4–9）。

图4–9　丰田燃料电池（FC）巴士

燃料电池电动汽车的基本结构与工作原理

一、基本结构

燃料电池电动汽车与普通燃油汽车相比，其外形和内部空间几乎没有什么区别，不同之处在于动力系统。燃料电池电动汽车动力系统的基本组成部分有燃料电池系统、辅助蓄能装置、驱动电机及电子控制系统。图4–10所示为本田FCX燃料电池电动汽车的基本构成。

（一）燃料电池系统

燃料电池系统的核心是燃料电池堆，此外，还配备了氢气供给系统、氧气供给系统、气体加湿系统、水循环及反应物生成处理系统等，用以确保燃料电池堆正常工作。

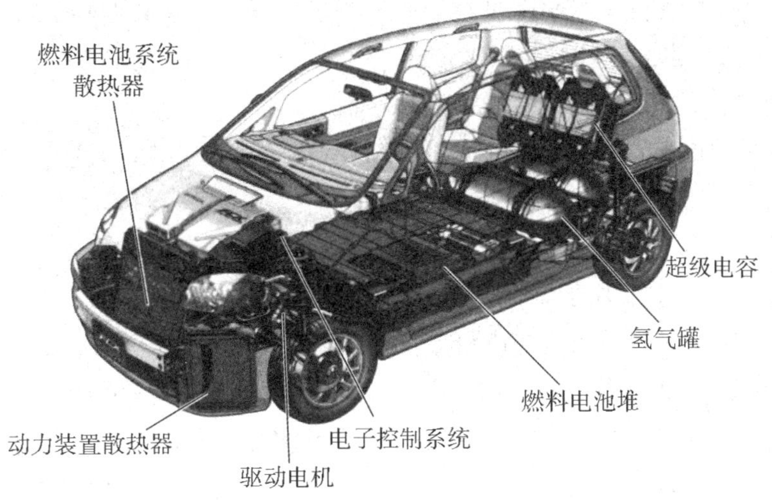

图 4–10　燃料电池电动汽车基本构成

1. 氢气供给系统

氢气供给系统的功能包括氢的储存、管理和回收。由于气态氢需要采用高压的方式储存，因此，储氢气瓶必须有较高的品质。储氢气瓶的容量决定了一次充氢的行驶里程。轿车一般采用 2 ～ 4 个高压储氢气瓶，大客车上通常采用 5 ～ 10 个高压储氢气瓶来储存所需的氢气量。

液态氢比气态氢需要更高的压力进行储存，且要保持低温，因此，在使用液态氢时对储氢气瓶的要求更高，还需要有较复杂的低温保温装置。

不同的储氢压力，需要采用相应的减压阀、调压阀、安全阀、压力表、流量表、热量交换器、传感器及管路等组成氢气供给系统。在从燃料电池堆排出的水中，含有少量的氢，可通过氢气循环器将其回收。

2. 氧气供给系统

氧气有纯氧和空气两种供给方式。当以纯氧的方式供给时，需要用氧气罐；当从空气中获得氧气时，需要用压缩机来提高压力，以确保供氧量，增加燃料电池反应的速度。空气供给系统除了需要有体积小、效率高的空气压缩机外，还需配备相应的空气阀、压力表、流量表及管路，并对空气进行加湿处理，以确保空气具有一定的湿度。

3. 水循环系统

在燃料电池反应过程中，会产生水和热量，需要通过水循环系统中的凝缩器加以冷凝并进行气水分离处理，部分水可用于反应气体的加湿。水循环系统还用于燃料电池的冷却，以使燃料电池保持在正常的工作温度。

（二）辅助蓄能装置

混合式燃料电池电动汽车还配备辅助蓄能装置。辅助蓄能装置可采用蓄电池、超级电容和飞轮电池中的一种，组成双电源的混合动力系统，或采用蓄电池 + 超级电容、蓄电池 + 飞轮电池，与燃料电池组成的三电源系统。

燃料电池电动汽车配备辅助蓄能装置的作用是：

（1）在燃料电池电动汽车起动时，由辅助蓄能装置提供电能，带动燃料电池起动或带动车辆起步。

（2）在燃料电池电动汽车运行过程中，当燃料电池输出的电能大于车辆驱动所需的能量时，辅助蓄能装置可用于储存燃料电池剩余的电能。

（3）在燃料电池电动汽车加速和爬坡时，辅助蓄能装置可协助供电，以弥补燃料电池输出功率的不足，使电机获得足够的电能，产生满足车辆加速和爬坡所需的电磁转矩。

（4）向车辆的各种电子设备、电器提供工作所需的电能。

（5）在车辆制动时，将驱动电机转换为发电机工作状态，将车辆的动能转换为电能，并向辅助蓄能装置充电，以实现车辆制动时的能量回收。

（三）驱动电机

驱动电机用于将电源所提供的电能转换为电磁转矩，并通过传动装置驱动车辆行驶。与纯电动汽车和混合动力电动汽车一样，燃料电池电动汽车用驱动电机也可采用直流有刷电机、交流异步电机、交流同步电机、永磁无刷直流电机和开关磁阻电机等。

不同类型的电机具有不同的性能特点，燃料电池电动汽车通常是结合整车的开发目标，综合考虑各种电机的结构与性能特点以及电机的驱动控制方式及控制器结构特点等，选择适宜的驱动电机。

（四）电子控制系统

直接燃料电池电动汽车的电子控制系统包括燃料电池系统控制、DC/DC 转换器控制、辅助储能装置能量管理、电机驱动控制及整车协调控制等控制功能，各控制功能模块通过总线连接，如图 4–11 所示。

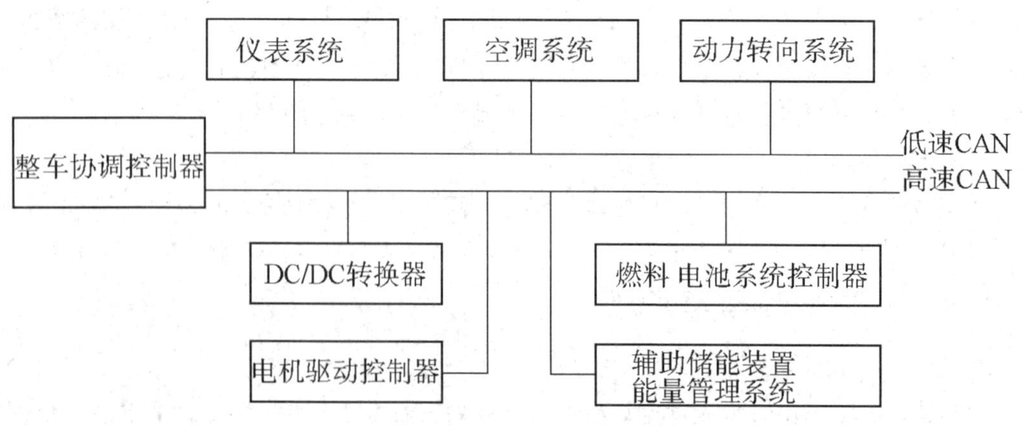

图 4–11　燃料电池电动汽车电子控制系统构成

1. 燃料电池系统控制

燃料电池系统控制器用来控制燃料电池的燃料供给与循环系统、氧化剂供给系统、水/热管理系统，并协调各系统工作，以使燃料电池系统能持续向外供电。

2. DC/DC 转换器控制

DC/DC 转换器用于改变燃料电池的直流电压，由电子控制器控制。电子控制器的作用是通过调节 DC/DC 转换器的输出电压，将燃料电池堆较低的电压上升至电机所需的电压。DC/DC 转换器的作用不仅仅是升压和稳压，在工作时，通过控制器的实时调节，可使其输出电压与蓄电池的电压相匹配，协调燃料电池和蓄电池负荷，起限制燃料电池最大输出电流和最大功率的作用，以避免燃料电池因过载而损坏。

3. 辅助蓄能装置能量管理

辅助蓄能装置能量管理系统对蓄电池的充电、放电、存电状态等进行监控，使辅助蓄能装置能正常地起作用，实现车辆在起动、加速、爬坡等工况下的协助供电，并在车辆运行时储存燃料电池富余电能，实现汽车制动时的能量回馈。蓄电池能量管理系统通过对蓄电池电压、电流、温度等参数的监测，还可实现蓄电池的过充电、过放电控制，进行蓄电池荷电状态的估计与显示。

4. 电机驱动控制

电机的类型不同，其控制系统的电路结构和工作原理也有所不同。总体上，电机驱动控制系统的主要控制功能有：电机的转速与转矩调节、电机工作模式控制（设有制动能量回馈的电动汽车）、电机过载保护控制等。

5. 整车协调控制

整车协调控制系统基于设定的控制策略对各控制功能模块进行协调控制。一方面，控制器根据加速踏板传感器、制动踏板传感器、挡位开关送入的电信号判断驾驶人的驾车意图，并输出控制信号，通过相关的控制功能模块实现车辆的行驶工况控制；另一方面，控制器根据相关传感器和开关输入的电信号，获取车速、电机转速、是否制动、蓄电池和燃料电池的电压和电流等信息，判断车辆的实际行驶工况和动力系统的状况，并按设定的多电源控制策略输出相应的控制信号，通过相应的功能模块实现能量分配调节控制。此外，整车协调控制还包括整车故障自诊断功能。

二、工作原理

燃料电池汽车的工作原理是，作为燃料的氢在汽车搭载的燃料电池中，与大气中的氧气发生氧化还原化学反应，产生出电能来带动电机工作，再由电机带动汽车中的机械传动结构，进而带动汽车的前桥（或后桥）等行走机构工作，从而驱动电动汽车前进。

燃料电池汽车的核心部件燃料电池，通过氢气和氧气的化学作用，而不是经过燃烧，直接变成电能动力。燃料电池的反应结果会产生极少的二氧化碳和氮氧化物，副产品主要产生水，因此被称为绿色新型环保汽车。图 4–12 所示为氢燃料电池原理。

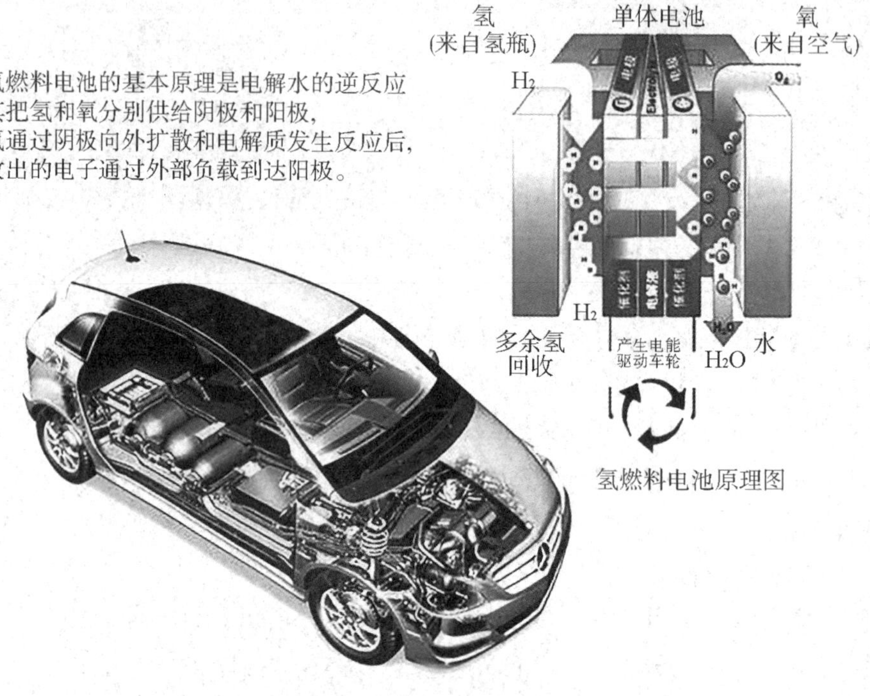

图 4–12　氢燃料电池原理图

燃料电池电动汽车的性能与关键技术

任务三

对于燃料电池电动汽车而言，最被关注的性能指标主要有续驶里程、最高车速、最大爬坡度、最大转矩及最大功率等。这些性能指标的高低，除了与燃料电池的性能这一关键因素有关外，还与车载储氢技术、辅助蓄能装置、电机及其控制技术、动力系统的构造与整车的布置、整车的控制技术等密切相关。

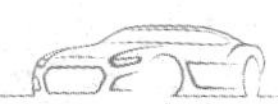

一、燃料电池电动汽车的主要性能

目前，燃料电池电动汽车的部分性能指标还不如普通燃油汽车。表 4-2 列出了典型燃料电池电动汽车的性能指标，可大体了解燃料电池电动汽车的性能状况。

表 4-2　典型燃料电池电动汽车的佳能指标

车辆名称		丰田 FCHV	本田 FCX	FCHV-BUS2
长 /mm × 宽 /mm × 高 /mm		4735 × 1815 × 1685	4165 × 1760 × 1645	10515 × 2490 × 3360
车辆质量 /kg		1860	1680	—
乘坐人数 / 人		5	4	60
续驶里程 /km		300	355	250
最高车速 /（km/h）		155	150	80
燃料电池	种类	PEMFC	PEMFC	PEMFC
	功率 /kW	90	78	90 × 2
电机	种类	永磁同步电机	永磁同步电机	永磁同步电机
	最大转矩 /（N · m）	260	272	—
	最大功率 /kW	80	60	80 × 2
燃料	种类	纯氢	纯氢	纯氢
	储存方式	压缩氢气	压缩氢气	压缩氢气
	储气压力 /MPa	35	34.4	35
辅助蓄能装置		镍氢电池	超级电容	镍氢电池

纵观全球，主要汽车公司大都已经完成了燃料电池汽车的基本性能研发阶段，解决了若干关键技术问题，整车性能、可靠性、寿命和环境适应性等各方面均已达到和传统汽车相媲美的水平。随着发达国家燃料电池汽车技术趋于成熟，提高功率密度、低温冷启动等问题已经基本解决，研究重点逐渐转移到延长燃料电池寿命、降低燃料电池系统成本以及大规模建设加氢基础设施、商业化推广上。

二、燃料电池电动汽车的关键技术

（一）整车系统优化技术

在充分考虑各影响因素的基础上，对整车系统进行优化，可以改进燃料电池电动汽车性能和降低整车的设计与制造成本。

整体化设计理念中，材料的轻量化和空气动力学的充分利用被放在了最重要的位置。

汽车在行驶过程中大部分的能量都通过热量的损失、滚动阻力、空气阻力及控制系统的低效率等被消耗掉。在整体化设计过程中，强调质量的减轻，即轻量化的车身需要更轻的底盘组件和更小的动力总成，而此组件的相互联系和组合小，但可以减小体积和减轻质量，甚至可以摒弃原先组件，进一步减轻系统的质量。

（二）燃料电池技术

燃料电池技术是燃料电池电动汽车最关键的技术之一。燃料电池电堆的净输出功率、耐久性、低温起动性及成本等，直接影响燃料电池电动汽车的性能和发展。目前，降低燃料电池成本是燃料电池电动汽车研究的最重要目标，而控制燃料电池成本最有效的手段则是减少燃料电池材料（电催化剂、电解质膜及双电极等）的成本，降低加工（膜电极制作、双电极加工和系统装配等）费用。在降低燃料电池成本的同时，进一步提高燃料电池的性能，是目前燃料电池电动汽车技术研究的重点。

由于利用再生能源，氢燃料电池汽车在整个燃料生产、供应环节，总体上排放的二氧化碳要少得多，环保效果显著。氢燃料电池汽车的基本原理是电解水的逆反应，把氢和氧分别供给阴极和阳极，氢通过阴极向外扩散和电解质发生反应后，放出电子通过外部的负载到达阳极。直接将化学能转换为电能，效率可以至少高达 50% 以上，无燃烧，不排放有害尾气，而是只排放水。尽管现在氢燃料主要是从天然气中获得，但是未来可以利用可再生的生物质或者水电、太阳能、风能、地热能等再生能源制取氢燃料。

以氢为燃料的燃料电池发电系统包括氢气供应、管理和回收系统、氧气供应和管理系统、水循环系统、电力管理系统等，如图 4–13 所示。

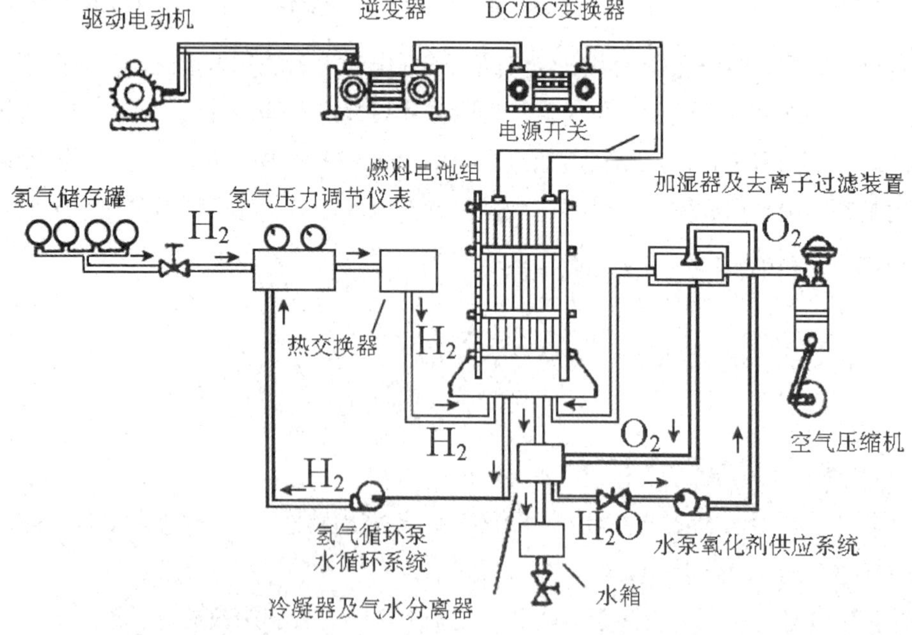

图 4–13　以氢为燃料的燃料电池发电系统

1. 氢气供应、管理和回收系统

气态氢的储存装置通常用高压储气瓶来装载，对高压储气瓶的品质要求很高，为保证燃料电池电动汽车一次充气有足够的行驶里程，就需要多个高压储气瓶来储存气态氢气。一般轿车需要 2 ～ 4 个高压储气瓶，大客车上需要 5 ～ 10 个高压储气瓶。液态氢气虽然比能量高于气态氢，由于液态氢气是处于高压状态，不但需要用高压储气瓶储存，还要用低温保温装置来保持低温，低温的保温装置是一套复杂的系统。

在使用不同压力的氢气（高压气态氢气和高压低温液态氢气）时，就需要用不同的氢气储存容器，不同的减压阀、调压阀、安全阀、压力表、流量表、热量交换器和传感器等来进行控制，并对各种管道、阀和仪表等的接头采取严格的防泄漏措施。从燃料电池中排出的水，含有未发生反应的少量的氢气。正常情况下，从燃料电池排出的少量的氢气应低于 1%，应用氢气循环泵将这少量的氢气回收。

2. 氧气供应和管理系统

氧气的来源有从空气中获取氧气或从氧气罐中获取氧气两种。空气需要用压缩机来提高压力，以增加燃料电池反应的速度。在燃料电池系统中，配套压缩机的性能有特定的要求，压缩机质量和体积会增加燃料电池发电系统的质量、体积和成本，压缩机所消耗的功率会使燃料电池的效率降低。空气供应系统的各种阀、压力表、流量表等的接头要采取防泄漏措施。在空气供应系统中还要对空气进行加湿处理，保证空气有一定的湿度。

3. 水循环系统

燃料电池发电系统在反应过程中将产生水和热量，在水循环系统中用冷凝器、气水分离器和水泵等对反应生成的水和热量进行处理，其中一部分水可以用于空气的加湿。另外还需要装置一套冷却系统，以保证燃料电池的正常运作。

燃料电池（FC）是以燃料的电化学反应发电，只要不断提供燃料就可以不断发电，燃料电池的工作温度一般在 60 ～ 100 ℃之间（燃料电池组的出口温度约为 80 ℃），其排热方式一般有：电池组本体外部冷却法，冷却剂通过电池组内部管道进行循环，电极气体通过外部冷却器进行循环，电解液通过外部冷却器循环等方法。电动机和控制器的允许冷却液温度为 55 ～ 60 ℃，这和燃料电池的最佳工作温度相差较大，不能将电动机、电动机控制器和燃料电池串联，须设有专门的冷却装置。故整车一般采用高低温两套冷却循环回路：一套称为高温回路，采用燃料电池串联汽车空调的加热器和散热器，加热器在冬季用来为暖风供热，散热器用来冷却电池组。另一套为低温回路，用来冷却电动机和控制器。燃料电池的冷却介质为无离子水，这是由电池本身决定的，因此要有去离子装置。由于冷却水温度在 100 ℃以下，与外界的温差小，导致燃料电池电动汽车用的散热器体积大。

4. 电力管理系统

燃料电池所产生的是直流电，需要经过 DC/DC 变换器进行调压，在采用交流电动机的驱动系统中，还需要用逆变器将直流电转换为三相交流电。以氢气为燃料的燃料电池发电系统的各种外围装置的体积和质量占系统总体积和质量的 1/3 ～ 1/2。

（三）驱动电机技术

目前，燃料电池电动汽车上使用较多的主要是永磁无刷直流电动机、交流异步电动机、交流同步电动机及开关磁阻电动机等。直流电动机驱动系统易于控制，但结构复杂，其高速性能和可靠性受换向器和电刷的影响较大，目前在燃料电池汽车上的应用已逐步减少；交流电动机坚固耐用、结构简单，尤其适合恶劣的工作环境；永磁电动机驱动系统，因不需要励磁，故功率因数大，电动机具有较高的功率密度和效率；开关磁阻电动机驱动系统是基于“磁阻最小原理”设计的一种新型电动机，具有结构简单、可靠性高、控制简便及功率 / 转矩特性优越的特点。

研究与开发出功率更大、更加高效且体积小、质量轻的电动机，并配以更加先进可靠的电动机控制技术，也是燃料电池电动汽车发展所要解决的关键技术之一。

（四）电子控制技术

与传统汽车相同，电子控制在燃料电池汽车的发展中也将起着越来越重要的作用：汽车的各种操纵系统都会向着电子化和电动化的方向发展，实现“线操控”即用导线代替机械传动机构，如“导线制动”和“导线转向”等。

现有的 12 V 动力电源已满足不了汽车上所有电气系统的需要，而 42 V 汽车电气系统新标准的实施，将会使汽车电器零部件的设计和结构发生重大的变革；同时，机械式继电器和熔丝式保护电路也将随之淘汰。大多数电器和电机难以适应其电压特性，所以必须与 DC/DC 变换器和 DC/AC 逆变器配合使用，需要对燃料电池系统进行大量的功率调节以保证电压的稳定。

（五）功率跟随控制策略

对整个动力系统的合理控制需要在满足动力性的条件下尽可能提高其经济性。从能量供给角度考虑，满足动力性要求就必须及时提供电动机所需的功率，当汽车突然加速时，由于燃料电池发动机响应较慢，动力蓄电池组应提供瞬时的峰值放电功率。满足经济性要求则要求应能充分吸收电动机回馈制动时的功率，由于汽车的紧急制动过程在几秒之内，因此动力蓄电池组应有吸收瞬时峰值充电功率的能力。燃料电池汽车系统控制策略按工作点控制方式可分以下三类：

1. 最优工作点控制策略

最优工作点控制又称为发动机最佳燃油消耗点控制或 Thermostat 控制，将动力电池组能量状态 SOC 值作为发动机工作状态的开关模式，发动机工作点为预先设定的最佳燃油消耗点。无论车辆行驶负载和电池组 SOC 如何变化，只要发动机启动，就始终工作在最佳燃油消耗点。

电池组 SOC 实时状态为发动机最优工作点控制策略的逻辑参量，控制逻辑为：当电池组当前的 SOC 值低于预先设定的最低阈值时，启动发动机；发动机启动后连续工作，为动力电池组充电，直到电池 SOC 达到预先设定的最高阈值，或行驶到低排放或零排放区域时，发动机被强制关闭。

该控制策略为单参数控制策略，控制简单，但由于发动机的输出功率大部分用于为电池组充电，系统能量利用效率较低，故主要用在串联混合动力汽车控制中。另外，由于受电池组充电条件约束，发动机的功率不能设计得太高，否则，一方面，难以及时补充车载电池组的能量（通常用于能量衰减型的混合动力车辆）；另一方面，也提高了对车载电池组功率输出和功率均衡能力的要求，必须附加如超级电容器、飞轮电池等高功率储能元件。

2. 最低燃油消耗率曲线策略

在发动机的特性图中，不同发动机转速下都对应一个最低油耗点，不同的最低油耗点形成一条最低燃油消耗曲线。在最低燃油消耗率曲线控制策略中，发动机按照车辆行驶的功率需求水平，以最低燃油消耗率曲线上的点工作，并维持动力电池的 SOC 状态在正常的水平，以满足汽车起步、加速等工况对电池动力的需求。

控制逻辑为：当电池 SOC 低于预先设定值，或电池组输出功率不足以满足车辆行驶要求时，发动机开始工作，车辆以电池组充电模式工作；发动机启动之后连续工作，直到电池组 SOC 达到预先设定的上限值，或行驶在低排放或零排放要求的驾驶循环区域，强制关闭发动机。

该控制策略基于外界负载功率、附件功率和动力电池的 SOC。发动机输出功率用来跟踪路面负载，不仅提高了系统能量利用效率，而且降低了对电池组功率均衡的要求；电池组参与工作的时间比例减少，强度降低，延长了电池组的循环寿命，因此，可以选择较小功率的电池。为避免发动机频繁开关带来的排放和能耗的增加，需要限制发动机的开关频次，设置最小的发动机开启时间。

在驾驶循环过程中，实时检测和预测汽车的需求功率是一个复杂的问题，这就导致了发动机工作点控制策略决策困难。

3. 最佳系统效率控制策略

最佳系统效率控制策略以系统整体功率需求作为考虑对象，兼顾电池组、电机及其控制系统工作特性，以系统效率最佳为控制目标，具体的控制方式为：根据加速踏板位置，把汽车行驶功率需求分为高负荷区、中负荷区和低负荷区。在低负荷区，发动机以满足电池组充电功率需求的功率点工作或关闭，而在高、中负荷区，分别以预先设定的工作点工作，并具有一定的富裕功率为电池组充电。当踩下制动踏板时，发动机处于怠速或关闭状态，电机回收再生制动能量并为电池组充电。

控制模型如下：

（1）电池 SOC 低于预先设定值时，发动机开始工作，发动机工作点由加速踏板开度和电池组当前的荷电状态 SOC 共同决定。电机的控制器的输入命令与加速踏板开度成一定函数关系，即在给定电动机扭矩输出的条件下，结合电动机实际工作转速，得到车辆需求功率。具体的控制规则如图 4-14 所示。

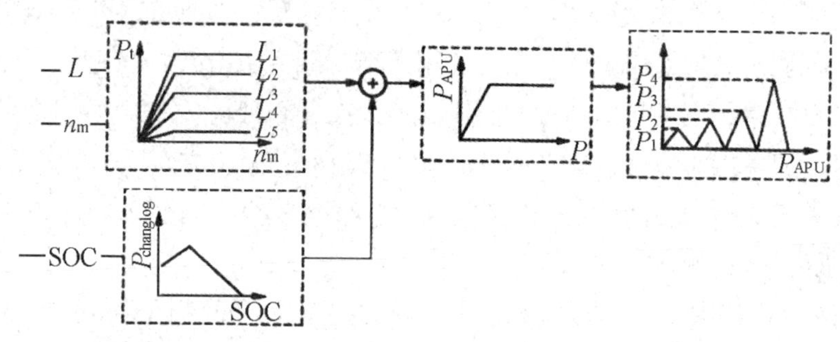

图 4-14　最佳系统效率控制规则

（2）发动机启动之后持续工作，为电池组充电，直到电池 SOC 达到设定的阈值上限。当进入低排放工况区域时，关闭发动机。

燃料电池与车载储氢

任务四

燃料电池电动汽车 FCEV（Fuel Cell Electrical Vehicle），燃料电池的种类繁多，如氢燃料电池、甲醇燃料电池、生物燃料电池等，其主要原理是将燃料及氧化剂中的化学能转换成电能供电动机使用来驱动车辆。

1839 年威廉·格鲁夫（W.Grove）发明燃料电池。燃料电池由于具有能量转换效率高、对环境污染小等优点，受到世界各国的普遍关注。

一、燃料电池的工作原理

燃料电池实质上是电化学反应发生器，其反应机理是将燃料中的化学能不经燃烧而直接转化为电能。氢氧燃料电池实际上就是一个电解水的逆过程，通过氢氧的化学反应生成水并释放电能，氢气和氧气分别是反应过程中的燃料和氧化剂。

如图 4-15 所示，燃料电池通常由三部分组成，即正极（A）、负极（C）和电解质（E）。

正极（燃料电极）为燃料和电解液提供了一个接触面，在催化剂作用下发生氧化反应并输出电子到外电路。另一方面，负极（氧气电极）为氧气和电解质提供了一个接触面，在催化剂作用下发生还原反应并从外电路接受电子。在正极和负极之间，电解质用于传递燃料反应的离子，并和氧气电极反应，而且还用于传递电子。

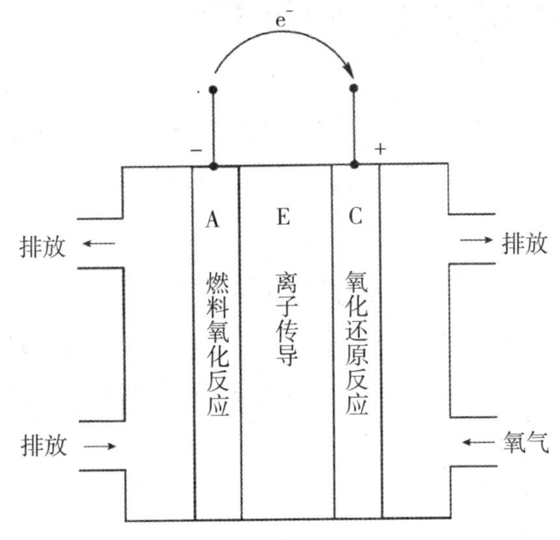

图 4–15　燃料电池的基本工作原理

氢气具有比任何燃料都高的单位比能量，是燃料电池理想的无污染燃料，而且燃料电池的反应生成物为纯净的水，其反应方程式为：

$$2H_2+O_2 \rightarrow 2H_2O$$

氢气不是初级燃料，通常需要从初级燃料比如碳氢化合物（$CH_4 \sim C_{10}H_{22}$）、甲醇和煤等，通过处理提取得到。

二、燃料电池的分类

由于燃料电池是一个多变量系统，如燃料类型、电解质类型、燃料供给方式和工作温度等，所以燃料电池具有多种归类方法。

（一）按照工作温度分

可以分为高、中及低温型三类。工作温度低于 100 ℃为低温型；工作温度在 100 ～ 300 ℃之间为中温型；工作温度高于 500 ℃为高温型。

（二）按燃料类型分

有氢气、甲醇、甲烷、乙烷、甲苯、丁烯、丁烷等有机燃料，汽油、柴油和天然气等气体燃料，有机燃料和气体燃料必须经过重整器“重整”为氢气后，才能成为燃料电池的燃料。

（三）按照燃料电池电解质类型进行分

一般分为碱性燃料电池（AFC）、磷酸燃料电池（PAFC）、熔融碳酸盐燃料电池（MCFC）、固体氧化物燃料电池（SOFC）、质子交换膜燃料电池（PEMFC）等。

三、质子交换膜燃料电池

现代燃料电池汽车上，主要装用燃料电池发动机来提供电能，燃料电池发动机以氢气为燃料，由单体燃料电池组成燃料电池组（堆），以及气体供应系统、循环水系统，电能管理系统等辅助装备共同组成。

（一）质子交换膜燃料电池的基本性能

质子交换膜燃料电池

质子交换膜燃料电池 PEMFC（Proton Exchange Membrane Fuel Cell）又名固体高聚合物电解质燃料电池 SPEC，质子交换膜燃料电池的燃料有：压缩氢气、液化氢、储氢合金储存的氢气、羯甲醇改质产生的氢气、用汽油改质产生的氢气等。氧化物有：氧化剂和空气。工作温度一般在 80 ℃左右，当温度在 80 ℃左右时易于快速起动，电池能够在 -20 ℃时起动。

质子交换膜燃料电池的能量转换效率理论上可达到 70% ～ 80%，现在各国研发的质子交换膜燃料电池实际能量转换效率已达到 50% ～ 60%，质子交换膜燃料电池用可传导质子的聚合膜作为电解质，这种聚合膜具有选择透过 H^+ 离子的功能，是质子交换膜燃料电池的关键技术。

质子交换膜燃料电池比能量可达到 200 W·h/kg 左右，燃料电池采用氢气作为燃料电池燃料时，质量比功率不小于 150 W/kg。采用甲醇改质的氢气作为燃料时，质量比功率不小于 100 W/kg。当前研发的燃料电池汽车，对质子交换膜燃料组（堆）的电压要求达到 350 ～ 400 V、功率达到 30 ～ 200 kW。

质子交换膜燃料电池可以连续不断地工作，并适合部分负荷和满负荷输出特性的要求。可以得到发动机汽车相同的续驶里程、灵活性和机动性。这些优越的性能为其在燃料电池汽车上使用带来了很大便利，质子变换膜燃料电池是“电动汽车”较理想的一种车载发电电源。

质子交换膜燃料电池的基本单位为单体质子交换膜燃料电池，再由多个单体质子交换膜燃料电池组成质子交换膜燃料电池组（堆），在质子交换膜燃料电池组（堆）上装备压缩机、加湿器等部件的管理系统，共同组成燃料电池发动机（发电机）。

（二）单体质子交换膜燃料电池

1. 单体质子交换膜电池的构造

单体质子交换膜燃料电池关键部件包括：阴极（氢燃料极）、阳极（氧化极）、质子

交换膜和催化剂等。它们的结构形式和理化特性，是决定质子交换膜燃料电池性能的重要因素，单体质子交换膜燃料电池的构造如图 4–16 所示。

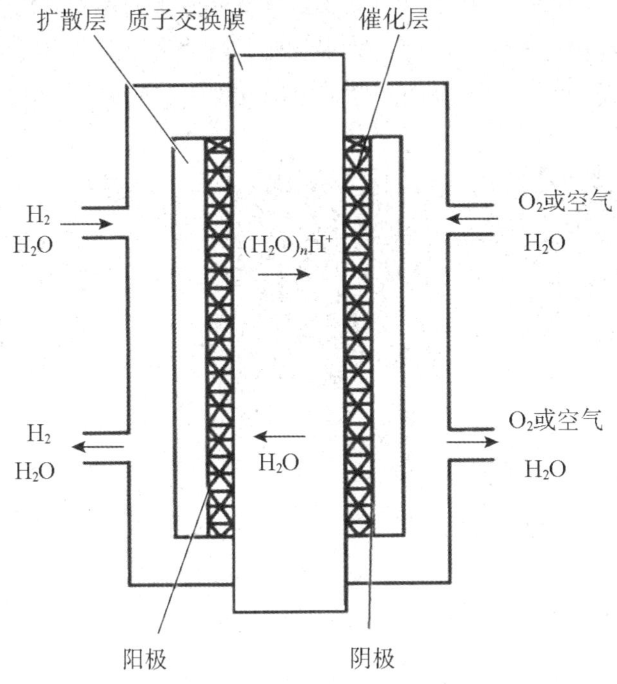

图 4–16　单体质子交换膜燃料电池的结构示意图

2. 单体质子交换膜燃料电池的工作原理

如图 4–17 所示，质子交换膜燃料电池的工作原理如下：

正极　　$H_2 \rightarrow 2H^{+}+2e^{-}+$（电能）

负极　　$1/2O_2+2H^{+}+2e^{-} \rightarrow H_2O^{+}$（热量）

总的反应　　$H_2+1/2O_2 \rightarrow H_2O$

质子交换膜燃料电池中氢离子 H^+ 从负极以“水合物”作为载体向正极移动。因此，在质子交换膜燃料电池的正负极间，必须保持有 400 mmHg 压力的水气。在工作过程中要不断地补充水分，使得燃料气体流和氧化剂（空气等）气体流保持一定的“湿润”状态。在氢离子 H^+ 流过质子交换膜时，将水分附着在质子交换膜上，保持质子交换膜处于湿润状态，来防止质子交换膜脱水，质子交换膜脱水时会使得燃料电池的内阻大幅上升。

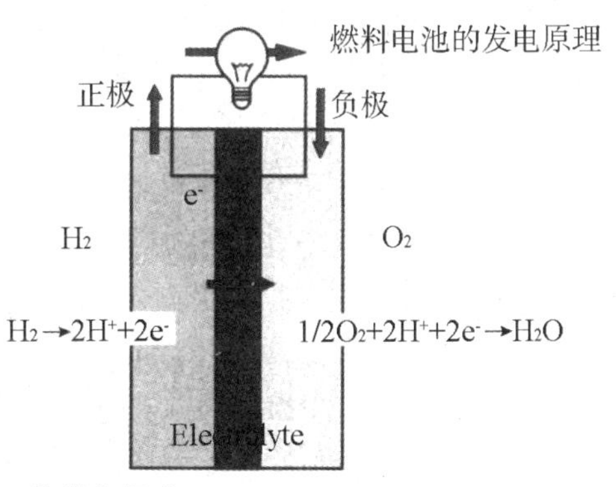

图 4–17　单体质子交换膜燃料电池基本原理

（三）燃料电池组（堆）

1. 燃料电池组（堆）的构造

燃料电池组（堆）（Fuel Cell Stack）是用多个单体质子交换膜燃料电池串联组成，单体质子交换膜燃料电池的电压约 0.7 ～ 1 V，串联成燃料电池组的总电压达到 250 ～ 500 V，以保证燃料电池汽车驱动电机所需要的工作电压和电流（见图 4-18）。

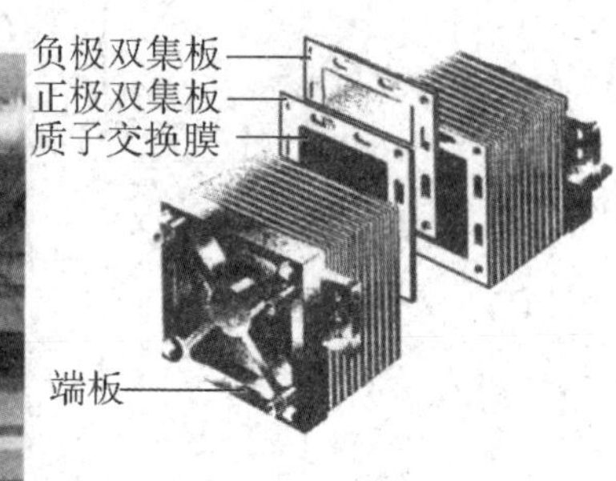

图 4-18　质子交换膜燃料电池组（堆）

2. 燃料电池组整体组装的要求

（1）使反应气体均匀分布：氢气、氧化剂的流场设计，要求能够均匀通过每一个单元燃料电池中的流场表面，进入燃料电池组中反应气体受到的阻力要小，保证各个单元燃料电池的电压一致性。

（2）控制每一个燃料电池单元之间反应气体相互隔离，不发生泄漏。

（3）冷却水在流场表面流场流过时，要求冷却均匀，不会因温度不均匀使局部过热。

3. 燃料电池组的电路连接方式

多个单体燃料电池串联的燃料电池组中，每个单体燃料电池的负极板与相邻的单体燃料电池的正极板串联，电流在整个燃料电池组表面流过形成串联组合，然后由两端的单体电池的电极输出总的电压和电流。要求降低燃料电池组的内阻，并避免发生短路。

4. 燃料电池组的密封性

在模压成整体的质子交换膜燃料电池组中，各个单体电池之间的密封性要求很高，密封性不良的质子交换膜燃料电池会因为氢气泄漏，而降低氢气的利用率，并使质子交换膜燃料电池的效率降低。

四、车载储氢

（一）车载储氢装置

目前，燃料电池电动汽车大都以纯氢为燃料。车载储氢装置对燃料电池电动汽车的动力性及续驶里程影响很大。如前所述，常见的车载储氢装置有高压储氢瓶、低温液氢瓶及

金属氢化物储氢装置三种。除液态储氢方式外，目前的车载储氢装置的质量储氢密度和体积储氢密度均较低，而液态储氢需要很低的温度条件，其成本和能耗都很高。如何有效地提高体积储氢密度和质量储氢密度，是车载储氢装置研究的重点。

储氢气瓶采用质量轻、机械强度大的材料，通过减小储氢气瓶的质量和提高储氢压力来提高储氢装置的体积储氢密度和质量储氢密度，这是通常的研究方案。另一个比较理想的方案是，采用储氢材料与高压储氢复合的车载储氢新模式，即在高压储氢容器中装填质量较轻的储氢材料。这种储氢装置与纯高压储氢方式（大于 40 MPa）相比，既可以降低储氢压力（约 10 MPa），又可以提高储氢的能力。复合式储氢装置的技术难点是如何开发吸氢和放氢性能好、成形加工工艺好、质量轻的储氢材料。

（二）车载储氢技术

储氢技术是氢能利用走向规模化应用的关键，见表 4–3。

表 4–3 车载储氢的技术类型

车载储氢技术类型	优点	缺点
高压气态储氢	技术成熟	体积比容量小
	成本低	存有泄露、爆炸的安全隐患
	充放氢速度快	
低温液态储氢	体积储氢密度高	制造难度大，成本高昂
	液态氢纯度高	易挥发，运行过程中安全隐患
固体储氢	安全、操作易实现	抗杂质气体能力差
	体积储氢密度高	放氢率较低，需适当加热
	不需要高压容器	
有机液体储氢	储氢密度高	要求催化加氢和脱氢的装置配置较高
	储存、运输、维护方便	脱氢反应效率较低
	可多次循环使用	反应能量需要燃烧少量有机化合物

（三）车载储氢的方式

随着氢燃料电池车的发展，氢被视为连接化石能源和可再生能源的重要桥梁。氢能具有储量丰富、来源广泛、能量密度高、可循环利用、温室气体及污染物零排放等特点，是公认的清洁能源，有助于解决能源危机、环境污染及全球变暖等问题。

氢在常温常压下为气态，密度仅为空气的 7.14%，因此氢的储存是关键。基于氢燃料电池车必须满足高效、安全、低成本等要求，车载储氢技术的改进是氢燃料电池车发展的重中之重。目前，氢燃料电池车车载储氢技术主要包括高压气态储氢、低温液态储氢、高压低温液态储氢、金属氢化物储氢及有机液体储氢等。衡量储氢技术的性能参数有体积储氢密度、质量储氢密度、充放氢速率、充放氢的可逆性、循环使用寿命及安全性等，其中质量储氢密度、体积储氢密度及操作温度是主要评价指标。

为了达到并超过柴汽油车的性能参数，众多研究机构和部门对车载储氢技术提出了新标准，其中美国能源部（Department of Energy，DOE）公布的标准最具权威性。DOE 先后提出车载储氢技术研发目标，其终极目标必须达到质量储氢密度为 7.5%，体积能量密度为 70 $g \cdot L^{-1}$，操作温度为 40 ～ 60 ℃。根据 DOE 燃料电池车载储氢系统相关要求，对储氢技术的研究现状、特点以及存在的问题进行了分析，并进一步展望了未来发展的方向。

1. 车载储氢方式

（1）高压气态储氢

在车载储氢中，增加内压、减小罐体质量、提高储氢容量是储氢容器的发展方向。高压气态储氢是一种最常见、最广泛应用的储氢方式：利用气瓶作为储存容器，通过高压压缩方式储存气态氢。目前，高压气态储氢容器主要分为纯钢制金属瓶（Ⅰ型）、钢制内胆纤维缠绕瓶（Ⅱ型）、铝内胆纤维缠绕瓶（Ⅲ型）及塑料内胆纤维缠绕瓶（Ⅳ型）4 个类型。由于高压气态储氢容器Ⅰ型、Ⅱ型储氢密度低、氢脆问题严重，难以满足车载储氢密度要求；而Ⅲ型、Ⅳ型瓶由内胆、碳纤维强化树脂层及玻璃纤维强化树脂层组成，明显减少了气瓶质量，提高了单位质量储氢密度。因此，车载储氢瓶大多使用Ⅲ型、Ⅳ型两种容器。

Ⅲ型瓶以锻压铝合金为内胆，外面包覆碳纤维，使用压力主要有 35 MPa、70 MPa 两种。中国车载储氢中主要使用 35 MPa 的Ⅲ型瓶，70 MPa 瓶也已研发成功并小范围应用。

2010 年，浙江大学成功研制 70 MPa 轻质铝内胆纤维缠绕储氢瓶，解决了高抗疲劳性能的缠绕线形匹配、超薄（0.5 mm）铝内胆成型等关键技术，其单位质量储氢密度达 5.7%，实现了铝内胆纤维缠绕储氢瓶的轻量化。目前，中国 70 MPa 瓶Ⅲ型的使用标准 GBT35544—2017《车用压缩氢气铝内胆碳纤维全缠绕气瓶》已经颁布，并开始在轿车中小范围应用。

Ⅳ型瓶是轻质高压储氢容器的另一个发展方向，美国 Quantum 公司、Hexagon Lincoln 公司、通用汽车公司、丰田汽车公司等国外多家知名企业，已成功研制多种规格的纤维全缠绕高压储氢气瓶，其高压储氢瓶设计制造技术已处于世界领先水平。其中，丰田汽车 Mirai 的高压储气瓶即采用Ⅳ型瓶，其由 3 层结构组成：内层为高密度聚合物，中层为耐压的碳纤维缠绕层，表层则是保护气瓶和碳纤维树脂表面的玻璃纤维强化树脂层。Ⅳ型瓶的使用压力为 70 MPa，质量储存密度为 5.7%。图 4-19 所示为Ⅳ型瓶是轻质高压储氢瓶模型。

高压气态储氢以气瓶为储存容器，其优点是成本低、能耗少，可以通过减压阀调节氢气释放速度，充气、放气速度快，动态响应好，能在瞬间开关氢气，满足氢燃料电池车车用要求。同时，其工作温度范围较宽，可在常温和零下几十度的低温环境下正常工作。高压气态储氢是目前较为成熟的车载储氢技术，但其体积储氢密度还很小，未达到美国能源部制定的发展目标。今后，高压气态储氢还需向着轻量化、高压化、低成本、质量稳定的方向发展。图 4-20 所示为丰田 Mirai FCV 储氢罐位置。

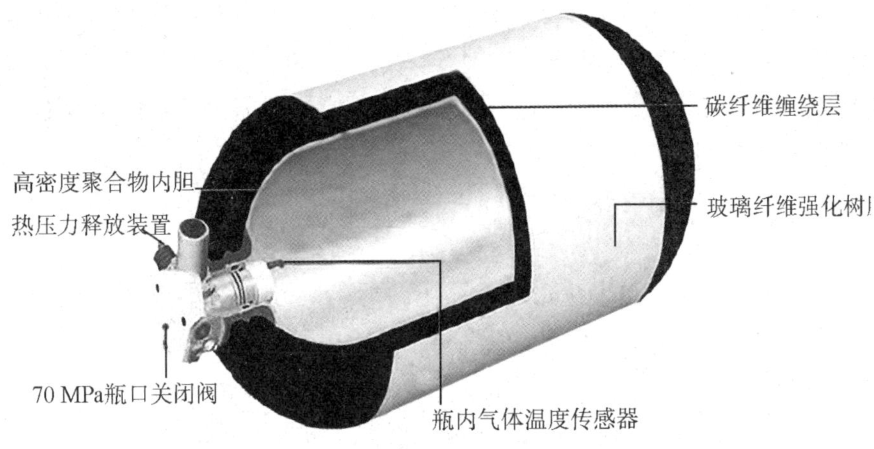

图 4-19　Ⅳ型轻质高压气态储氢瓶模型图

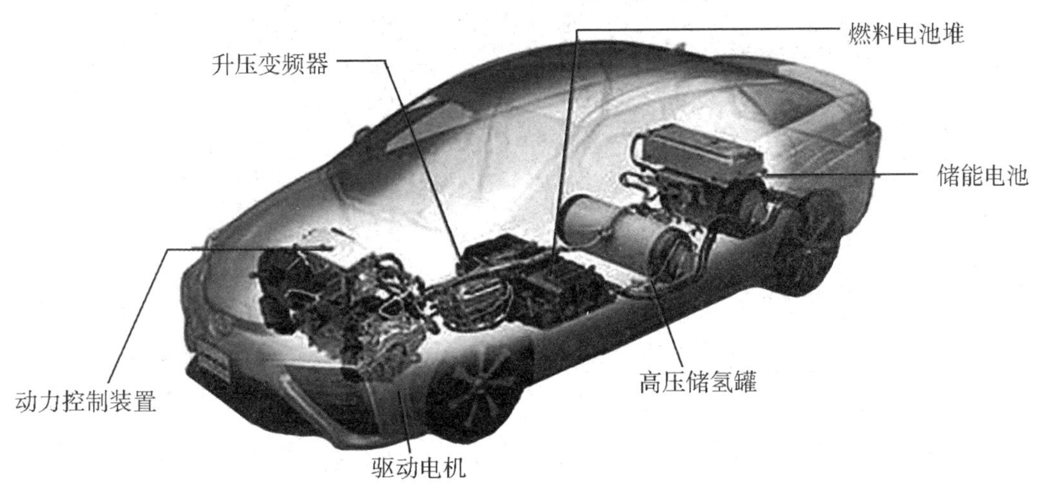

图 4-20　丰田 Mirai FCV 储氢罐位置

（2）低温液态储氢

液氢是一种高能、低温的液态燃料，其沸点为 –252.65 ℃、密度为 0.07 g/cm^3，其中密度是气态氢的 845 倍，体积能量密度是高压气态氢的数倍。通常，低温液态储氢是将氢气压缩后冷却至 –252℃以下，使之液化并存放于绝热真空储存器中。与高压气态储氢相比，低温液态储氢的储氢质量、体积储氢能量密度均有大幅度提高。如果从储氢质量、体积储氢密度角度分析，低温液态储氢是较理想的储氢技术。

但是，储存容器的绝热问题、氢液化能耗是低温低液态储氢面临的两大技术难点：

①低温液态储氢必须使用特殊的超低温容器，若容器装料和绝热性能差，则容易加快液氢的蒸发损失；

②在实际氢液化中，其耗费的能量占总能量的 30%。

目前，低温液态储氢已应用于车载系统中，如 2000 年美国通用公司已在轿车上使用了长为 1 m、直径为 0.14 m 的液体储气罐（见图 4–21），其总质量为 90 kg，可储氢 4.6 kg，质量储氢密度、体积储氢密度分别为 5.1%、36.6 kg/m^3。但液态储氢技术存在成本高、易挥发、运行过程中安全隐患多等问题，商业化难度大。今后，气体储氢还需向着低成本、低挥发、质量稳定的方向发展。

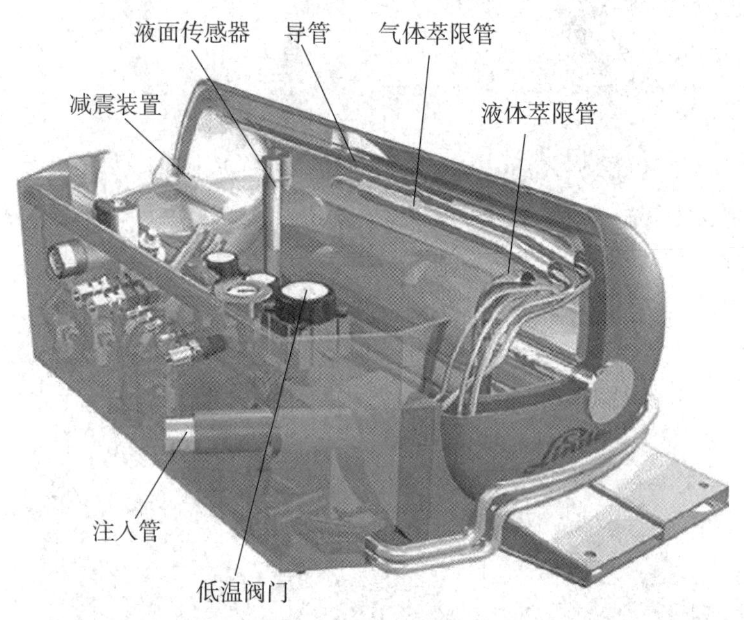

图 4–21　美国通用公司在轿车上使用的低温液态储氢罐模型图

（3）高压低温液态储氢

高压低温液态储氢是在低温下增加压力的一种储存方式。在高压下，液氢的体积储氢密度随压力升高而增加，如在 –252 ℃下液氢的压力从 0.1 MPa 增至 23.7 MPa 后，其储氢密度从 70 g/L 增至 87 g/L，质量储氢密度也达到了 7.4%。美国加利福尼亚州的劳伦斯利沃莫尔国家实验室研发了新型高压低温液态储罐（见图 4–22），外罐长度为 129 cm、直径 58 cm。该储氧罐内衬为铝，外部缠绕碳纤维，其外套保护由高反射率的金属化塑料和不锈钢组成，储氢罐和保护套之间为真空状态。现有的低温液态储罐仅能维持介质 2 ～ 4 天无挥发，将新研发的高压低温液态储氢罐安装在混合动力车上进行测试，结果表明可以有效降低液氢挥发，其保持 6 天无挥发。与比常压液态储氢相比，高压低温液态储氢的氢气挥发性小、体积储氢密度更大，但成本、安全性等问题亟须解决。

（4）金属氢化物储氢

金属氢化物储氢是利用过渡金属或合金与氢反应，以金属氢化物形式吸附氢，然后加热氢化物释放氢，其反应方程式为：

$$aM + 0.5bH_2 \longleftrightarrow M_aH_b$$

其中：M 为金属或金属化合物；ΔQ 为反应热，单位 kJ。

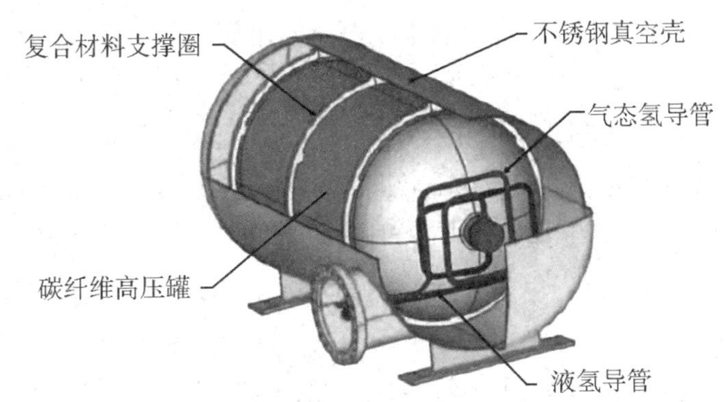

图 4-22　美国劳伦斯利沃莫尔国家实验室研发的新型高压低温液态储罐模型图

从公式可见：其反应为放热反应，储氢材料释放氢气时需要加热，在 –500 ～ 25℃之间释放出氢气。

当金属单质作为储氢材料时，能获得较高的质量储氢密度，但释放氢气的温度高，一般超过 300 ℃。为了降低反应温度，目前主要使用 $LaNi_5$、$Ml_{0.8}Ca_{0.2}Ni_5$、Mg_2Ni、$Ti_{0.5}V_{0.5}Mn$、FeTi、Mg_2Ni 等 AB_5、A_2B、AB 型合金，见表 4-4），金属合金储氢材料的操作温度均偏低，质量储氢密度在 1% ～ 4.5%。

表 4-4　属合金储氢材料的储氢性能

金属合金	放氢温度 /℃	压力 /MPa	质量储氢密度 %
$LaNi_5$	22	0.10	1.37
FeTi	60	0.50	1.89
Mg_2 Ni	–18	0.10	3.59
$CeNi_4$ Zr	20 ～ 60	3.20	4.00
$CeNi_4$ Cr	20 ～ 60	3.10	4.30
L $aNi_{4.5}$ $Sn_{0.5}$	25	0.75	0.95
$Zr_{0.9}$ $Ti_{0.1}$ $Cr_{0.8}$ $Ni_{0.4}$	100	0.10	2.00
$Ti_{0.5}V_{0.5}Mn$	–13	35	1.90
$Ti_{0.47}$ $V_{0.46}$ Mn	33	12	1.53
$Ml_{0.8}$ $Ca_{0.2}$ Ni_5	20	30	1.60

由于储氢合金具有安全、无污染、可重复利用等优点，已在燃气内燃机汽车、潜艇、小型储氢器及燃料电池车中开发应用。浙江大学成功开发了燃用氢 – 汽油混合燃料城市节能公共汽车，其使用的是 $Ml_{0.8}Ca_{0.2}Ni_5$ 金属合金储氢，能在汽油中掺入 4.5% 的氢，使内燃机效率提高 14%，节约汽油 30%。日本丰田汽车公司采用储氢合金提供氢的方式，汽车时速高达 150 km/h，行驶距离超过 300 km。

虽然金属合金储氢在车上已有应用，但与 2017 年 DOE 制定的储氢密度标准相比，差距仍较大。将其发展成为商业车载储氢还需进一步提高质量储氢密度、降低分解氢的温度与压力、延长使用寿命等。同时，车载储氢技术不仅与储氢金属材料有关，还与储罐的结构有关，需要解决储罐的体积膨胀、传热、气体流动等问题。

（5）有机液体储氢

有机液体储氢材料是利用不饱和有机物液体的加氢和脱氢反应来实现储氢。某些有机物液体可以可逆吸放大量氢，且反应高度可逆、安全稳定、易运输，可以利用现有加油站加注有机液体。目前，常用储氢的有机液体包括苯、甲苯、萘、吡啶及乙基咔唑等（见表4–5）。传统的有机物（苯、甲苯、萘）的质量储氢密度已达到规定标准，质量储氢密度在5.0% ～ 7.5%，但反应压力在1.0 ～ 10.0 MPa，反应温度在350 ℃左右，需要贵金属催化剂。可见，有机液体储氢技术操作条件较苛刻，导致该储存技术成本高、寿命短。

表4–5　不同有机液体储氢材料的储氢性能

有机液体氢化物	理论质量储氢密度 %	催化剂	脱氢温度 / ℃
苯	7.2	0.5%Pt–0.5 Ca/Al_2O_3	300
甲苯	6.2	10%Pt/AC	298
		0.1%K–0.6%Pt/Al_2O_3	320
萘	7.3	10%Pt/AC	320
		0.8%Pt/Al_2O_3	340
咔唑	6.7	5%Pd/C	170
四氨基吡啶	5.8	10%Pd/SiO_2	170

采用传统有机液体氢化物脱氢的温度高、压力高，难以实现低温脱氢，制约了其大规模应用和发展。He等采用不饱和芳香杂环有机物储氢，其质量、体积密度较高，最重要的是可有效降低加氢和脱氢反应温度（见表4–5），如咔唑和四氨基吡啶的脱氢反应温度为170℃，比传统的有机液氢储氢材料的脱氢温度低。聚力氢能公司成功开发出一种稠杂环有机分子，将其作为有机液体储氢材料，可逆储氢量达到了5.8%，在160 ℃下150 min即可实现全部脱氢，在120℃下60 min即可全部加氢，且循环寿命高、可逆性强，其储存、运输方式与石油相同，80 L稠杂环有机分子液体产生的氢气可供普通车行驶500 km。

2017年，中国扬子江汽车与氢阳能源联合开发了一款城市客车，利用有机液体储氢技术，加注30 L的氢油燃料，可行驶200 km。

有机液体储氢技术极具应用前景，其储氢容量高、运输方便安全，可以利用传统的石油基础设施进行运输、加注。目前，有机液体储氢技术的理论质量储氢密度最接近DOE的目标要求，提高低温下有机液体储氢介质的脱氢速率与效率、催化剂反应性能、改善反应条件、降低脱氢成本是进一步发展该技术的关键。

2. 优缺点对比

从各种储氢技术目前应用情况来，其均已在车载中有应用，但是中国的技术水平与国外还存在一定的差距：

（1）国外乘用车已经开始使用质量更轻、成本更低、质量储氢密度更高的Ⅳ型瓶，而中国Ⅳ型瓶还处于研发阶段，成熟的产品只有35 MPa和70 MPa的Ⅲ型瓶（见表4–6），

其中 70 MPa 的Ⅲ型瓶在乘用车样车上应用。

（2）中国制造的Ⅲ型瓶的主要原材料碳纤维仍依赖进口。由于中国研发起步晚、原材料性能差等原因，中国生产的碳纤维还不能满足车用氢瓶的要求，主要依赖进口。

（3）国外液氢储罐已在汽车上应用，而中国还未实现。通用汽车、福特汽车、宝马汽车等都推出使用车载液氢储罐供氢的概念车，但中国可以自行生产液氢，但尚未将其应用于车载氢系统。

表 4–6　国内外储氢瓶性能参数

国别	生产公司	型号	容积 /L	质量 /kg	压力 /MPa	质量储氢密度 %
国外	Hexagon Lincoln. Inc	Ⅳ	64	43	70	6.0
	丰田 Mirai 汽车公司	Ⅳ	60	42.8	70	5.7
国内	北京天海工业有限公司	Ⅲ	140	80	35	4.2
		Ⅲ	165	88	35	4.2
		Ⅲ	54	54	70	＞ 5
	北京泰克科技有限责任公司	Ⅲ	140	—	35	4.0
		Ⅲ	65	—	70	＞ 5
	斯林达安科新技术有限公司	Ⅲ	128	67	35	4.0
		Ⅲ	52	52	70	＞ 5
	中材科技股份有限公司	Ⅲ	140	78	35	4.0
		Ⅲ	162	88	35	4.0
		Ⅲ	320	—	35	—

各种储氢技术各有优缺点（见表 4–7）。从技术成熟方面分析，高压气态储氢最成熟、成本最低，是现阶段主要应用的储氢技术，在汽车行驶里程、行驶速度及加注时间等方面均能与柴汽油车相媲美，但如果对氢燃料电池汽车有更高要求时，该技术不再适合。从质量储氢密度分析，液态储氢、有机液体储氢质量储氢密度最高，能达到 DOE 要求的目标，但两种技术均存在成本高等问题，且操作、安全性等较之气态储氢要差。从成本方面分析，液态储氢、金属氢化物储氢及有机液体储氢成本均较高，不适合目前小批量化推广。

表 4–7　不同车载储氢技术的质量储氢密度及优缺点对比

储氢技术	质量储氢密度 %	主要优点	主要缺点
高压储氢	5.7	技术成熟，储氢密度低	质量储氢密度低
低温液态储氢	5.7	储氢密度高	易挥发，成本高
高压液态储氢	7.4	储氢密度高	成本高，安全性差
金属氢化物储氢	4.5	安全，操作条件易实现	质量储氢密度低
有机液体储氢	7.2	储氢密度高	成本高，操作条件苛刻

3. 未来发展趋势

车载储氢技术取得了快速发展，高压气态储氢、低温液态储氢、高压低温液态储氢、固体金属储氢及有机物储氢已在车载储氢中有应用案例，其中气态储氢技术已经大规模商业化应用。但车载储氢技术仍存在着一些不足，如质量储氢密度低、成本高等问题，还没有完全达到 DOE 对车载储氢系统提出的要求。

未来，储氢技术还要继续会向着 DOE 目标发展。同时，还需不断探索开发新的储氢技术，如碳纳米管、石墨烯、有机骨架材料（MOFs）等纳米材料储氢。随着不断的深入研究，车载储氢技术将会向高水平、低成本方向等发展，为新能源汽车领域开拓新的局面，为全球的低碳经济做出贡献。

思考与练习

一、填空题

1. 燃料电池汽车是指以________、________等为燃料，通过化学反应产生________，依靠电动机驱动的汽车。

2. ________电动汽车结构简单、质量轻、能量效率高、成本低，排放无污染，被认为是最理想的汽车。

3. 现在的燃料电池电动汽车绝大多数采用的是混合式燃料电池驱动系统，混合式燃料电池驱动系统有________和________两种。

4. 对整车系统进行优化，可以改进燃料电池电动汽车性能和降低整车的设计与制造成本。在整体化设计理念中，________和________的充分利用被放在了最重要的位置。

二、判断题

1. 燃料电池电动汽车就是采用燃料电池作为电源的电动汽车。（ ）

2. 重整燃料电池电动汽车的结构比氢燃料电池电动汽车简单。（ ）

3. 燃料电池电动汽车按供电配置不同，可分为四种。（ ）

4. 燃料电池汽车是电动汽车的一种，其核心部件燃料电池，通过氢气和氧气的化学作用，而不是经过燃烧，直接变成电能动力。（ ）

5. 纯燃料电池驱动式电动汽车的动力系统结构最复杂。（ ）

三、简答题

1. 燃料电池与蓄电池的区别是什么?

2. 燃料电池电动汽车的特点是什么?

3. 简述以氢为燃料的燃料电池发电系统结构。

项目五 其他新能源汽车

项目导读

在能源和环保的压力下，新能源汽车无疑将成为未来汽车的发展方向。如果新能源汽车得到快速发展，可以节约石油 3229 万 t，替代石油 3110 万 t，节约和替代石油共 6339 万 t，相当于将汽车用油需求削减 22.7%。2020 年以前节约和替代石油主要依靠发展先进柴油车、混合动力汽车等实现。到 2030 年，新能源汽车的发展将节约石油 7306 万 t、替代石油 9100 万 t，节约和替代石油共 16406 万 t，相当于将汽车石油需求削减 41%。届时，生物燃料、燃料电池在汽车石油替代中将发挥重要的作用。

学习目标

- 理解太阳能电池的定义及种类。
- 了解气体燃料的种类及各自的特点。
- 了解生物燃料汽车的定义及种类。
- 理解乙醇燃料汽车的应用方式。
- 掌握氢燃料汽车的定义及特点。
- 理解氢燃料汽车与氢燃料电池电动汽车的区别。

太阳能汽车

任务一

太阳能作为一种储量巨大，可再生，又无地域限制，无须运输的清洁能源，世界各国纷纷对其投入开发和研究，使之迅速成长为世界新能源领域中的一支生力军。太阳能是未来世界的主要能源，太阳能电池则是开发太阳能汽车的最主要部件。

太阳能汽车

一、太阳能汽车的定义及发展

太阳能汽车是利用太阳能电池将太阳能转换为电能，并利用该电能作为能源驱动行驶的汽车。

（一）国外太阳能汽车的发展

世界上第一辆太阳能汽车早在 1978 年便在英国研制成功，时速达到 13 km。1982 年墨西哥研制出三轮太阳能车，速度达到每小时 40 km，由于这辆汽车每天所获得的电能只能行驶 40 min，所以它还不能跑远路。1999 年 5 月巴西圣保罗大学的科研人员设计出一款新型太阳能汽车，最高时速超过 100 km。2003 年澳大利亚太阳能汽车比赛上，由荷兰制造的“nuna”太阳能汽车取得了冠军，它以 30 h 54 min 的时间跑完了 3010 km 的路程，创造了太阳能汽车最高时速 170 km 的新世界纪录。

（二）我国太阳能汽车的发展

我国太阳能汽车发展起步较晚。1984 年 9 月，我国首次研制的“太阳号”太阳能汽车试验成功。“太阳号”由湖北省金属学会新技术开发公司的黄绳溥等 6 位中青年科技人员，仅用了 56 天的时间研制成功。1996 年，清华大学参照日本能登竞赛规范，研制了“追日号”太阳能汽车。重 800 kg 左右，最高车速达 80 km/h，造价为 7.8 万美元。其采用的电池板是我国第五代产品，太阳能转化率只能达到 14%。2001 年全国高校首辆可载人的太阳能电动车——“思源号”在上海交通大学诞生。无须任何助动燃料，只要在阳光下晒三四个小时，便能轻松跑上 10 多千米。中山大学太阳能系统研究所的一辆太阳能电动车，外观上跟公园的电瓶车一样，可以搭乘 6 名乘客，但是国产太阳能汽车的时速最高却只有 48 km，持续行驶时间也就 1 个小时。

到目前为止，太阳能在汽车上的应用技术主要有两个方面：一是作为驱动力，二是用

作为汽车辅助设备的能源。作为驱动力这一应用方式，一般采用特殊装置吸收太阳能，再转化为电能驱动汽车运行。而作为汽车辅助能源，主要用在电气设备上的辅助应用，大部分还是靠燃料的供给。

二、太阳能汽车的类型及特点

（一）太阳能汽车的类型

（1）以太阳能电池作为动力源的太阳能汽车。以太阳能电池作为动力源的太阳能汽车与传统汽车不论在外观上还是运行原理上都有很大的不同，如图 5–1 所示。它没有内燃机，而是由电池板、储能器和电动机组成，利用贴在车体表面的光伏电池板，将太阳能直接转换成电能，再通过电能的消耗，驱动汽车行驶。

（2）以太阳能电池作为辅助能源的太阳能汽车。传统轿车功率一般在几十千瓦左右，而太阳辐射功率每平方米至多 1 kW。因此，完全用太阳能驱动轿车需要几十平方米的接收面积，显然难以实现。但用太阳能作为辅助动力，可减少汽车常规燃料的消耗，可用作汽车蓄电池的辅助充电能源以及用于驱动风扇和空调等系统，此类太阳能汽车如图 5–2 所示。图 5–3 所示为太阳能转化原理。

图 5–1　以太阳能电池作为动力源的太阳能汽车

图 5–2　太阳能电池作为辅助能源的太阳能汽车

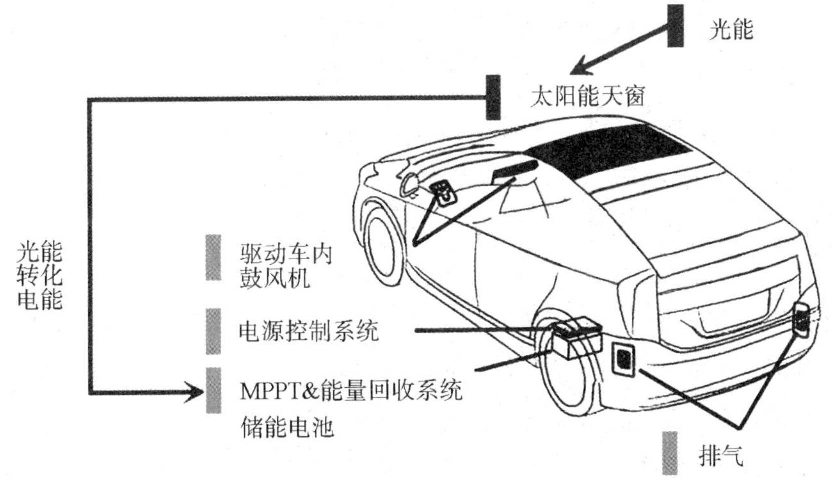

图 5–3　太阳能转化原理

（二）太阳能汽车的特点

（1）汽车能量来自于太阳，物美价廉，取之不尽，用之不竭。

（2）没有任何排放，零污染。

（3）结构简单，没有复杂的内燃机、离合器、变速器、传动轴、散热器、排气管等零部件。

（4）缺点是依赖太阳，续驶里程较短。

三、太阳能汽车基本系统构造

太阳能电池

（一）太阳能电池

太阳能电池是太阳能汽车的核心。太阳能电池是通过光电效应或者光化学效应直接把光能转化成电能的装置，可以分为两大类：一类是通过光电效应，也就是光生伏特效应来产生电能，所以又叫光伏电池，如图 5-4 所示；另一类是通过光化学效应把光能转化成电能。目前，以光电效应工作的薄膜式太阳能电池如图 5-5 所示，是太阳能电池的主流，而以光化学效应原理工作的太阳能电池则处于萌芽阶段。

图 5-4　光伏电池

图 5-5　薄膜式太阳能电池

太阳能光伏电池，是由美国皮尔逊等人于 1954 年首次制成，1958 年最先应用在“先锋 1 号”卫星上。根据所用材料的不同，光伏电池可以分为 4 类：

（1）硅太阳能电池。

（2）以无机盐，如砷化镓Ⅲ～Ⅴ族化合物、硫化镉、铜铟硒等多元化合物为材料的电池。

（3）功能高分子材料制备的太阳能电池。

（4）纳米晶太阳能电池等。

目前，地面光伏系统大量使用的是以硅为基底的硅太阳能电池。它又可分为单晶硅、多晶硅、非晶硅太阳能电池。在能量转换效率和使用寿命等综合性能方面，单晶硅和多晶硅电池优于非晶硅电池。多晶硅比单晶硅转换效率低，但价格便宜。

薄膜太阳能电池用硅、硫化镉、砷化镓等薄膜为基体材料，用其制成的可产生电压的薄膜厚度仅为几微米。在同一受光面积之下，薄膜太阳能原材料的厚度仅为晶硅太阳能电

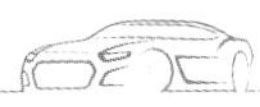

池的 1/10。

（二）驱动系统

太阳能汽车采用的驱动电机主要有交流异步电机、永磁电机、直流电机等，其驱动系统与纯电动汽车基本相同。

（三）控制器

控制器主要对太阳能电池进行管理和对电机进行控制，其作用与电动汽车控制系统相同。

（四）机械系统

机械系统主要包括车身系统、底盘系统和操纵系统等。太阳能汽车最具魅力的可以说是车身了，除满足汽车的安全和外形尺寸要求外，汽车的外形是没有其他限制的。一般来说，太阳能汽车的外形设计要使行驶过程中的风阻尽量小，同时使太阳电池板的面积尽量大。太阳能汽车要求底盘的强度和安全度达到最大，而且质量尽量轻。

气体燃料汽车

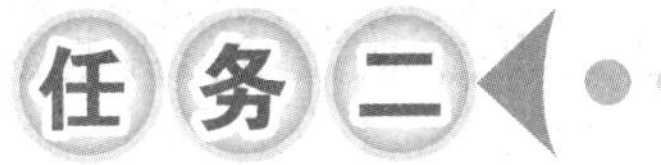

汽车的气体代用燃料种类很多，常见的有天然气和液化石油气。根据汽车使用可燃气体的形态不同，气体燃料可分为三种：压缩天然气 CNG（Compressed Natural Gas），主要成分为甲烷；液化天然气 LNG（Liquefied Natural Gas），即甲烷经深度冷冻液化；液化石油气 LPG（Liquefied Petroleum Gas），主要成分是丙烷和丁烷的混合物。

气体燃料汽车一般有两种，一种为普通汽车改装的双燃料汽车，另一种是专用气体燃料汽车。其中，双燃料汽车保留汽油、柴油的供油系统，外加一套供气系统，技术较为成熟，例如图 5-6 所示的 2018 年标致 301 双燃料 CNG 出租车版；专用气体燃料汽车可以充分发挥天然气理化性能特点，价格低，污染少，是最清洁的汽车。

图 5-6　2018 年标致 301 双燃料 CNG 出租车版

一、天然气燃料汽车

天然气汽车是指以天然气作为燃料的汽车。按照所使用天然气燃料状态的不同，天然气汽车可以分为压缩天然气汽车和液化天然气汽车。

压缩天然气（CNG）汽车：压缩天然气是指压缩到 20.7 ～ 24.8 MPa 的天然气，储存在车载高压气瓶中。压缩天然气（CNG）是一种无色透明、无味、高热量，比空气轻的气体，主要成分是甲烷，由于组分简单，易于完全燃烧，加上燃料含碳少，抗爆性好，不稀释润滑油，能够延长发动机使用寿命。

液化天然气（LNG）汽车：液化天然气是指常压下、温度为 -162 ℃的液体天然气，储存于车载绝热气瓶中。液化天然气（LNG）燃点高、安全性能强，适于长途运输和储存。

天然气汽车与普通燃油汽车相比，在结构上主要增加了燃气供给系统。天然气供给系统由储气部件、供气部件、控制部件和燃料转换部件等组成，如图 5-7 所示。

图 5-7　LNG 牵引车

目前，我国天然气汽车的开发中采用的主要是压缩天然气技术，在实际应用中遇到了如车辆行驶里程短，动力性、经济性不够理想，安全性能较差等问题，从而限制了其应用范围。与之相比，液化天然气具有更多的优点：

（1）液化天然气和压缩天然气的主要成分均为甲烷，液化天然气通过深冷前的净化处理几乎除掉了天然气中的杂质，深冷净化处理过程中又分离出不同液化点的重烃类成分和其他气体成分，因此液化天然气的纯度很高，甲烷含量为 97.5% ～ 99.5%，而压缩天然气中的甲烷含量只有 81.3% ～ 97.5%。液化天然气燃料成分的单一性和一致性有利于发动机压缩比等设计参数的确定，避免了乙烷、丙烷等成分的爆燃对发动机及其部件造成的不良影响。

（2）液化天然气的能量密度是压缩天然气的 3.5 倍，这表明液化天然气储存效率更高，可以使车辆获得较长的行驶里程，或者说在相同行驶里程的情况下可以使车辆的总质量更小，从而比使用压缩天然气有更好的燃料经济性。同时储存效率高也使液化天然气更利于运输，扩大了液化天然气使用的地域范围。

（3）液化天然气的储气瓶为具有绝热夹层的压力气瓶，储存温度为 -162 ℃，储存压力稍高于 1.0 MPa，而压缩天然气通常以 20 ～ 25 MPa 的高压储存在高压气瓶中，因此使用液化天然气更安全。

（4）使用液化天然气可以充分利用其低温特性降低混合气的温度，从而降低燃烧温度，

提高发动机的热效率，同时降低 NO_x 的排放。

（5）使用液化天然气易于使发动机对负荷变化获得更好的响应性。

二、液化石油气汽车

以液化石油气为主要燃料的汽车称为液化石油气汽车（LPGV）。液化石油气汽车和天然气汽车结构类似，也是增加了一套燃气供给系统。如图 5-8 所示，现代伊兰特液化石油气混合动力电动汽车是采用汽油 / 液化石油气混合的双燃料汽车。

液化石油气汽车是石油在提炼汽油、煤油、柴油、重油等油品过程中剩下的一种石油尾气，通过一定的程序，对石油尾气加以回收利用，采取加压的措施，使其变成液体，装在受压容器内。液化石油气与其他燃料相比，具有污染少、发热量高、易于运输、压力稳定、储存简单、供应灵活等优点。

图 5-8　现代伊兰特 2021 款混合动力电动汽车

液化石油气汽车与燃油汽车相比，具有污染少、经济性和安全性好等优点，受到各国的重视。为适应汽车能源变革的大趋势，世界上各汽车制造商都纷纷投资开发液化石油气汽车，并制订各种优惠策略，推广使用液化石油气汽车。

生物燃料汽车

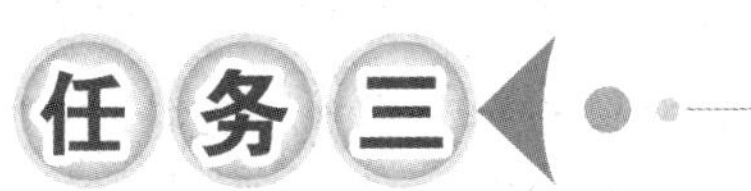

生物燃料泛指由生物体组成或转化的固体、液体或气体燃料。它是可再生能源开发利用的重要方向，具有良好的可储藏性和可运输性，可提供替代石油的液体燃料。狭义的生物燃料仅指液体生物燃料，主要包括醇类燃料和生物柴油等。

所谓的生物质，是指利用大气、水、土地等通过光合作用而产生的各种有机体，即一切有生命的、可以生长的有机物质。它包括植物、动物和微生物，不同于石油、煤炭、核能等传统燃料，这些新兴的燃料是可再生燃料。

汽车生物燃料，最广泛运用是燃料乙醇、生物柴油和燃料甲醇，燃料乙醇可以替代由石油制取的汽油，而生物柴油则可替代由石油制取的柴油。燃料甲醇与化工用甲醇比较，在性质上没有多大差别。甲醇作为燃料利用的形式，大体分为汽车用燃料和发电用燃料两类，但甲醇作汽车燃料是目前燃料甲醇利用的唯一方式。

其中乙醇汽车是使用车用乙醇汽油作为主要动力燃料的机动车。乙醇燃料已成为国际上普遍公认可降低环境污染和取代化石燃料的主要资源。

一、甲醇燃料汽车

甲醇燃料汽车就是以甲醇作为主要燃料的汽车，也是能以汽油 / 甲醇混合燃料作能源驱动的汽车。

甲醇作为燃料在汽车上的应用主要有掺烧和纯甲醇替代两种。掺烧是指将甲醇以不同的比例（如 M10、M15、M30 等）掺入汽油中，作为发动机的燃料，一般称为甲醇汽油，此类汽车如图 5–9 所示；纯甲醇替代是指将高比例甲醇（如 M85、M100）直接用作汽车燃料。

图 5–9　吉利海景甲醇汽车第五代

（一）甲醇的优点

（1）甲醇的辛烷值比汽油高，因此可以提高发动机的压缩比，提高发动机的热效率。

（2）甲醇的燃烧速度和火焰传播速度比汽油快，所以燃烧的定容性较好，燃烧持续期短，过后燃烧程度小，有利于热效率的提高。

（3）甲醇是含氧燃料，在燃烧过程中有自供氧效应，在内燃机中燃烧较均匀，减少了局部富氧或缺氧的概率，CO 和 HC 的产生量减少，排放降低。

（4）甲醇的汽化热比汽油高两倍多，当其进入气缸后，能吸收沿途管壁面和周围高温零件壁面的热量而使自己蒸发，利用了废热余热而使自身的能位提高，又降低了气缸、燃烧室和气缸盖的温度，从而减少了外传热量，提高了热效率。

（5）甲醇的着火燃烧浓度界限比汽油的相应范围宽得多，所以比汽油更容易稀燃。

稀燃是一种节能燃烧和完善燃烧的形式，它有利于热效率的提高。压缩比越高，负荷越大，越容易稀燃。

（6）使用甲醇燃料可将点火提前角和喷油提前角调整到最佳值，从而获得更高的热效率和更大的功率。

（二）甲醇燃料的缺点

（1）腐蚀性。甲醇燃烧反应过程中产生的甲醛、甲酸大量水蒸气、未燃甲醇等均对金属表面有腐蚀性，造成燃烧室周围机件的磨损，如进排气门座、进排气门、气门导管、活塞环、缸套等的磨损。所以在设计新的发动机时要选择合适的机件材质和热处理工艺，如气门将铁类合金改为镍类合金，气门座烧结材料中添加硬质微拉并作铅熔渗处理、活塞环镀铬等。

（2）溶胀性。甲醇会使一般的橡胶、塑料件溶胀，所以在油箱、油泵、油管道等接触甲醇的部件，应该选择耐溶胀材料。

（3）冷起动困难。甲醇的初始沸点比汽油高，甲醇的汽化潜热（1167 kJ/kg）是汽油（380～500 kJ/kg）的三倍多，甲醇在进气管道内汽化时要吸收大量的热，使进气管温度降低，造成甲醇气化困难。混合气温度很低，进入气缸后造成缸温降低，并且甲醇汽化量少，难以着火起动。另外，由于甲醇导电率高于汽油，在冷起动时需要使用过浓的混合气，混合气中的液态成分较多，易于引起火花塞短路。目前冷起动问题通过各种手段已获得解决。

（4）非常规排放物高。甲醇燃烧反应过程中产生的甲醛、甲酸等化合物作为非常规排放的污染物比汽油燃烧排放量要多，但当用专用催化器处理后可以达到尾气排放标准要求。

（5）甲醇和汽油的互溶性差。特别是含有少量水分时，分层现象更为严重，当采用低比例甲醇掺烧时，可以用加入添加剂的办法解决。

二、乙醇燃料汽车

乙醇燃料汽车是使用乙醇汽油作为主要动力燃料的汽车。车用乙醇汽油是在汽油中加入 10% 的变性乙醇，可使汽油辛烷值提高 3%，氧含量增加 3.5%，大大改善了汽油的使用性能，使燃烧更彻底，是一种节能环保型燃料。美国、巴西已大量使用二十多年，各方面收到了巨大效益。我国为了解决能源、农业、环境问题，正积极准备试行乙醇汽油政策。

（一）乙醇汽车燃料应用的方式

（1）掺烧，指乙醇和汽油掺和使用。目前，掺烧占主要地位。

（2）纯烧，即单独烧乙醇，属于试验阶段。

（3）变性燃料乙醇，指乙醇脱水后，再加变性剂而生成的乙醇，也属于试验阶段。

（4）灵活燃料，指燃料既可使用汽油，也可使用乙醇或甲醇与汽油比例混合的燃料，还可用氢气，并随时可以切换，如福特、丰田均在试验灵活燃料汽车。

（二）乙醇的特点

乙醇和甲醇有很多共性，同样可单独作为汽车燃料。其特点如下：

（1）乙醇的热值比汽油低，约为汽油的61.5%，但含氧量高，存在自供氧效应，减少CO生存条件，使CO较多转变成CO_2，CO和HC排放量明显小于汽油，但NOx排放量与汽油相当。

（2）乙醇辛烷值远高于汽油，当汽油中加入一定量的乙醇后可提高混合燃料的辛烷值。

（3）乙醇的着火性差，十六烷值只有8，在压燃式发动机中采用燃料乙醇要困难得多。

（4）乙醇的沸点比汽油低，对形成燃油与空气的混合气有利，但缺少高挥发性，对发动机冷起动不利。

（5）乙醇的气化潜热是汽油的三倍，高的气化潜热和低蒸汽压对发动机冷起动不利，但可提高充气效率。

（6）乙醇的着火极限比汽油宽，能在较稀薄的混合气状况下工作。

另外，乙醇的理化性质较接近汽油，又容易与汽油混溶，国外首先以低比例（一般小于1%～5%体积比）的乙醇与汽油形成混合燃料用于汽车上，尽管动力性能比只用汽油时略有减少，为了用户方便，无混合燃料供应时，仍可只用汽油保持原来的发动机性能，所以对发动机不变动、不调整。当需要以较多的乙醇代替汽油时，可以在汽油中掺入中比例或高比例的乙醇，如E20（乙醇含量为20%）、E40、E50、E60及E85等，但是要对发动机和乙醇混合气空燃比及点火提前角进行调整，这一点和甲醇混合燃料是类似的。

三、乙醇燃料汽车生产厂家

1. 通用汽车公司。

美国全境内分布着众多的E85燃料加油站，乙醇燃料汽车在美国的应用十分广泛，得到了良好的发展。目前，美国有超过800万辆的灵活燃料汽车正在使用。

图5-10　雪佛兰 Impala 2012 款轿车

美国通用汽车公司旗下有多款可以使用E85燃料的发动机，涵盖四缸、六缸和八缸系列，排量从2.0 L到6.0 L，其应用品牌涵盖了通用旗下的所有品牌系列，如雪佛兰、别克、凯地拉克和GMC。

雪佛兰 Impala 2012 款轿车，如图5-10

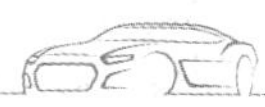

所示。雪佛兰 Impala 采用可变气门正时技术，使用 E85 燃料 206 kW 3.6 KLV6 DOHCSID1 发动机，EPA 估计燃油经济性：高速公路上百千米汽油消耗量为 7.8 L（常规汽油），乙醇汽油消耗量为 10.69 L（E85）。其车身油箱加注口有明显的标识，表明此车可以加注 E85 燃料。

2. 福特汽车公司。

美国福特汽车公司开发了多款可以燃烧 E85 燃料的发动机，其中 2013 款福特福克斯轿车搭载 2.0 Ti-VCTGD11-4 发动机，EPA 估计燃油经济性：在高速公路上常规汽油消耗量为 40 MPG（英里 / 加仑），E85 乙醇汽油消耗量为 33 MPG（英里 / 加仑）。福特福克斯如图 5-11 所示。

图 5-11　福特福克斯

3. 沃尔沃汽车公司。

沃尔沃轿车 2006 年秋季在欧洲市场投放了生物乙醇燃料的车型，全新的 C30 也推出了相应的“绿色”车型。

沃尔沃 C30、C40、V50 的三个系列近 9 种车型是可以提供多种燃料车型。4 气门自然吸气发动可以产生 125 马力的动力，生物乙醇和汽油可以同时注入一个 55 L 的油箱内。由于燃料乙醇具有腐蚀性，发动机的油管、阀门和衬垫都经过了改良，燃油喷嘴也得到了加固且较原来型号有所增加，目的是可以有更多的燃料同时注入发动机。同时沃尔沃公司还对发动机管理系统做了相应的调校，该系统将会严格地监测油箱内的混合燃料比例，自然调节燃油系入量。沃尔沃 C30、V50 如图 5-12 所示。

图 5-12　沃尔沃 C30、V50

4. 奇瑞汽车公司。

奇瑞 A5 灵活燃料 CMG 多燃料轿车，如图 5-13 所示。它是一款能混合燃烧乙醇、汽油、CMG 气体燃料的清洁能源汽车，具有燃料价格便宜、排气污染小、安全性能高等众多优点。作为新型的节能型轿车，奇瑞 A5 灵活燃

图 5-13　奇瑞 A5

料 +CNG 多燃料轿车在节能环保方面具有极大的优势，其对发展汽车替代燃料技术，打造汽车能源多元化格局起到了“先锋”的作用。

氢燃料汽车

任务四

氢燃料汽车是以氢气为主要能量作为移动的汽车。一般的内燃机，通常注入柴油或汽油，氢燃料汽车则改为使用氢气产生动力，是一种真正实现零排放的交通工具。

图 5–14　氢发动机

如图 5–14 所示，氢发动机汽车在本质上与普通的汽油发动机没有太大的差别，同样具有气缸、点火装置、活塞连杆等。只不过燃料由汽油、柴油变为氢气和氧气，氢气与空气进行混合，在气缸内燃烧，产生能量。

一、氢气作为车用发动机燃料的特点

氢燃料与汽油、柴油相比，单位质量的能量密度较高，可燃界限宽，燃烧速度快，是一种良好的车用燃料。氢作为内燃机燃料主要有以下特点：

（1）虽然氢的单位质量低热值高，约是汽油低热值的 2.7 倍，但氢气与空气的理论混合气标态热值只有 3.186 MJ/m^3，大约低于汽油 18%。

着火界限很宽，在空气中燃烧的着火界限为 4.1% ～ 75%，比汽油和柴油的着火界限大很多，可以实现稀薄燃烧。

（2）氢的燃烧反应按连锁反应机理进行，火焰传播速度快，高达 2.91 m/s，是汽油的 7.72 倍，在发动机中燃烧时抗爆性比汽油好，可以采用较高的压缩比，因此热效率比燃烧纯汽油时高。

（3）点火能量较低，最小可以低到 0.020 MJ，比汽油低得多。所以，汽油掺氢燃烧后，其所需点火能量可以降低。

（4）氢气燃烧的主要产物是水，不产生 CO 及 HC，但产生部分 NO_x 排放物。在稀燃状态下，NO_x 的排放量可大大降低。同时氢气火焰的淬冷距离比汽油小，因此近缸壁激冷

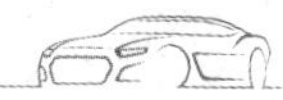

层的可燃混合气燃烧得更完全。

以氢作燃料的汽车发动机若配备延迟喷射定时和废气再循环技术，在空气过量系数为1.5，按气再循环量为10%时，NO_x 排放量可达到2.39 g/（kW·h），是理想的低污染汽车LEV（Low Emission Vehicle）。但是要达到批量生产的程度，还需解决燃料储存难、防泄漏、汽化和价格昂贵等问题。

二、典型车型

（一）宝马

（1）宝马7系氢发动机轿车，如图5–15所示。该车装备的6.0 L 12 V发动机，最大输出功率为191 kW，相对同款发动机的汽油版本，功率有所调低。这款氢发动机可使用氢/汽油双燃料，使用氢时与采用汽油时的运行模式相同，由活塞压缩，火花塞点火燃烧。车上的燃料罐可容纳约8 kg的液态氢，同时保留了容量为74 L的普通油箱。

（2）H_2 R氢燃料研究车，如图5–16所示。2004年9月，宝马 H_2 R氢燃料发动机汽车在法国Miramas高速试车场创造了9项速度纪录，显示了氢燃料发动机汽车的无限潜力。

图5–15　宝马7系氢发动机轿车

图5–16　H_2 R氢燃料研究车

H_2 R氢燃料研究车搭载的氢发动机是以宝马760i6.0 L 12 V汽油发动机为基础改造而成的，与改造前的量产型发动机将燃油直接喷入燃烧室不同，氢燃料发动机的喷射阀直接安装在进气支管内。由于氢没有以往油/汽混合气那种润滑效应，因此阀和弹簧等部件均采用特殊材料制成。

由于氢/空气混合气更高的燃烧速度能产生比汽油发动机更高的燃烧温度。因此，其发动机管理系统经过特殊改进，将点火过程推到活塞到达上止点时才开始，从而确保了最大的输出功率。

（二）马自达

图5–17　RX–8氢气转子发动机跑车

RX–8氢气转子发动机跑车，如图5–17所示。马自达是全球唯一生产转子发动机的公司，它不仅一直坚持开发和研究这种独特内燃机，在2003年，还在其使用氢气与汽油两种燃料的“RX-8 HydrogenRE”上安装了“RENESIS 氢气转子发动机”。这是马自达自1991年开发第一辆氢转子发动机原型车 HR-X 以来，在开发氢能源发动机上取得的又一成果。

“RENESIS 氢气转子发动机”在 RX-8 的 RENESI5 发动机外壳上安装了 4 个氢气喷嘴。使用汽油为燃料行驶时与 RX-8 完全一样，采用两侧进排气，使用氢气为燃料行驶时通过安装在 RENESIS 外壳上的喷嘴直接喷射氢气（氢以气态喷射）。由于氢气密度小，喷射量比汽油多得多，因此每个转子配备两个喷嘴。

结构设计上，将进气室和燃烧室分开，这样有效地避免了在吸入燃料的行程中产生燃烧的回火现象，从而实现稳定燃烧。同时，由于双氢喷射器带有对高温敏感的橡胶密封件，分开的进气室也为这种安装提供了更安全的温度。对于传统的往复式发动机，由于存在结构上的限制，不能在燃烧室上安装喷射器，而转子发动机则在进气室上为双氢喷射器安装提供了足够的空间，从而能够输出足够大的功率。

思考与练习

一、填空题

1. 太阳能汽车是利用______将太阳能转换为电能，并利用该______作为能源驱动行驶的汽车。

2. 世界上第一辆太阳能汽车早在______便在英国研制成功，时速达到 13 km。

3. ______是太阳能汽车的核心。

4. 汽车的气体代用燃料种类很多，常见的有______和______。

5. 天然气汽车可以分为______和______汽车。

6. 汽车生物燃料，运用最广泛的是燃料______、______生物柴油和燃料甲醇。

二、判断题

1. 太阳能汽车直接将太阳能转化为驱动车辆行驶的动能。（ ）

2. 太阳能取之不尽、用之不竭。（ ）

3. 我国天然气汽车的开发中采用的主要是液化天然气技术。（ ）

4. 乙醇的气化潜热是汽油的三倍。（ ）

5. 氢燃料与汽油、柴油相比，单位质量的能量密度较高，可燃界限宽，燃烧速度快，是一种良好的车用燃料。（ ）

三、简答题

1. 简述太阳能汽车的主要构造。

2. 简述乙醇燃料汽车的特点。

3. 简述氢燃料汽车的特点。

项目六
新能源汽车电机驱动系统

项目导读

新能源汽车电机驱动系统包括电力电子变换器以及相应的控制器。电力电子变换器由固态器件组成，主要作用是将大量能量从电源传递给电机输入端。控制器通常由微控制器或数字信号处理器和相关的小信号电子电路组成，其主要作用是处理信息以及产生电力变换器半导体开关器件所需的切换信号。

学习目标

- 知道电动汽车电机驱动系统的组成及布置形式。
- 了解电动驱动系统要求。
- 知道电机的结构与工作原理。
- 了解电动汽车对电机的要求。
- 理解逆变器升压变换器、DC/DC 变换器的工作原理。

电动汽车电机驱动系统基础

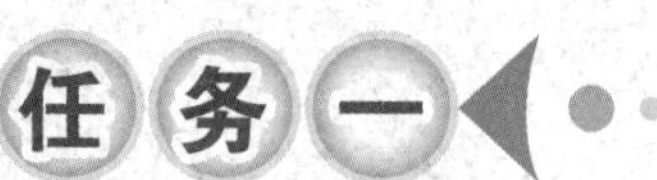

任务一

电机驱动系统的功能是将储存在蓄电池中的电能高效地转化为车轮的动能进而推进汽车行驶，并能够在汽车减速制动或者下坡时实现再生制动。

一、电机驱动系统的组成

驱动系统一般由电气系统和机械系统组成。电气系统由电控单元（ECU）、功率控制器（PCU）、驱动电机组成；机械系统由机械传动装置和车轮组成，如图 6-1 所示。

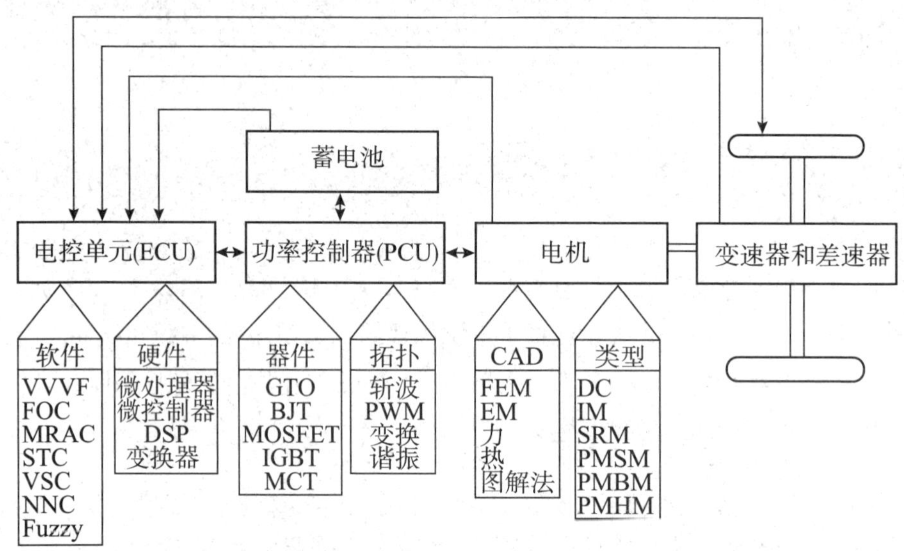

图 6-1　电机驱动系统组成

（一）电控单元（ECU）

电控单元（ECU）的作用是控制电机的电压或电流，完成电机的驱动转矩和旋转方向的控制，如图 6-2 所示。

电控单元（ECU）

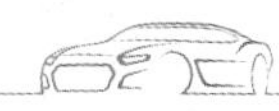

图 6-2 电控单元（ECU）

（二）功率控制器（PCU）

功率控制器用于实现 DC/DC 变换和 DC/AC 变换。DC/DC 变换器又称直流斩波器，用于直流电机驱动系统。两象限直流斩波器能把蓄电池的直流电压转换为可变的直流电压，并能将再生制动能量进行反向转换。

DC/AC 逆变器用于交流电机驱动系统，它将蓄电池的直流电转换为频率和电压均可调的交流电。电动汽车一般只是用电压输入式逆变器，因为其结构简单且又能进行双向能量转换。

（三）驱动电机

驱动电机就相当于传统汽车上的发动机。驱动电机（图 6-3）的作用是将电源的电能转化为机械能，通过传动装置驱动或直接驱动车轮。

图 6-3 驱动电机

二、电机驱动系统电机的布置形式

混合动力电动汽车和纯电动汽车至少有一个电机驱动，可以是两轮驱动，也可以是四轮驱动。这里将介绍以下两种电机的布置形式：用轮毂电机驱动；用中央电机驱动。

（一）用轮毂电机驱动

车轮直接连接至轮毂电机，如图 6–4 所示。

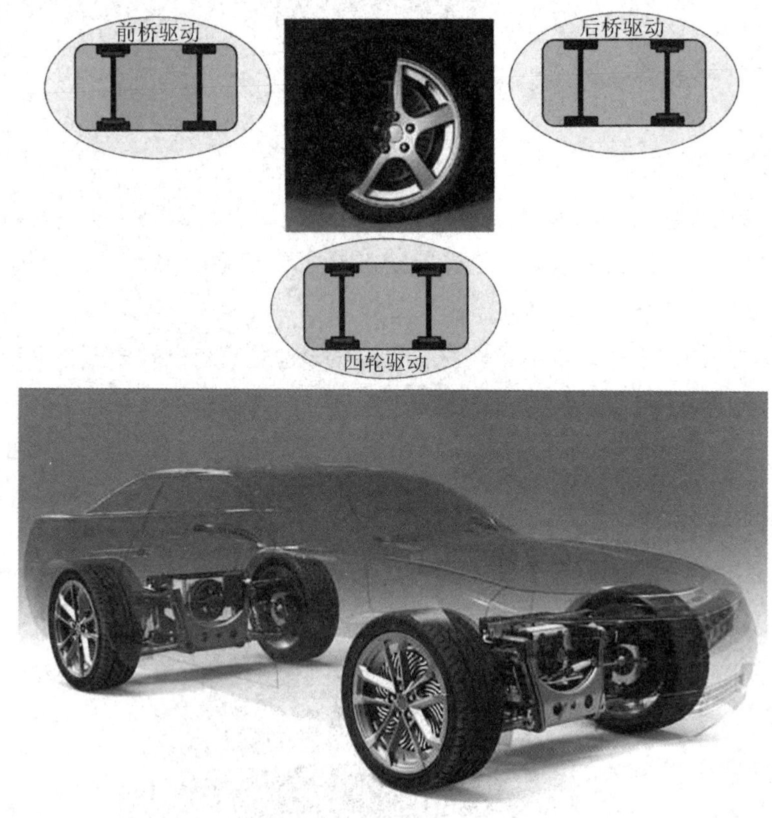

图 6–4　轮毂电机的布置形式

轮毂电机布置形式具有以下特点：

（1）特征：无需驱动轴；无需差速变速器。

（2）优点：车轮电机的输出轴直接位于车轮上；机械损失低，驱动效率高；四轮驱动技术可行；再生性制动可行。

（3）缺点：与传统汽车相比，车轮上的非簧载质量较高；控制要求高，两个电机必须同步运转；目前总是要与液压摩擦制动器配合使用；驱动部件质量高（影响整辆汽车的惯性和转矩）；需要单独的汽车方案；车轮上的结构空间有限。

（二）用中央电机驱动

电机驱动变速器、驱动轴，进而驱动车轮。对于纯电动汽车，一个减速器就足够了。四轮驱动可以通过万向轴由驱动前桥来实现，也可以使用第二个电机。用中央电机驱动的布置形式如图 6–5 所示。

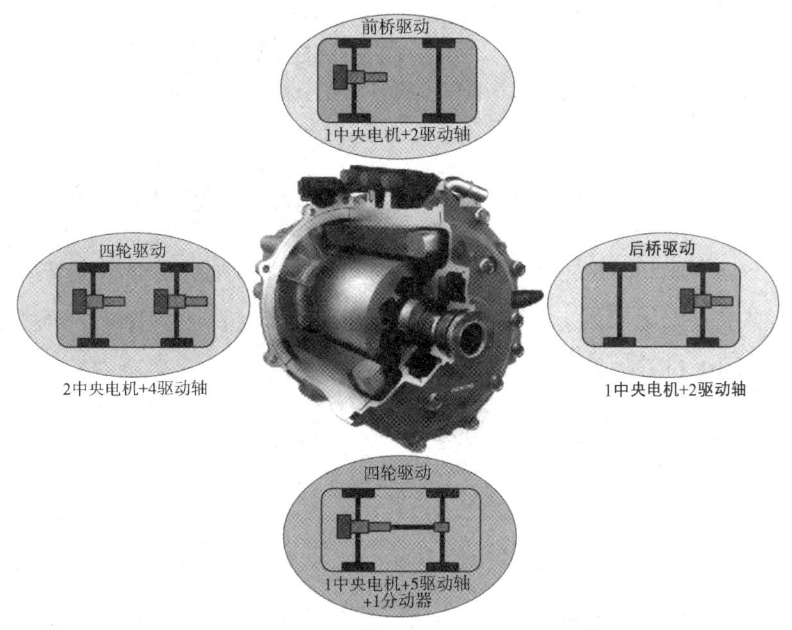

图 6–5　中央电机的布置形式

中央电机布置形式具有以下特点：

（1）特征：需要驱动轴，每个驱动桥上有两根驱动轴；每个驱动桥上有一个差速器。

（2）优点：可实现单桥驱动；可实现四轮驱动技术；非常易于组合成混合动力电动驱动（HEV/PHEV/RXHEV）；可集成在传统车辆中。

（3）缺点：中央电机输出的动力经变速器和差速器后到驱动轴；需要用变速器和差速器。

三、电动驱动系统的要求

电机驱动系统是电动汽车的核心，也是区别于内燃机汽车的最大不同点。电动汽车对驱动系统的要求很高，驱动系统一般应符合下列要求：

（1）瞬时功率大，短时过载能力强，以满足爬坡及加速的需要。

（2）调速范围宽广。

（3）在运行的全部速度范围和负载范围内，具有较高的效率。也就是在电机所有工作范围内综合效率高，以尽量提高电动汽车一次续驶里程。

（4）可靠性高，使用方便简单，价格低廉。

（5）功率密度高，体积小，质量轻。

电机设备认知

任务二

电机（Electric Machine）是机械能与电能之间转换装置的通称，其能量转换是双向的，大部分应用的是电磁感应原理。由机械能转换成电能的电机，通常称作“发电机”；把电能转换成机械能的电机，被称作“电动机”。

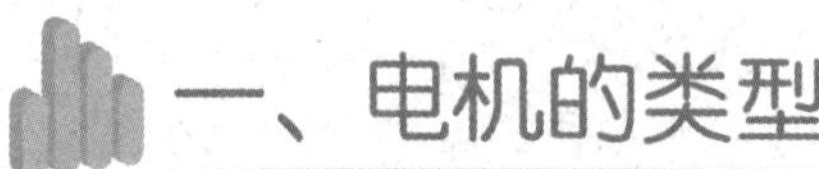

一、电机的类型

电机的类型如图 6–6 所示。

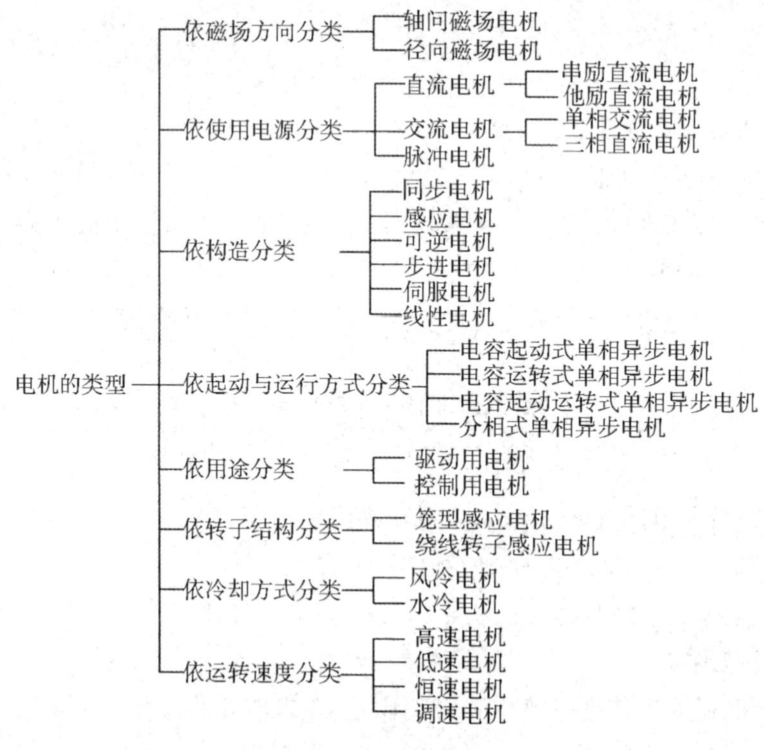

图 6–6 电机的类型

二、电机的结构

混合动力电动汽车和纯电动汽车采用的永磁无刷三相交流电机，它主要由定子、转子和其他附件组成，如图 6–7 所示。

1. 定子

定子主要是由漆包线圈和铁芯组成，如图 6–8 所示。

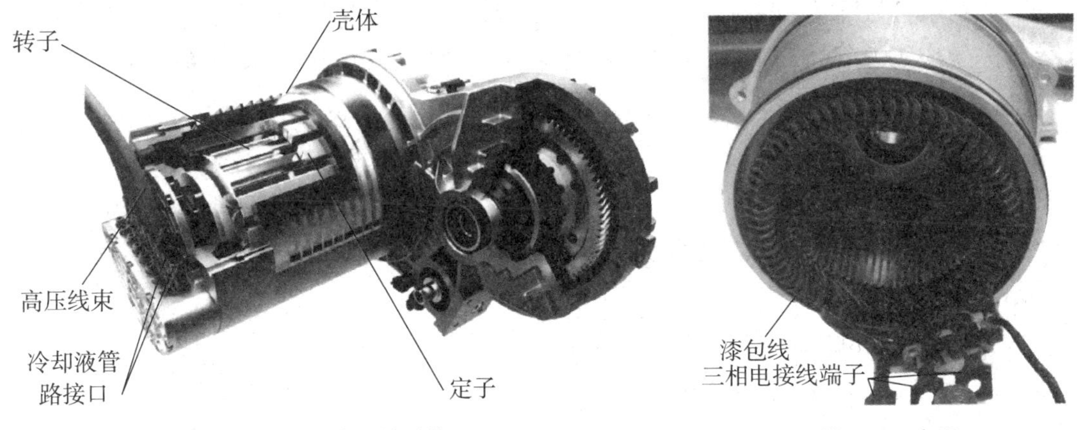

图 6–7　电机的结构　　图 6–8　定子

2. 转子

转子主要由若永磁铁和磁体固定盘组成，如图 6–9 所示。

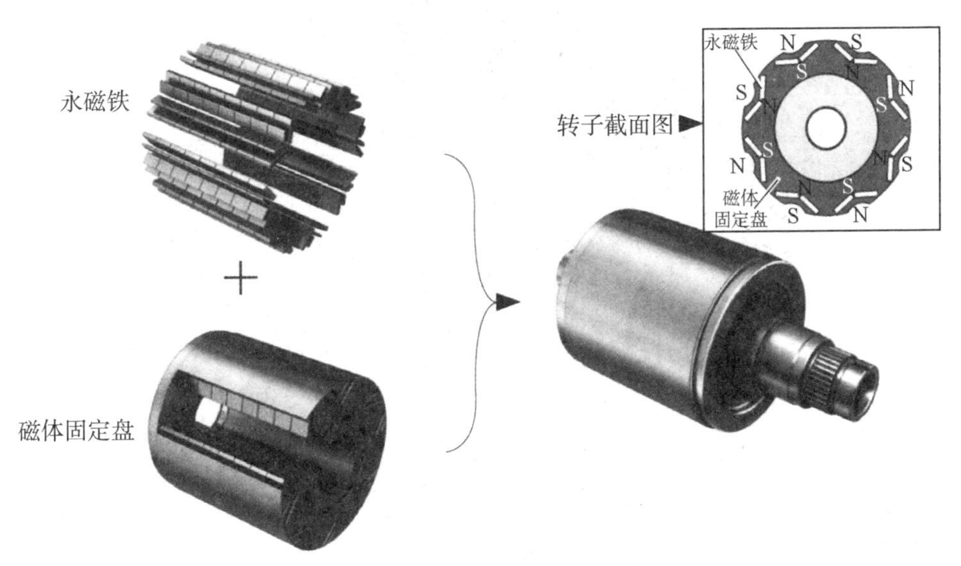

图 6–9　转子

3. 其他附件

电机除了定子和转子外，还有壳体、轴承、转子旋转位置传感器、电机温度传感器和冷却液管路等。

三、新能源汽车常用电机类型

（一）直流电机

首台直流电机制造于 1830 年。大约自 1890 年起随着三相交流电的出现同步电机逐渐取代了直流电机的主导地位。直到今天直流电机仍旧作为一种主流电机被广泛使用。在车辆电气系统中作为车窗玻璃刮水器、车窗升降器、鼓风机和伺服电机等大量使用了最大功率约为 100 W 的直流电机。

直流电机可以将（直流电流形式的）电能转化为动能。它由一个固定部件——定子和一个转动支撑部件——转子（电枢）组成，如图 6-10 所示。大多数直流电机采用内部转子结构，即转子是内部部件，定子是外部部件。定子由电磁铁组成，在小型直流电机内由永久磁铁构成。

电机工作原理以作用力施加在磁场内的载流导体上为基础，导体上的作用力取决于：导体内的电流强度；磁场强度；导体有效长度（线圈圈数）。

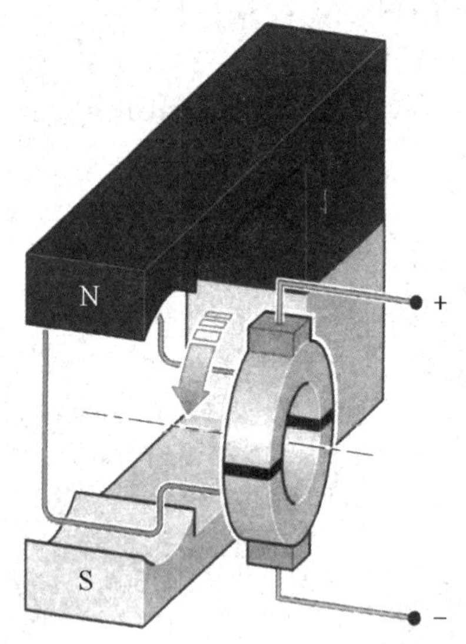

图 6-10　直流电机的工作原理

为了提高作用力的影响，使用带有铁芯的线圈代替载流导体。在图 6-11 中仅显示了一个线圈，以便于更好地进行描述。

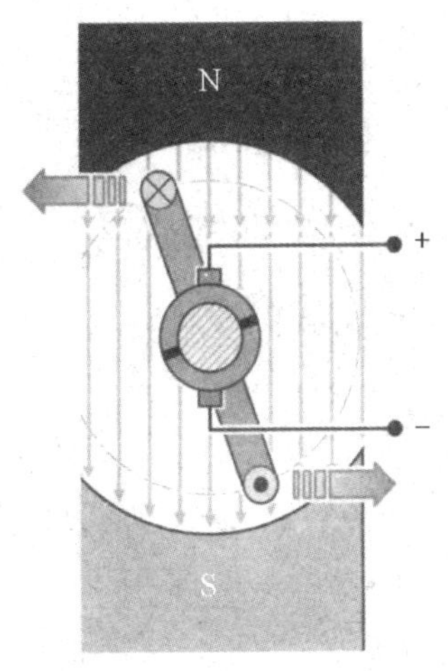

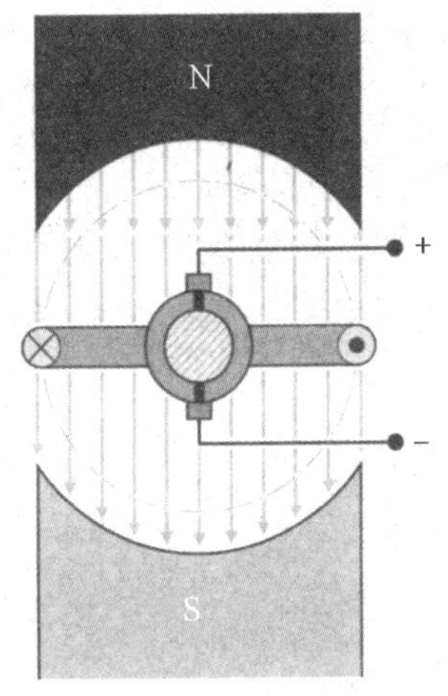

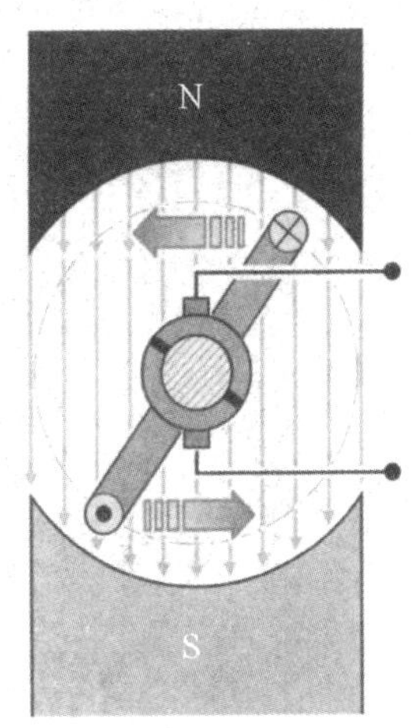

图 6-11　载流导体的旋转

在线圈上施加电压时，线圈内流动的电流产生一个磁场（线圈磁场）。永久磁铁两极间的磁场和线圈磁场形成一个总磁场。根据线圈内的电流方向产生一个左旋或右旋力矩。线圈继续转动，通过与线圈起始端和线圈末端连接的电流换向器（集电环）实现电流方向的切换。每旋转 180° 集电环切换电流方向一次，从而实现连续转动。

（二）交流电机

1. 单相交流电机

在交流电机上，来自定子线圈的交流电流的极性将自动使转子磁场的极性倒转，如图 6-12 所示。

因为省去了换向器和对定子线圈的电流供给，所以省去了直流电机上需要的滑环或电刷。如果转子刚刚开始旋转，则转速取决于交流电（交流电的电压水平决定了可产生的最大功率）的频率。起动电机需要初始脉冲（“起动脉冲”），以便启动顺时针或逆时针旋转。

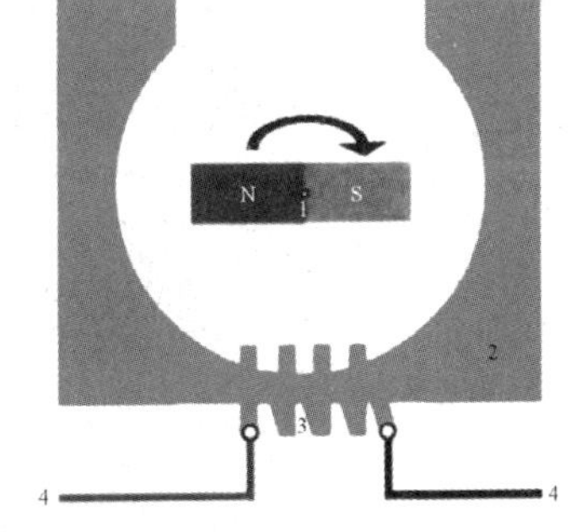

图 6-12　交流电机

1- 转子；2- 定子；3- 定子线圈；4- 连接

2. 电容式交流电机

要允许交流电机自动起动，必须产生可使转子持续旋转的旋转场。在简单的交流电机上，通常可在由电容器产生的辅助相期间实现这一点，如图 6-13 所示。使用 230 V 主电源的所有电气设备中几乎都采用了“电容式电机”。此类电机设计简单，但不适合需要高功率级别的应用。

3. 三相交流电机

三相交流电机可以作为电机或发电机使用。作为电机使用时可以通过三相交流电流产生旋转电磁场。作为发电机使用时，则可以产生三相交流电流。

为了能够产生旋转磁场，需要三个针对其中心轴旋转 120° 的线圈。通常这三个线圈被安装在三相交流电机的定子上。通过这三个线圈提供相位差为 120° 的交流电压，如图 6–14 所示。

线圈以星形电路或三角形电路连接。可通过定子结构来区分同步和异步电机。

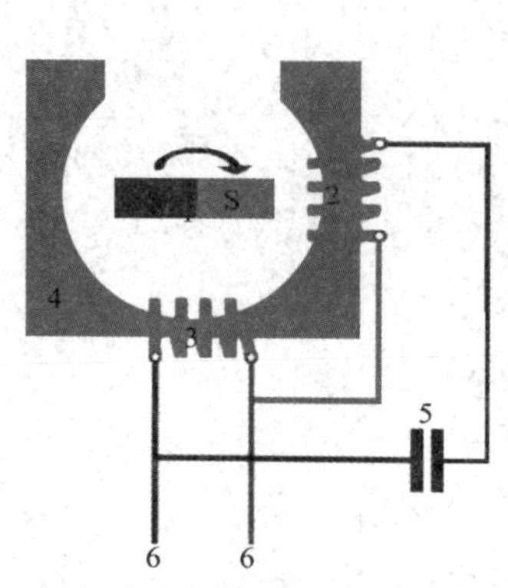

图 6–13　电容式交流电动机

1– 转子；2– 定子线圈；3– 用于辅助相的定子线圈；
4– 定子；5– 电容器；6– 连接

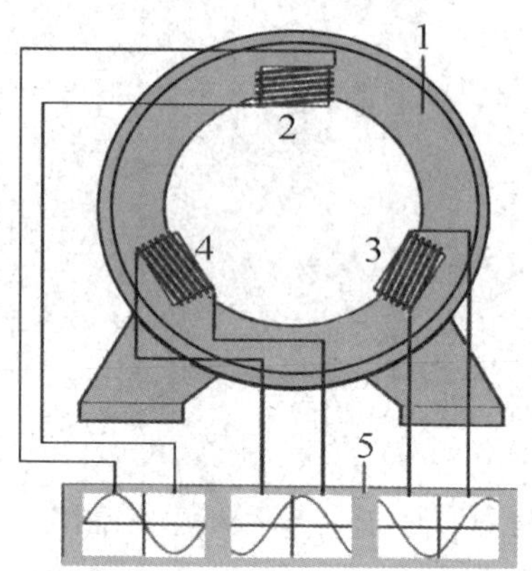

图 6–14　三个交流电压的曲线

1– 定子；2– 绕组 U；3– 绕组 V；
4– 绕组 W；5– 相电流的相位

（三）同步电机

同步电机的转子中的磁场由永磁体（较小的机器）或电磁体（较大的机器）产生，如图 6–15 所示。在第二种情况下，需要滑动触点，然而，只有相对小的电流流过该滑动触点。与直流电机相比，同步电机不需要换向器。

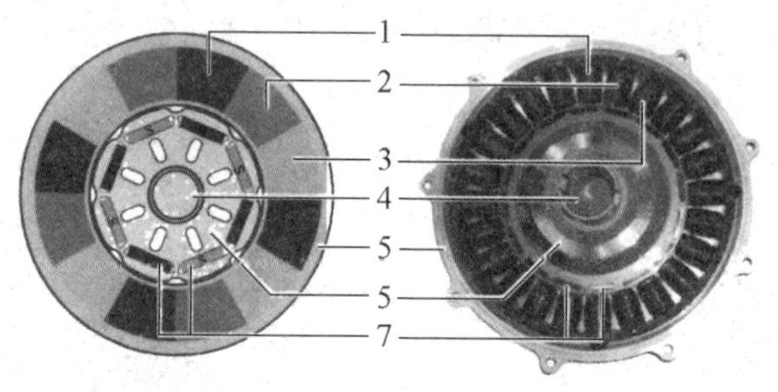

图 6–15　同步电机的结构

1– 绕组 U；2– 绕组 V；3– 绕组 W；4– 轴；
5– 带有旋转磁场绕组的定子；6– 带有永久磁铁的转子；7– 永久磁铁

同步电机在电动汽车中已广泛使用。因为借助永久磁铁转子不必使用其他外部能量就可以产生磁场，因此这种电机具有非常高的功率密度和效率（大于 90%）。

永磁同步电机的其他优点包括：惯量较小；维修费用低廉；转速不受负荷影响。

同步电机的缺点是：磁铁材料的采购成本较高；调节成本较高；无法自动运行。

（四）异步电机

三相电流异步电机可以作为电机或发电机使用。异步电机的特点是不为转子直接提供电流，而是通过与定子旋转磁场的磁场感应产生转子磁场。因为转子使用了定子旋转磁场产生的感应电流，所以通常异步电机也被称为感应式电机，如图 6–16 所示。

图 6–16 异步电机的结构

1– 风扇；2– 轴承；3– 壳体；4– 转子；5– 定子；6– 定子线圈；7– 轴

定子旋转磁场转速和转子转速之间的差被称为异步转速。异步转速的大小取决于负荷。定子旋转磁场和转子以不同的转速旋转，也就是说没有同步转动，因此这种电机被称为异步电机。异步电机与直流电机相比其优点是结构简单且坚固耐用，这里的主要优点是不再需要集电环和电刷。由于结构简单，因此价格便宜且所需维护较少。异步电机通常被作为电动机使用。

从电气角度来看，异步电机就像一个变压器。定子绕组为初级，短路的导体棒为次级。自调节电流取决于转速。

怠速运行时异步电机的替代电路图主要由 Rs 和 Xs 构成，因此电机接收的几乎都是无功功率。只要转子没有转动，变压器的次级侧始终处于短路状态，因此需要提供一个较高的电流和一个较强的磁场。在该起动范围内电机的效率较差并且会产生很高的温度。只要电枢开始转动且已适应周围的旋转磁场，电流就会变小且效率也会得到提高。通过供电电子装置和可以提高或降低频率的变频器实现异步电机的转速控制。

异步电机的优点：使用寿命较长；因为可以简便的安装和拆除电刷，所以维护费用较；制造成本相对较低；可以自动运行；短时间内可以承受较强的过载；设计坚固。

异步电机的缺点：与永磁同步电机相比，在高扭矩利用率方面的效率较低；未使用带有起动控制的变频器时起动扭矩较小。

四、电机的技术指标

电机的额定指标是指根据国家标准及电机的设计、试验数据而确定的额定运行数据，是电机运行的基本依据。电机的额定指标主要包括以下各项。

1. 额定功率

额定功率是指额定运行情况下轴端输出的机械功率（W 或 kW）。

（1）满载

当电机在额定运行情况下输出额定功率时，称为满载运行，这时电机的运行性能、经济性及可靠性等均处于优良状态。

（2）过载

输出功率超过额定功率时称为过载运行，这时电机的负载电流大于额定电流，将会引起电机过热，从而减少电机使用寿命，严重时甚至烧毁电机。

（3）轻载

电机的输出功率小于额定功率时称为轻载运行，轻载时电机的效率和功率因数等运行性能均较差，因此应尽量避免电机轻载运行。

2. 额定电压

额定电压是指外加于线端的电源线电压（V）。

3. 额定电流

额定电流是指电机额定运行（额定电压、额定输出功率）情况下电枢绕组（或定子绕组）的线电流（A）。

4. 额定频率

额定频率是指电机额定运行情况下电枢（或定子侧）的频率（Hz）。

5. 额定转速

额定转速是指电机额定运行（额定电压、额定频率、额定输出功率）的情况下，电机转子的转速（r/min）。

五、电动汽车对电机的要求

电动汽车在行驶过程中，经常频繁地起动 / 停车、加速 / 减速等，这就要求电动汽车中的电机比一般工业用的电动机性能更高。其基本要求如下。

（1）电机的运行特性要满足电动汽车的要求，在恒转矩区，要求低速运行时具有大转矩，以满足电动汽车起动和爬坡的高求；在恒功率区，要求低转矩时具有高的速度，以满足电动汽车在平坦的路面能够高速行驶的要求。

（2）电机应具有瞬时功率大、带负载起动性能好、过载能力强、加速性能能好、使用寿命长的特点。

（3）电机应在整个运行范围内，具有很离的效率，以提高一次充电的续驶里程。

（4）电机应能够在汽车减速时实现再生制动，将能量回收并反馈给蓄电池，使得电动汽车具有最佳的能量利用率。

（5）电机应可靠性好，能够在较恶劣的环境下长期工作。

（6）电机应体积小、重量轻，一般重量为工业用电动机的 1/3 ～ 1/2。

（7）电机的结构要简单坚固，适合批量生产，便于使用和维护。

（8）价格便宜，从而能够降低电动汽车的整体价格，提高性价比。

（9）运行时噪声低，减少污染。

电机功率控制器

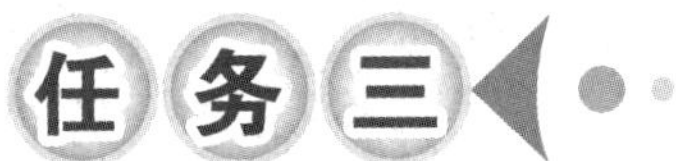

在电动汽车中，电机功率控制器（PCU）的功能是根据挡位、加速踏板、制动等指令，将动力电池所存储的电能转化为驱动电机所需的电能，来控制电动车辆的起动运行、进退速度、爬坡等行驶状态，或者将帮助电动车辆制动，并将部分制动能量存储到动力电池中。图 6-17 是丰田 THS-Ⅱ电机功率控制器（PCU）示意图。

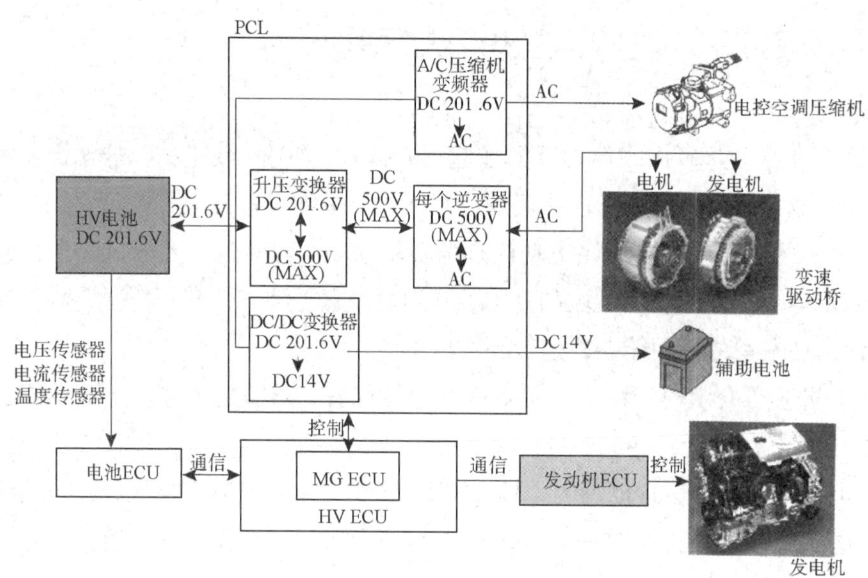

图 6–17 丰田 THS–II 的 PCU 控制示意图（NHW20 车型）

一、电机功率控制器的组成与原理

电机功率控制器主要由逆变器、升压变换器、DC/DC 变换器和冷却器等组成。图 6–18 所示为 2017 年丰田普锐斯 PCU 实物解剖图。

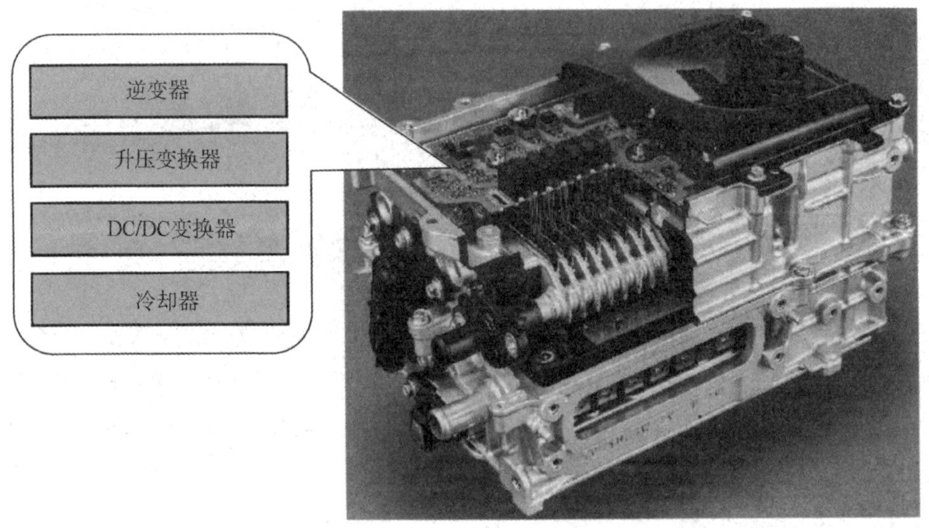

图 6–18 丰田普锐斯 PCU 实物解剖图

（一）逆变器

逆变器将来自增压变换器的直流电变换为三相交流电以驱动电机；反之，将来自电机

的交流电转换为直流电。构成逆变器的重要功率电子元件是 IGBT（绝缘栅双极型晶体管芯片），如图 6-19 所示。

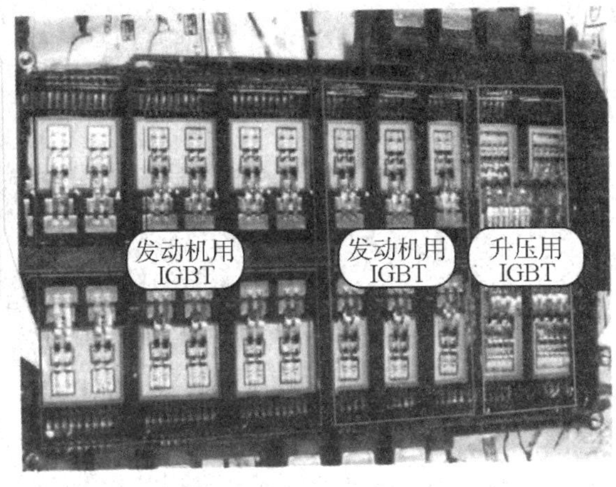

图 6-19　丰田普锐斯（NHW20）PCU 实物图

1. 直流（DC）转交流（AC）原理

（1）逆变原理。一般来说，逆变器是将直流电变换为交流电，或将交流电变换为直流电的设备。要将直流电变换为交流电，需要将 4 个不同的开关进行组合。改变开关的打开 / 关闭时间可以相应地改变频率。

逆变器

（2）正弦波型交流电压的产生。逆变器输出的是正弦波型交流电，而不是矩形波交流电，如图 6-20 所示。

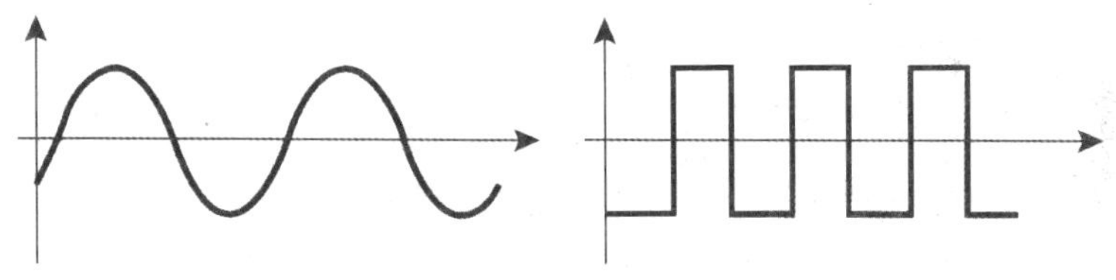

图 6-20　正弦波型交流电和矩形波交流电波形

使用 6 个 IGBT 可产生正弦波型交流电压，3 个相位相距 120°。

①电机运转时。根据转子（永久磁铁）的位置，IGBT 打开以产生适合转子位置的三相交流电，使转子运转。

②进行再生制动时。车轮转动转子（永久磁铁），在相位 U、相位 V 和相位 W 内产生三相交流电压。三相交流电经二极管整流后为动力电池充电。

③进行零转矩控制时（电机运转和再生制动以外的情况）。根据车辆行驶条件，电机转矩可能会降至零。如在水平路面上平稳行驶时，由于进行前置前驱，四轮驱动混合动力系统的电机既不驱动车轮，也不发电。

但是，在此情况下，电机仍然转动。由于电机转动产生电压，电流开始流动。为了抵消 MGR 产生的电压，IGBT 打开以产生电压，防止电流流动。

2. 逆变器控制原理

根据 MG1 和 MG2 的驱动指令值，HV ECU 将逆变器驱动信号（PWM）输出至逆变器，如图 6–21 所示。HV ECU 检测是否按照安装在逆变器内的电流传感器的反馈指令生成三相交流电。

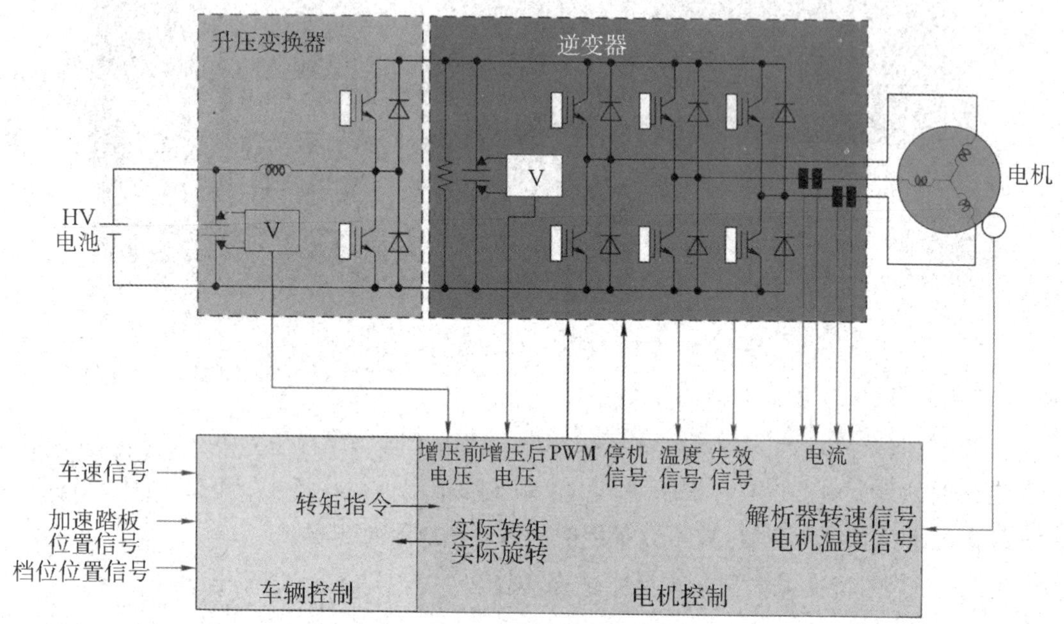

图 6–21　逆变器控制原理

HV ECU 根据车辆运行条件改变逆变器控制模式（即逆变器驱动信号），从而有效地控制 MG1 和 MG2。逆变器控制模式有三种（表 6–1 和图 6–22），并可通过智能检测仪的 ECU 数据表进行检查。DC/AC 据速率转换时电压的变化。

表 6–1　逆变器控制模式

项目	正弦波型 PWM	可变 PWM	矩形波 (1 脉冲)
电压波形			
变频	0~0.61	0.61~0.78	0.78
特征	转矩波动小（低速范围的平滑控制）	中速输出	快速输出

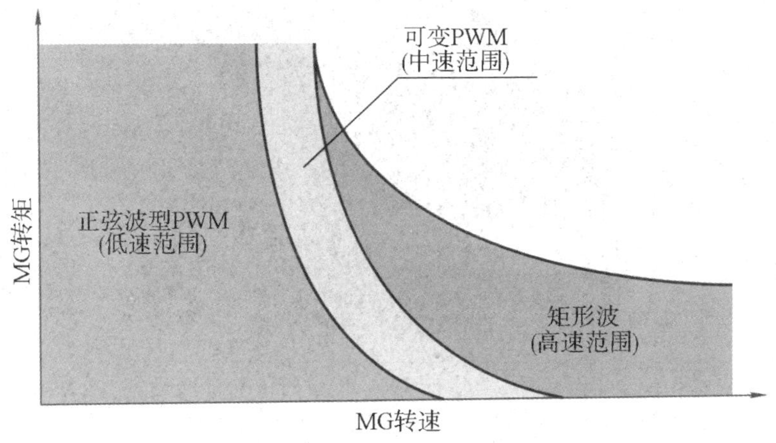

图 6–22　逆变器控制模式范围

（二）升压变换器

升压变换器将动力电池的电压升高，升高后的电压进入逆变器；反之，降低电机产生的电压以便为动力电池充电。图 6–23 是丰田普锐斯（NHW20）PCU 的升压变换器的原理图。

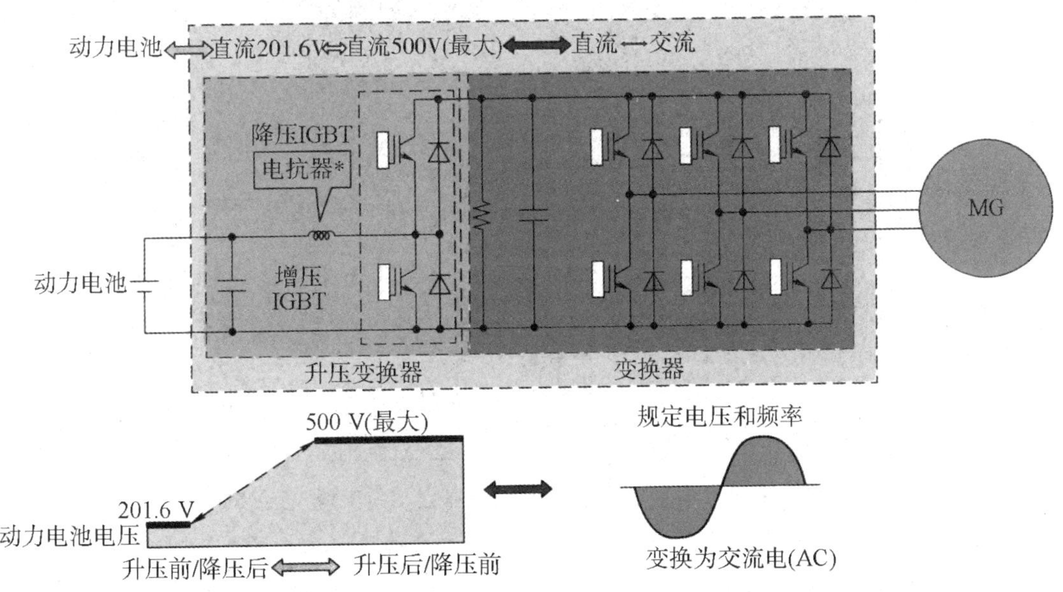

图 6–23　丰田普锐斯（NHW20）PCU 的升压变换器原理图

（三）DC/DC 变换器

1. DC/DC 变换器工作原理

DC/DC 变换器将动力电池电压从直流高压变换至直流低压（通常为 14 V）以为辅助蓄电池充电。图 6–24 是丰田普锐斯（NHW20 ）PCU 的 DC/DC 变换器的实物图，其工作原理如图 6–25 所示。

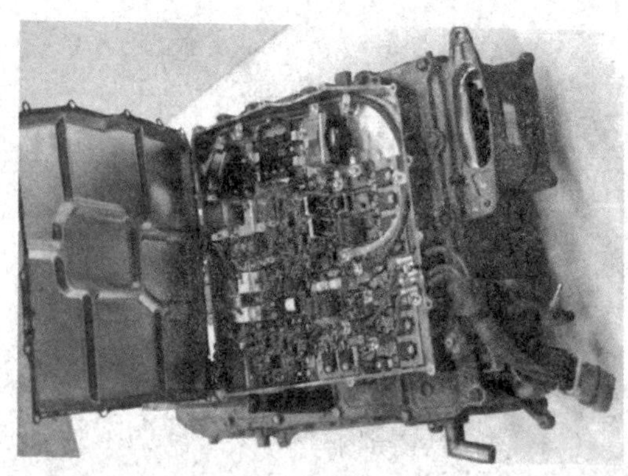

图 6–24　丰田普锐斯（NHW20）PCU 的 DC/DC 变换器的实物图

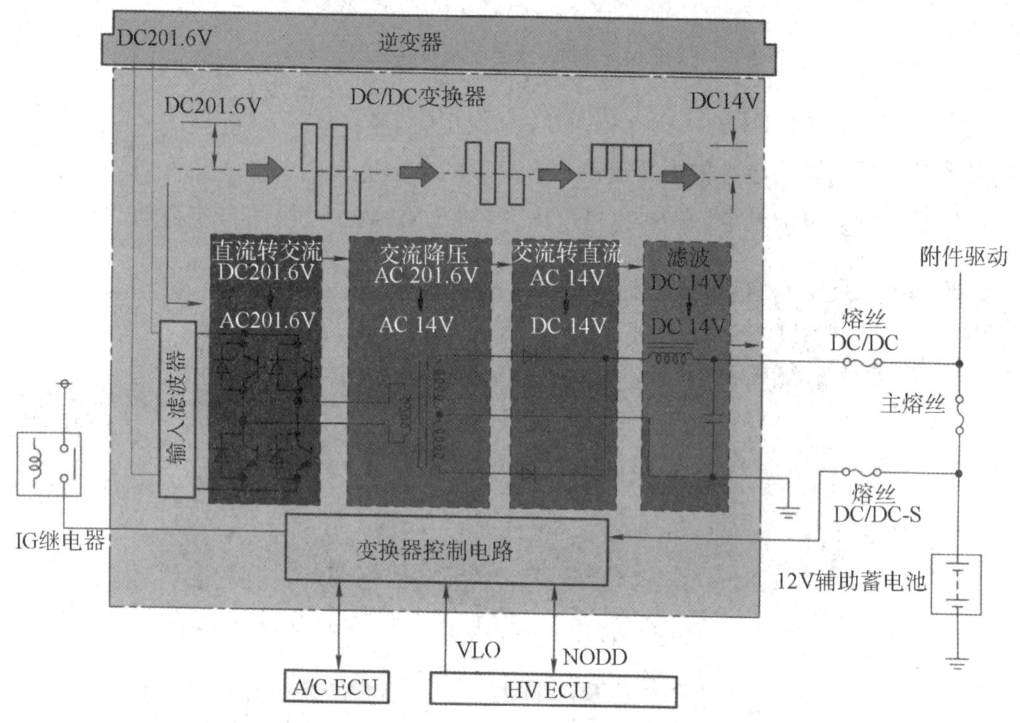

图 6–25　丰田普锐斯（NHW20）PCU 的 DC/DC 变换器电路工作原理

高压（201.6 V）暂时在晶体管桥接电路上变换为交流电并通过变压器降为低压，然后交流电变换为直流电，电压稳定且输出至直流 12 V 系统。变换器控制电路监控直流 12 V 系统的输出电压以使辅助蓄电池端子的电压保持恒定。

2. DC/DC 变换器的控制

NHW20 车型使用的 DC/DC 变换器根据运行条件使输出电压在两种级别（直流 14 V、直流 13.5 V）之间切换，由 VLO 端子控制。

DC/DC 变换器控制的主要任务有以下两个：

（1）DC/DC 变换器将 HV 蓄电池电压降至直流 14 V，从而为辅助蓄电池充电，并为

辅助系统提供动力。

（2）当发生异常时，HV ECU 使用 NODD 端子监视 DC/DC 变换器并发出指令停止 DC/DC 转换器运行。

（四）冷却器

PCU 中由许多大功率电子元件组成，这些电子元件在工作过程中会产生热量。PCU 若温度过高则会影响其性能，因此对其进行适当的冷却是十分必要的。图 6-26 是丰田普锐斯 PCU 的冷却器的实物图。

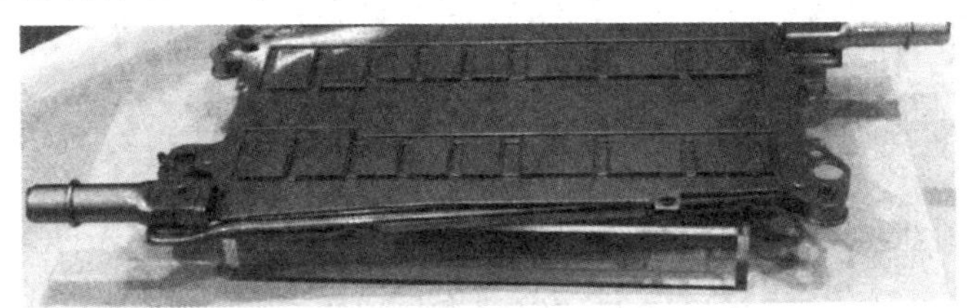

图 6-26　丰田普锐斯 PCU 的冷却器实物图

二、电机控制方式

电机控制方式主要有电压控制、电流控制、频率控制、弱磁控制、矢量控制、直接转矩控制，如图 6-27 所示。

电机控制方式

- 电压控制
  通过改变电机端电压而实现转速控制的控制方式
- 电流控制
  通过改变电机绕组电流而实现转速控制的控制方式
- 频率控制
  通过改变电机的电源频率而实现转速控制的控制方式
- 弱磁控制
  通过减弱气隙磁场控制电机转速的控制方式
- 矢量控制
  将交流电机的定子电流作为矢量，经坐标变换分解成与直流电机的励磁电流和电枢电流相对应的独立控制电流分量，以实现电机转速/转矩控制的方式
- 直接转矩控制
  用空间矢量的分析方法，直接在定子坐标系下计算并控制交流电机的转矩，采用定子磁场定向，借助于离散的两点式调节产生PWM信号，直接对变换器的开关状态进行控制，以获得转矩的高动态性能的控制方式

图 6-27　电机控制方式

思考与练习

一、选择题

1. 电机功率控制器的英文缩写是________。

2. ________将来自增压变换器的直流电变换为三相交流电以驱动电机；反之，将来自电机的交流电变换为________。

3. 构成逆变器的重要功率电子元件是________。

4. 一般来说，逆变器要将直流电变换为交流电，需要将________个不同的开关组合。

5. 逆变器控制模式有________种，并可通过智能检测仪的________进行检查。

二、判断题

1. 电机功率控制器是由升压变换器、DC/DC 变换器和冷却器组成。（ ）

2. 逆变器将来自增压变换器的直流电变换为三相交流电以驱动电机；反之，将来自电机的交流电变换为直流电。（ ）

3. 升压变换器将动力电池的电压升高，升高后的电压进入逆变器；反之，降低电机产生的电压以便为动力电池充电。（ ）

4. DC/DC 变换器将 HV 蓄电池电压从直流高压变换至直流低压（通常为 14 V）以为辅助动力电池充电。（ ）

5. 电机的控制方式主要有 3 种，它们是电压控制方式、电流控制方式、频率控制方式。（ ）

三、简答题

1. 电机驱动系统由哪几部分组成?

2. DC/DC 变换器工作原理是什么?

3. 谈谈电动汽车对电机的要求。

项目七
电动汽车充电技术认知

项目导读

当下属于新型科技的引领时代，社会的发展也离不开科技的进步和支撑，如今，电动汽车做为一项前沿的绿色出行工具，正备受社会大众热爱，同时也对眼下的能源与环保起到解决效用。而对于其充电补给方面，可以说是电动汽车推广发展中最为重要的配套设置。

学习目标

- 了解电动车对充电设备的要求。
- 理解电动汽车充换电技术及方法。
- 理解充电系统工作原理。
- 理解静止式无线充电技术与移动式无线充电技术。

电动汽车的充电设备

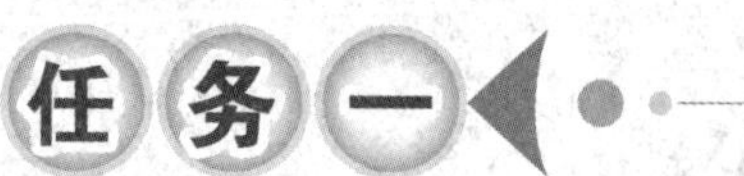

任务一

充电系统是新能源汽车（包含纯电动汽车和插电式混合动力电动汽车）的能源补给系统，为保障车辆持续行驶提供动力能源。

一、充电系统的功能

纯电动汽车和插电式混合动力电动汽车充电系统应具有以下功能：

（1）根据动力电池的实时状态控制充电的启动和停止，当动力电池充满后应自动停止充电。

（2）将市电进行电力变换为电动汽车充电，供给与动力电池额定条件相对应的电力。

（3）根据动力电池的电量、温度，控制充电电流的调节和电池的加热。

（4）可根据充电时长的需求来选择充电模式。

二、电动汽车对充电设备的要求

电动汽车充电设备是指与电动汽车或动力蓄电池相连接，并为其提供电能的设备，是电动汽车充电站最主要的设备。电动汽车对充电设备的基本要求如图 7-1 所示。

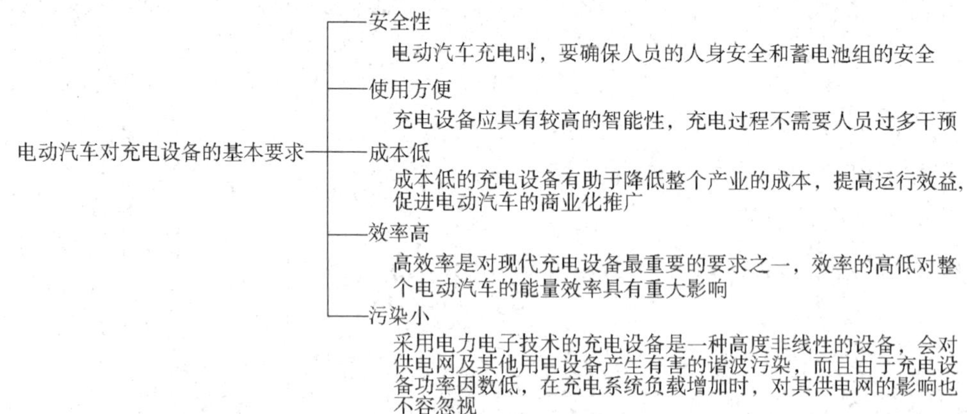

图 7-1　电动汽车对充电设备的基本要求

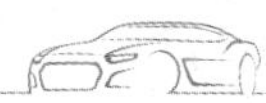

三、电动汽车充电设备的类型

电动汽车充电设备的类型很多，一般分为非车载充电机、车载充电机、交流充电桩、直流充电桩和交直流充电桩等。

（一）非车载充电机

非车载充电机是指安装在电动汽车车体外，将电网的变流电能变换为直流电能，采用传导方式为电动汽车动力蓄电池充电的专用装置，如图 7–2 所示。

图 7–2　非车载充电机

非车载充电机一般由高频开关电源模块、监控单元、人机操作界面、与电动汽车电气接口、计量系统和通信接口等组成。

（二）车载充电机

车载充电机是指固定安装在电动汽车上运行，将交流电能转换为直流电能，采用传导方式为电动汽车动力蓄电池充电的专用装置，如图 7–3 所示。

图 7–3　车载充电机

车载充电机由交流输入接口、功率单元、控制单元、直流输出接口等部分组成，充电过程中由车载充电机提供电池管理系统、充电接触器、仪表盘、冷却系统等低压用电电源。

（三）交流充电桩

交流充电桩是指固定在电动汽车外、与交流电网连接，采用传导方式为具有车载充电装置的电动汽车提供交流电源的专用供电装置。交流充电桩只提供电力输出，没有充电功能，需连接车载充电机为电动汽车充电。图 7–4 所示为电动汽车交流充电桩。

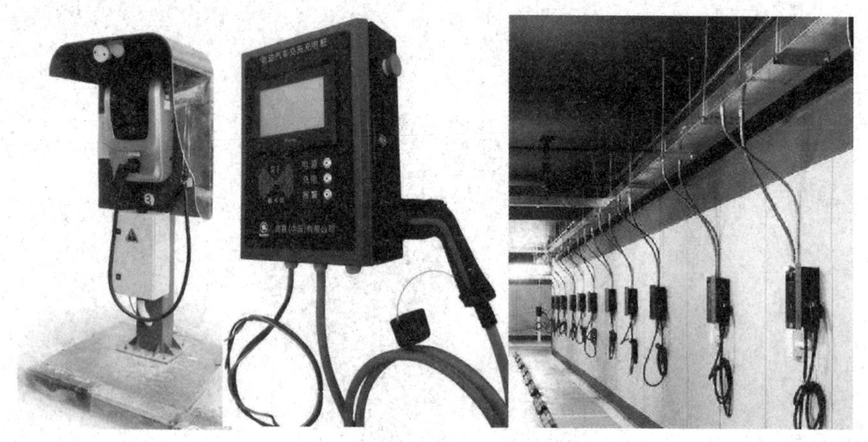

图 7–4　电动汽车交流充电桩

交流充电桩由桩体、电气模块和计量模块 3 部分组成。桩体外部结构包括外壳和人机交互界面：电气模块包括充电插座、供电电缆、电源转接端子排、安全防护装置等；计量模块包括电能表、计费管理系统、非接触式读写装置等。

交流充电桩输出单相 / 三相交流电，通过车载充电机转换成直流电给车载蓄电池充电，功率较小，有 7 kW、22 kW、40 kW 等，充电速度较慢，一般安装在商业区、写字楼、小区停车场等地。

交流充电示意图如图 7–5 所示。高压电通过变压器转化成低压电，低压电经由低压电缆引至非车载充电机，输出交流电，通过车载充电机给蓄电池供电。

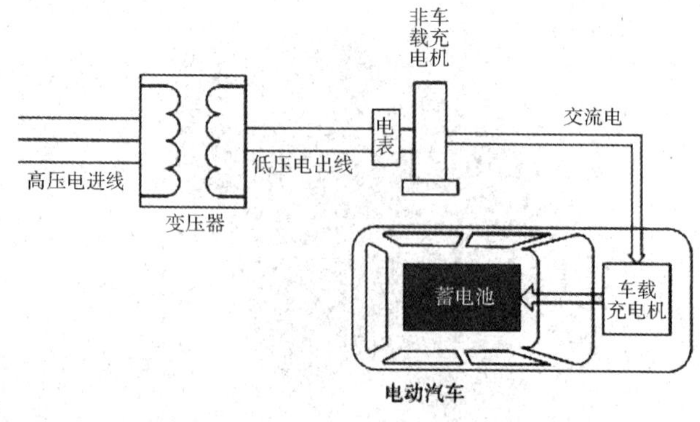

图 7–5　交流充电示意图

（四）直流充电桩

直流充电桩是指固定在电动汽车外、与交流电网连接，可以为非车载电动汽车动力电池提供小功率直流电源的供电装置。直流充电桩直接输出直流电给车载电池进行充电，功率较大，有 60 kW、120 kW、200 kW 甚至更高，充电速度较快，故一般安装在大型充电站。图 7-6 所示为电动汽车直流充电桩。

图 7-6　电动汽车直流充电桩

直流充电桩主要由监控器、刷卡区、充电指示灯、插枪接口、充电桩体等部分组成。

直流充电示意图如图 7-7 所示。高压电通过变压器转化为低压电，低压电经由低压电缆引至非车载充电机，输出直流电，不通过车载充电机直接给蓄电池供电。

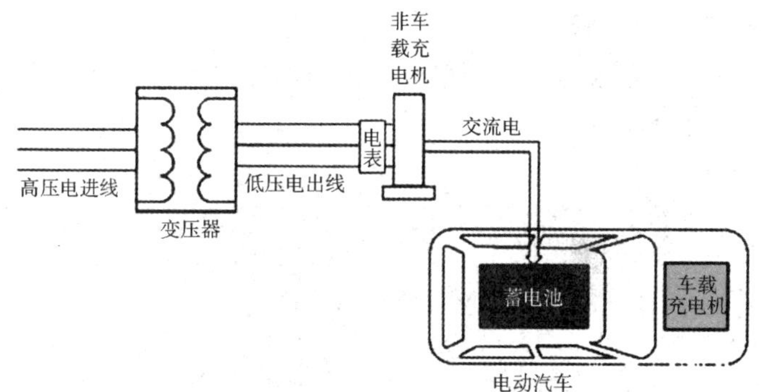

图 7-7　直流充电示意图

（五）交直流充电桩

交直流充电桩是采用交直流一体的结构，既可实现直流充电，也可以交流充电。白天充电业务多的时候，使用直流充电方式进行快速充电，当夜间充电站用户少时可用交流充电方式进行慢充操作。图 7-8 所示为电动汽车交直流充电桩。

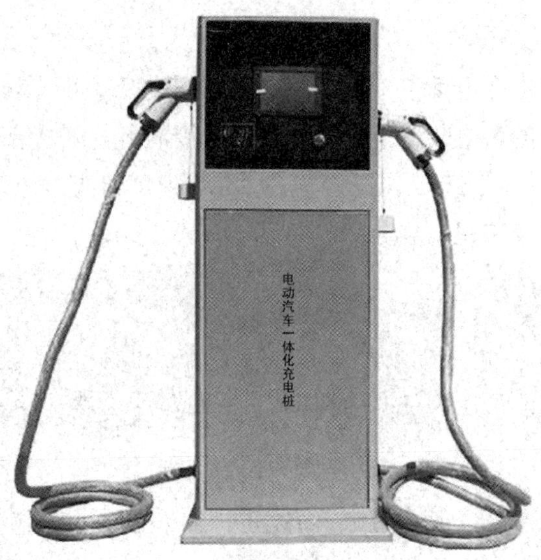

图 7–8　电动汽车交直流充电桩

 四、车载充电机

车载充电机是指固定安装在电动汽车上的充电机，具有为电动汽车动力电池安全、自动充满电的能力，车载充电机依据电池管理系统提供的数据，能动态调节充电电流或电压参数，执行相应的动作，完成充电过程。

车载充电机是以交流电源作为输入，输出为直流，直接给动力电池充电。

（一）车载充电机的组成

车载充电机由交流输入端口、功率单元、控制单元、低压辅助单元、直流输出端口等组成，其连接示意图如图 7–9 所示。

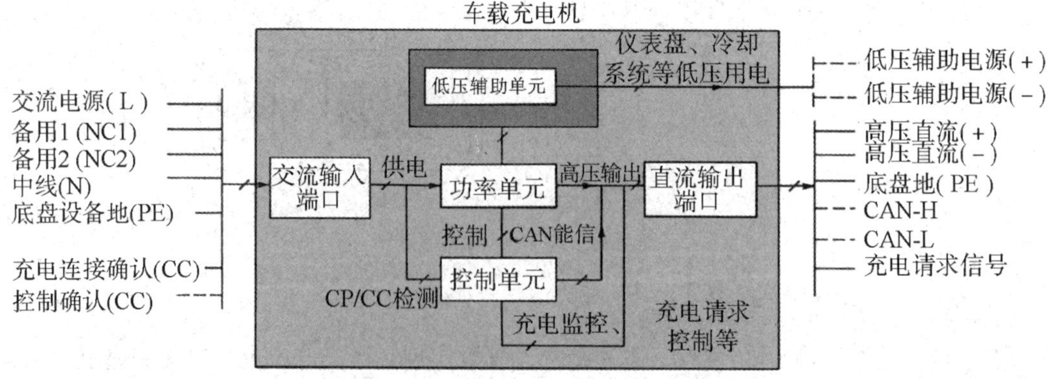

图 7–9　车载充电机连接示意图

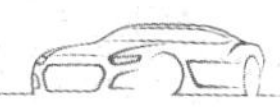

（1）交流输入端口。交流输入端口是车载充电机与地面供电设备的连接装置。

（2）功率单元。功率单元作为充电能量的传递通道，主要包括电磁干扰抑制模块、整流模块、功率因数校正模块、滤波模块、全桥变换模块、直流输出模块，其作用是在控制单元的配合下，把电网的交流电转换成蓄电池需要的高压直流电。

（3）控制单元。控制单元主要包括原边栓测及保护模块、过流检测及保护模块、过压 / 欠压监测及保护模块、DSP 主控模块，其作用是通过电力电子开关器件控制功率单元的转换过程，通过闭环控制方式精确地完成转换功能，并提供保护功能。

（4）低压辅助单元。低压辅助单元主要包括 CAN 通信模块、辅助电源模块、人机交互模块，其作用是为控制单元的电力电子器件提供低压供电及实现系统与外界的联系。

（5）直流输出端口。直流输出端口是车载充电机与蓄电池之间的连接装置。

车载充电机的优点是不管车载蓄电池在任何时候、任何地方需要充电，只要有充电机额定电压的交流插座，就可以对电动汽车进行充电。车载充电机的缺点是受电动汽车的空间所限，功率较小，输出充电电流小，蓄电池充电的时间较长。

（二）车载充电机在汽车上的位置

车载充电机作为电动汽车电气系统的一部分，被固定在汽车上。车载充电机的输入端，以标准充电接口的形式固定在车体上，用于连接外部电源；车载充电机的输出端，直接连接动力电池包慢充电接口，如图 7-10 所示。

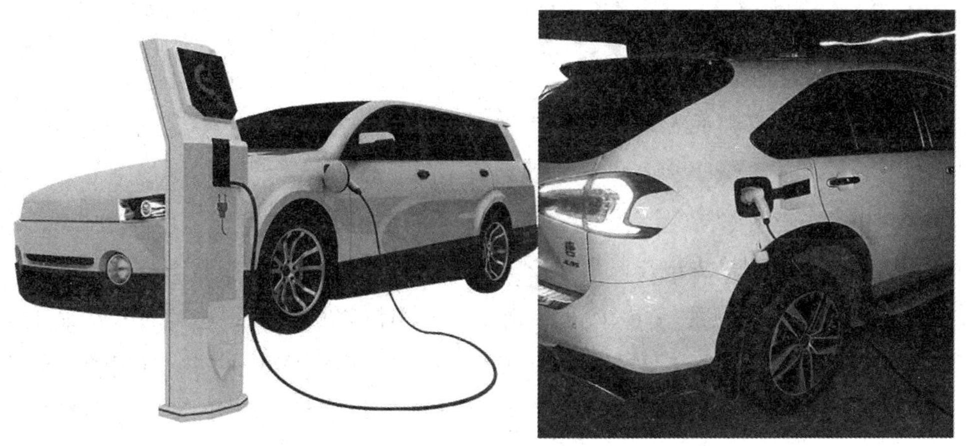

图 7-10　车载充电机在汽车上的位置

（三）车载充电机技术参数

车载充电机输入技术参数的推荐值见表 7-1。

表 7-1　车载充电机输入技术参数的推荐值

序号	额定输入电压 /V	额定输入电流 /A	额定输入功率 /kW	额定频率 /Hz
1	单相 220	10	2.2	50
2	单相 220	16	3.5	
3	单相 220	32	7.0	
4	三相 380	16	10.5	
5	三相 380	32	21.0	
6	三相 380	63	41.0	

车载充电机输出技术参数的推荐值见表 7-2。

表 7-2　车载充电机输出技术参数的推荐值

输出电压等级	输出电压范围 /V	标称输出电压推荐值 /V
1	24 ～ 65	48
2	55 ～ 120	72
3	100 ～ 250	144
4	200 ～ 420	336
5	300 ～ 570	384、480
6	400 ～ 750	640

输出电流可根据各厂家蓄电池组电压情况设定。车载充电机在额定输入电压、额定负载的状态下，效率应不低于 90%，功率因数应不低于 0.92。

车载充电机的技术参数误差要求：输入电压波动范围为额定输入电压 ±15%; 输入电压频率波动范围为额定输入电压频率 ±2%; 车载充电机在恒压输出状态下运行时，其输出电压与设定电压的误差应为 ±1%；车载充电机在恒流输出状态下运行时，其输出电流与设定电流的误差应为 ±5%；车载充电机在允许的输出电流的范围内，输出电流的周期和随机偏差不能大于设定电流值的 10%；车载充电机在稳流区间工作时，其稳流精度应小于 1%，在稳压区间工作时，稳压精度应小于 0.5%。

（四）电动汽车车载充电机充电接口

电动汽车车载充电机属于交流充电，其接口应满足交流充电接口的要求。

车辆供电插头的触头布置方式如图 7-11 所示，车辆充电插座的触头布置方式如图 7-12 所示。交流充电口（慢充口）有 7 个孔，中间三个大圆孔分别接中线（火线）、地线、交流电源（零线），用来传导交流电。

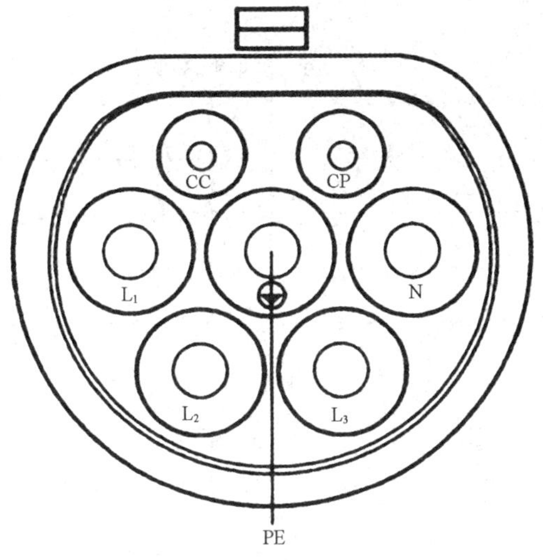

图 7-11　车载充电机车辆供电插头的触头布置方式

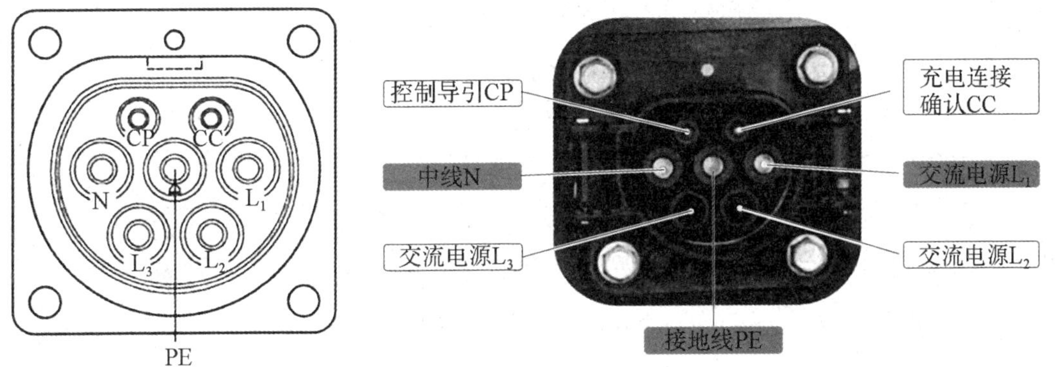

图 7-12　车载充电机车辆充电插座的触头布置方式

车载充电机车辆供电插头和充电插座如图 7-13 所示。

在充电连接过程中，首先接通保护接地触头，最后接通控制确认触头与充电连接确认触头；断开过程相反。车辆接口的电气连接界面如图 7-14 所示，供电接口的电气连接界面如图 7-15 所示。

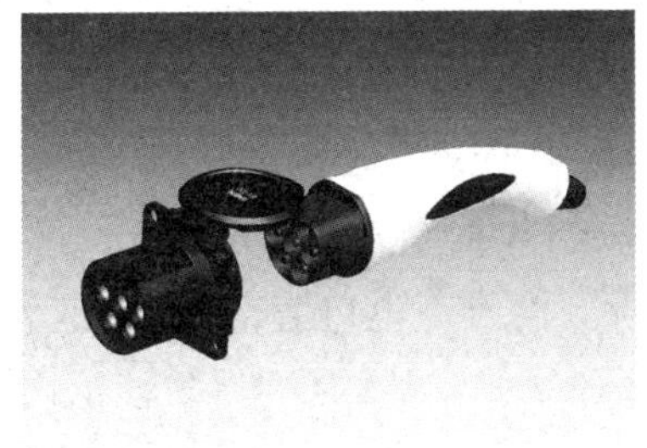

图 7-13　车载充电机车辆供电插头和充电插座

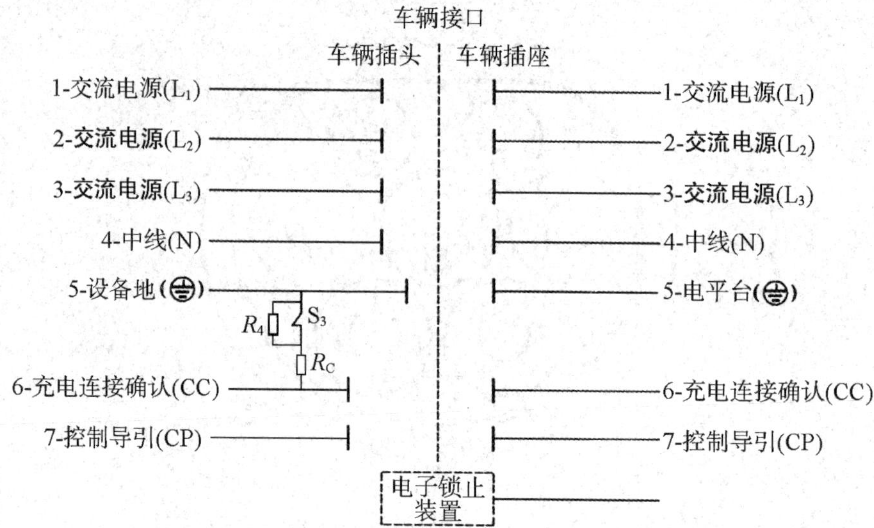

图 7–14　车辆充电接口的电气连接界面

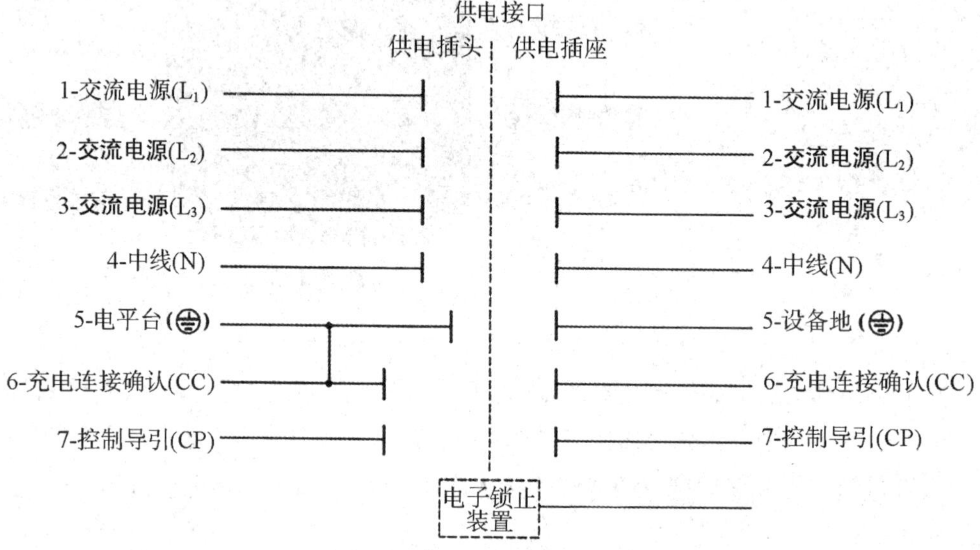

图 7–15　车辆供电接口的电气连接界面

（五）纯电动汽车充电步骤及注意事项

1. 利用车载充电机对纯电动汽车充电步骤

（1）将纯电动汽车断电以后，打开充电口盖，电机转速表上的充电指示灯点亮。此时，车辆为“ON”挡时也不会行驶。

充电过程中电机转速表中的充电指示灯一直处于点亮状态，只有拔下充电插头并关闭充电门板之后，充电指示灯才会熄灭。

（2）将充电插头与车辆上的充电插座进行连接，如图 7–16 所示。

（3）将充电插头的另一端与充电桩上的充电插座进行连接，刷卡后，车载充电机将开始对动力电池包充电，如图 7–17 所示。或者将家用插头插入 220 V/16 A 的插座进行充电。

图 7–16　充电插头和充电插座

要将电量很低的动力电池包充至满电状态，使用 220 V 交流电一般需要 7 h 左右。充电时间的长短也取决于动力电池包的荷电状态（SOC），荷电状态较高时充电时间较短，荷电状态较低时充电时间较长。

图 7–17　利用车载充电机充电

充电过程中要查看动力电池包电量是否已经充满，只需将钥匙打到“ACC”或者“ON”挡，即可从仪表盘上读出。

当指针指示在 100% 时，表明动力电池包已经充满电；当指针未指示在 100% 附近时，说明动力电池包尚未充至满电状态。

2. 充电操作注意事项

（1）由于动力电池的特性以及检测精度的问题，有时候动力电池包充至满电状态时，SOC 表的指针并未指示在 100%，这个指示的范围可能为 98% ～ 100%，所以可以认为当 SOC 表的指针指示在 98% 以上时（包括 98%），动力电池包已经充满电。

（2）在充完电拔下充电接头以后，如果没有及时查看 SOC 表的充电状态，而是过了几个小时或者更长的时间才进行查看，这时由于动力电池的特性，SOC 表指针可能指示在 98% 以下，这并不意味着动力电池包出现了故障。

（3）动力电池包的可用能量会随着使用时间的延长而逐步衰减。如果动力电池包的使用时间已经很长，充满电时 SOC 表指针也不会指示在 100% 附近。

（4）动力电池包充电过程中，电池管理系统会自动控制充电电流的大小，当动力电池包充至满电状态时，电池管理系统会自动终止对动力电池包的充电。

（5）当环境温度太低时，插上充电接头以后，电池管理系统会自动先对电池包进行加热，当温度合适以后才对电池包进行充电。

（六）车载充电机发展趋势

随着电动汽车续航里程的提升（350 ～ 500 km），电池电量普遍大于 60 kW·h，传统的 3.3 kW 和 6.6 kW 车载充电机功率已不能满足当下纯电动汽车的慢充（6 ～ 8 h）需求，车载充电机功率扩容势在必行。然而，整车配备大功率充电机虽可减少充电时间，但由于受限于车辆配重、空间以及成本制约，同时大功率的交流充电也受电网基础设施的影响，如小区配电的容量，该解决方案面临诸多挑战。

部分纯电动汽车的续航里程和交流充电功率比较见表 7–3。

表 7–3　部分纯电动汽车的续航里程和交流充电功率比较

车型	交流充电功率 /（相 /kW）	车载储能 /kW · h	续航里程 /km
北汽 EU400	1/6.6	54.4	360（NEDC）
腾势 400	1/3.3	62	352（NEDC）
荣威 ERX5	1/6.6	48.3	320（NEDC）
日产 Leaf2017	1/6.6	40	400（JC08）
宝马 Mini–E	1/19	35	160（BMW）
特斯拉 ModelS	1/3/22	85	480（Tesla）
雷诺 Zoe	3/43	22	210（NEDC）
比亚迪 e6	1/3/40	82	400（NEDC）

电动汽车充电系统的设计趋势是大功率、高效率，以便在一次充电保证尽可能多的续航里程。

对于车载充电机产品扩功率、降成本的发展趋势，主要形成两种技术形态。

1．单向充电技术向双向充电技术发展，单向充电机变成双向充电机

车载双向充电机就是充电机既可以给电动汽车蓄电池进行充电，又可以在必要时将蓄电池的电逆变成交流电，给负载离网供电，或回馈到电网并网馈电。通过车载双向充电机的应用，未来电动汽车不仅仅是一个交通工具，还将成为一个移动的储能电站。

车载充电机呈集成化趋势，车载充电机与 DC/DC 变换器和电机控制器集成在一起，具有 V2V（车对车）、V2L（车对负载）、V2H（车对家庭）、V2G（车对电网）功能的双向充电机，如图 7–18 所示。计划到 2020 年，实现 V2V、V2L、V2H；到 2025 年，实现 V2G。

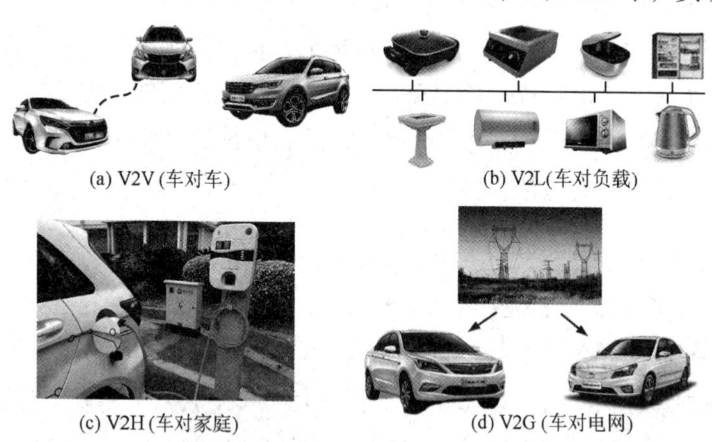

图 7–18　车载双向充电机

2. 单相充电技术向三相充电技术发展

现阶段，许多电动汽车不支持高于 6.6 kW 的交流充电功率水平，但交流连接器支持高达 19 kW（美国）、14 kW（欧洲）的单相功率水平，以及高达 52 kW（美国）、44 kW（欧洲）的三相功率水平。标准化充电功率与电动汽车交流充电功能之间还未完全匹配，因此，在现有充电标准内增加 AC 充电水平存在相当大的潜力。

美国、欧洲及中国交流充电额定电压 / 电流表见表 7–4。

表 7–4　美国、欧洲及中国交流充电额定电压 / 电流表

类型	国家 / 地区	最高电压（V）/ 电流（A）	峰值功率 /kW
单相 /AC	美国	240/80	19
	欧洲	220/63	14
	中国	220/32	7
三相 /AC	美国	480/63	52
	欧洲	400/63	44
	中国	380/63	41

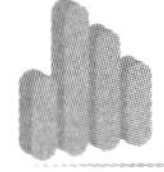

五、非车载充电机

作为推动电动汽车发展的重要因素，电动汽车充电站这一基础设施的建设显得尤为重要，没有充电站就相当于没有加油站，充电站的建设对于提供电动汽车远程旅行，提高续航里程，具有非常重要的作用。而作为充电站的核心，非车载充电机是必不可少的。

（一）电动汽车非车载充电机的组成

非车载充电机主要由充电机主体和充电终端两个部分组成，如图 7–19 所示。充电机主体包括三相输入接触器、功率模块和管理模块，其中三相输入接触器与电网相连，将交流电转换为电压、电流可调的直流电。充电机主体的输出经过充电终端的充电线缆接口与电动汽车的蓄电池相连。充电终端主要包括终端 MCU 主控制器、整流柜控制系统、IC 卡计费系统、信息打印系统、电能测量系统、电池管理系统、充电站监控系统、人机界面等，如图 7–20 所示。

功率模块是非车载充电机中实现能量传递的主体，是充电机中最关键的部件，单个功率模块难以实现充电机的大功率输出，必须选择分布式系统来实现，即多个相同的功率模块并联均流。

人机界面不但要提供给充电时客户所关心的一些信息，还要提供给充电站维护人员的一些必要信息，主要有：电池类型、充电电压、充电电流、电能量计量信息；电池单体最高 / 最低电压；故障及报警信息等；在充电完成后，需要充电机打印输出交易信息，比如

用电度数、交易金额及充电时间等。

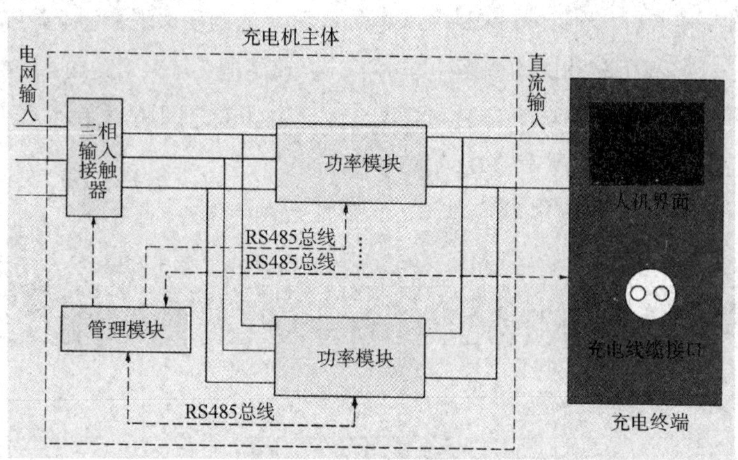

图 7-19　非车载充电机的系统结构

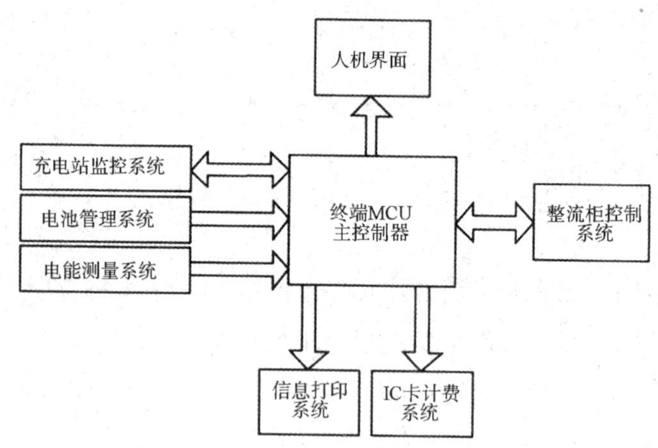

图 7-20　非车载充电机充电终端的结构

管理模块和充电终端以及各功率模块进行数据交互，通过 RS485 总线下发正确的充电控制命令和参数设置命令给各功率模块。功率模块作为充电的具体执行模块，按照管理模块下发的命令上传自身参数，或者接受管理模块的命令，设置相关参数完成充电过程。管理模块和功率模块协同工作实现充电功能。

（二）电动汽车非车载充电机技术参数

电动汽车非车载充电机输入技术参数见表 7-5。

表 7-5　电动汽车非车载充电机输入技术参数

输入方式	输入电压额定值 /V	输入电流额定值 /A	频率 /Hz
1	单相 220	1 N ≤ 16	50
2	单相 220/ 三相 380	16<1 N ≤ 32	
3	三相 380	1 N>32	

根据蓄电池组电压等级的范围，非车载充电机输出电压一般分为三级：150 ～ 350 V、300 ～ 500 V、450 ～ 700 V。

非车载充电机输出额定电流宜采用：10 A、20 A、50 A、100 A、160 A、200 A、315 A、400 A、500 A。

当非车载充电机的输出功率为额定功率的 50% ～ 100% 时，效率不应小于 90%，功率因数不应小于 0.9。

非车载充电机技术参数误差要求：当交流电源电压在标称值的 ±15% 范围内变化，输出直流电压在规定的相应调节范围内变化时，输出直流电流在额定值的 20% ～ 100% 范围内任意数值上应保持稳定，充电机输出电流精度不应超过 ±1%；当交流电源电压在标称值的 ±15% 范围内变化，输出直流电流在额定值的 0 ～ 100% 范围内变化时，输出直流电压在规定的相应调节范围内任意数值上应保持稳定，充电机输出电压精度不应超过 ±0.5%。

（三）电动汽车非车载充电机充电接口

电动汽车非车载充电机车辆插头的触头布置方式如图 7-21 所示，车辆插座的触头布置方式如图 7-22 所示。非车载充电机充电接口（快充口）有 9 个孔，中间两个大孔分别接直流正极和直流负极。

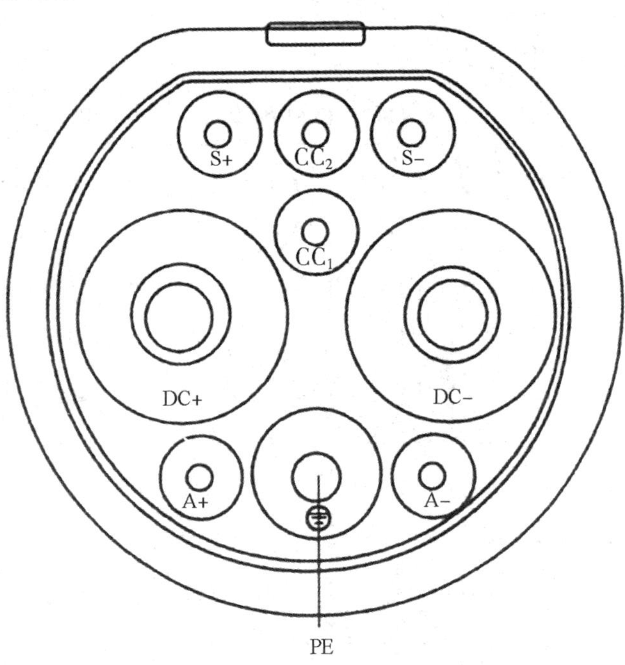

图 7-21　非车载充电机车辆插头的触头布置方式

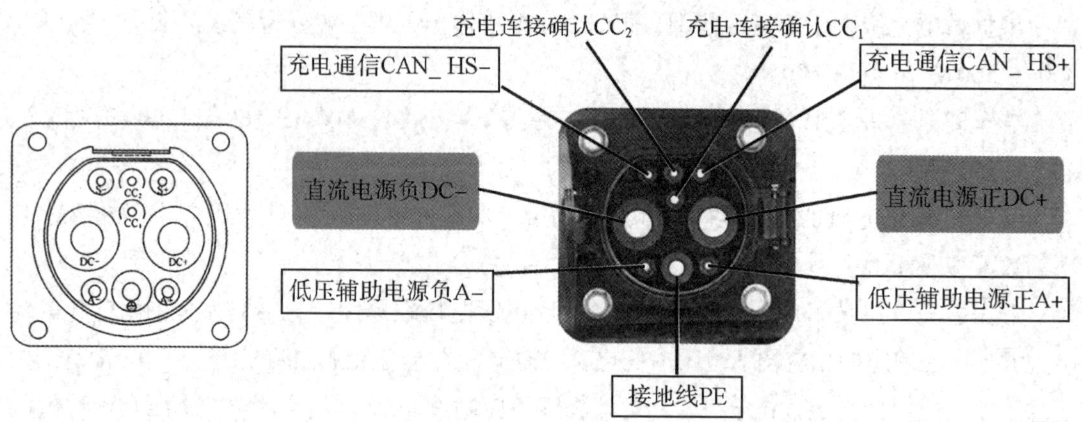

图 7-22　非车载充电机车辆插座的触头布置方式

非车载充电机车辆供电插头和充电插座如图 7-23 所示。

图 7-23　非车载充电机车辆供电插头和充电插座

车辆插头和车辆插座在连接过程中触头耦合的顺序为：保护接地，直流电源正、直流电源负、车辆端连接确认，低压辅助电源正与低压辅助电源负，充电通信与供电端连接确认；在脱开的过程中顺序则相反。直流充电接口的连接界面如图 7-24 所示。

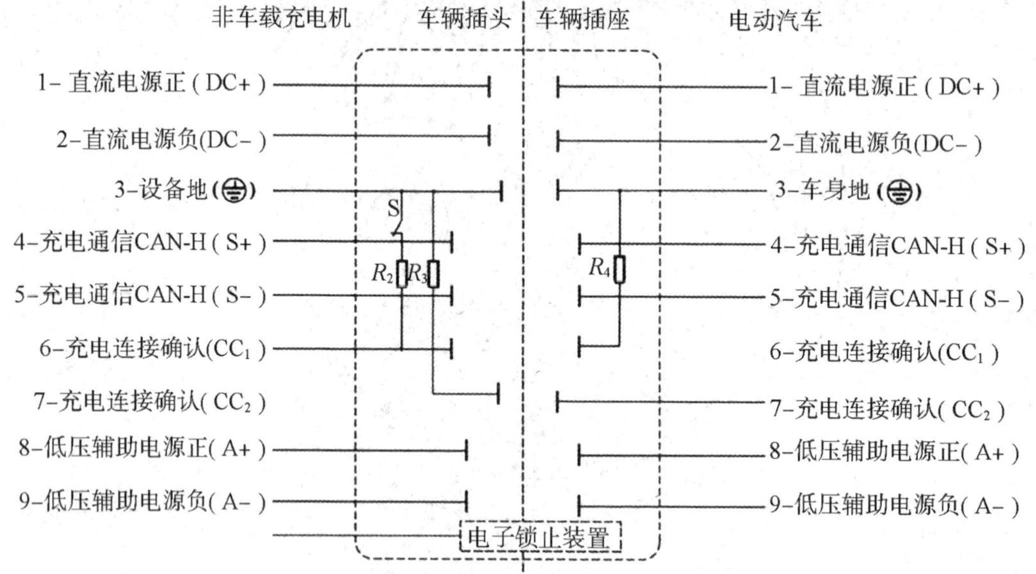

图 7-24　非车载充电机直流充电接口的连接界面

（四）电动汽车非车载充电机的充电过程

直流充电安全保护系统基本方案如图 7-25 所示，包括非车载充电机控制装置，电阻

R1、R2、R3、R4、R5，开关 S，直流供电回路接触器 K1 和 K2（可以仅设置 1 个）、低压辅助供电回路接触器 K3 和 K4（可用仅设置 K3）、充电回路接触器 K5 和 K6（可以仅设置 1 个），电子锁以及车辆控制装置，其中车辆控制装置可以集成在电池管理系统中。电阻 R2 和 R3 安装在车辆插头上，电阻 R4 安装在车辆插座上。开关 S 为车辆插头的内部常闭开关，当车辆插头和车辆插座完全连接后，开关 S 闭合。在整个充电过程中，非车载充电机控制装置应能监测接触器 K1、K2，接触器 K3、K4 及电子锁状态并控制其接通及关断；电动汽车车辆控制装置应能监测接触器 K5 和 K6 状态并控制其接通及关断。

利用非车载充电机对电动汽车的充电过程如下。

（1）将车辆插头和车辆插座插合后，车辆的总体设计方案可以自动启动某种触发条件，通过互锁或者其他控制措施使车辆处于不可行驶状态。

（2）操作人员对非车载充电机进行充电设置后，非车载充电机控制装置通过测量检测点 1 的电压值判断车辆插头与车辆插座是否已完全连接，如检测点 1 的电压值为 4 V，则判断车辆接口完全连接，非车载充电机控制电子锁锁止。

（3）在车辆接口完全连接后，如非车载充电机完成自检，则闭合接触器 K3 和 K4，使低压辅助供电回路导通，同时开始周期发送“充电机辨识报文”；在得到非车载充电机提供的低压辅助电源供电后，车辆控制装置通过测量检测点 2 的电压值判断车辆接口是否已完全连接；如检测点 2 的电压值为 6 V，则车辆控制装置开始周期发送“车辆控制装置（或电池管理系统）辨识报文”，该信号也可以作为车辆处于不可行驶状态的触发条件之一。

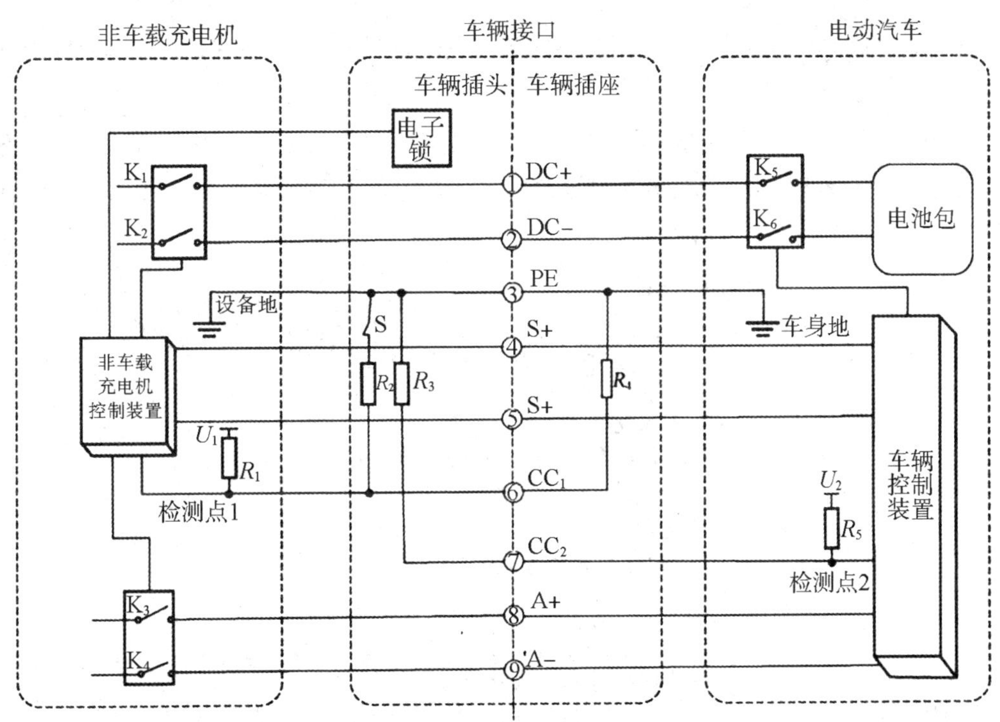

图 7-25　非车载充电机直流充电安全保护系统基本方案

（4）车辆控制装置与非车载充电机控制装置通过通信完成“握手”和配置后，车辆控制装置闭合接触器 K5 和 K6，使充电回路导通，非车载充电机控制装置闭合接触器 K1 和 K2，使直流供电回路导通。

（5）在整个充电阶段，车辆控制装置通过向非车载充电机控制装置实时发送充电级别需求来控制整个充电过程，非车载充电机控制装置根据电池充电级别需求来调整充电电压和充电电流，以确保充电正常进行，此外，车辆控制装置和非车载充电机控制装置还相互发送各自的状态信息。

（6）车辆控制装置根据电池系统是否达到满充状态或是否收到“充电机中止充电报文”来判断是否结束充电。在满足以上充电结束条件时，车辆控制装置开始周期发送“车辆控制装置（或电池管理系统）中止充电报文”，在一定时间后断开接触器 K5 和 K6；非车载充电机控制装置开始周期发送“充电机中止充电报文”，并控制充电机停止充电，之后断开接触器 K1、K2、K3 和 K4，然后电子锁解锁。

六、电动汽车充电方法

电动汽车动力电池充电方法常见的有恒流充电、恒压充电和恒流限压充电三种方法。现代智能型动力电池充电机可设置不同的充电方法。

（一）恒流充电

恒流充电是指充电过程中使充电电流保持不变的方法。恒流充电是一种标准的充电方法，如图 7–26 所示。

优点：恒流充电具有较大的适应性，容易将蓄电池完全充足，有益于延长蓄电池的寿命。

缺点：在充电过程中，需要根据逐渐升高的蓄电池电动势调节充电电压，以保持电流不变，充电时间也较长。

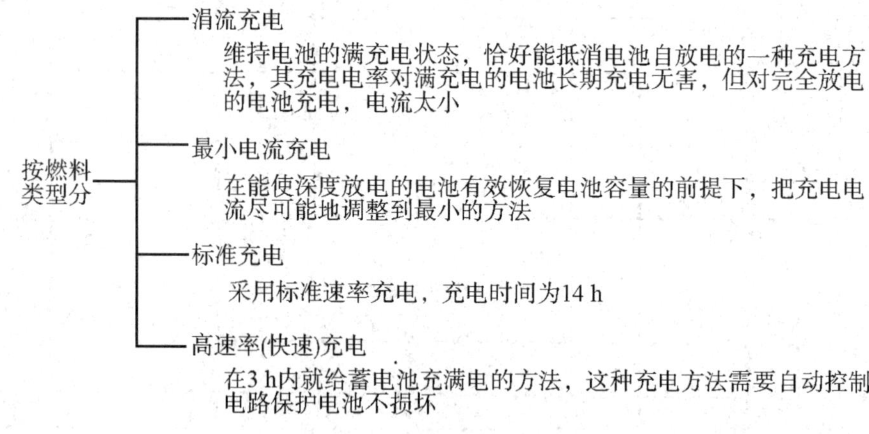

图 7–26　电动汽车充电方法

（二）恒压充电

恒压充电是指充电过程中保持充电电压不变，充电电流随动力电池电动势的升高而减小的充电方法。合理的充电电压，应在动力电池即将充足时使其充电电流趋于 0。如果电压过高，会造成充电初期充电电流过大和过充电；如果电压过低，则会使动力电池充电不足。充电初期若充电电流过大，则应适当调低充电电压，待动力电池电动势升高后再将充电电压调整到规定值。

优点：充电时间短，充电过程无须调整电压，较适合于补充充电。

缺点：不容易将动力电池完全充足，充电初期大电流对极板会有不利影响。

（三）恒流限压充电

先以恒流方式进行充电，当蓄电池组端电压上升到限压值时，充电机自劫转换为恒压充电，直到充电完毕。

七、电动汽车充电方式

电动汽车充电方式主要有常规充电方式、快速充电方式、电池更换充电方式、无线充电方式和移动式充电方式。

（一）常规充电方式

常规充电方式采用恒压、恒流的传统充电方式对电动汽车进行充电，相应的充电机的工作和安装成本相对比较低。电动汽车家用充电设施（车载充电机）和小型充电站多采用这种充电方式。车载充电机是电动汽车的一种最基本的充电设备，如图 7–27 所示。充电机作为标准配置固定在车上或放在后备厢里。由于只需将车载充电机的插头插到停车场或家中的电源插座上即可进行充电，因此充电过程一般由用户自己独立完成。充电时直接从低压照明电路取电，充电功率较小，由 220 V/16 A 规格的标准电网电源供电。典型的充电时间为 8 ～ 10 h（SOC 达到 95% 以上）。这种充电方式对电网没有特殊要求，只要能够满足照明要求的供电质量就能够使用。由于在家中充电通常是晚上或者是在电力低谷期，有利于电能的有效利用，因此电力部门一般会给予电动汽车用户一些优惠，例如电力低谷期充电打折。

图 7–27　车载充电机充电方式

小型充电站是电动汽车的一种最重要的充电方式，如图 7–28 所示，充电机设置在街边、超市、办公楼、停车场等处。采用常规充电方式充电，电动汽车驾驶员只需将车停靠在充电站指定的位置上，接上电线即可开始充电。计费方式是投币或刷卡，充电功率一般为5 ~ 10 kW，采用三相四线制 380 V 供电或单相220 V 供电。其典型的充电时间是：补电 1 ~ 2 h，充满 5 ~ 8 h（SOC 达到 95% 以上）。

图 7-28　小型充电站充电方式

1. 常规充电方式的优点

（1）充电技术成熟，技术门槛低，使用方便，容易推广普及。

（2）充电设施配置简单，占地较小，投资少；电池充电过程缓和，电池能够深度充满，续航里程更长。

（3）充电时电池发热温和，不易发生高温短路或爆炸危险，安全性较高。

（4）接口和相关标准较低。

（5）充电功率相对低，对配电网要求降低，基础设施配套需求小。

（6）一般选择夜间充电，可避开傍晚用电高峰期，享受低谷电价优惠，节能效果较好。

2. 常规充电方式的缺点

（1）充电时间长，续航里程有限。

（2）用于有慢速充电需求的停车场所，如住宅小区停车场，社会公共停车场等，使用受到限制。

（二）快速充电方式

快速充电方式以 150 ~ 400 A 的高充电电流在短时间内为蓄电池充电，与常规充电方式相比安装成本相对较高。快速充电也可称为迅速充电或应急充电，其目的是在短时间内给电动汽车充满电，充电时间应该与燃油车的加油时间接近。大型充电站（机）多采用这种充电方式。

大型充电站（机）的快速充电方式如图 7-29 所示，它主要针对长距离旅行或需要进行快速补充电能的情况进行充电，充电机功率很大，一般都大于 30 kW，采用三相四线制 380 V 供电。其典型的充电时间是 10 ~ 30 min。这种充电方式对电池寿命有一定的影响，特别是普通蓄电池不能进行快速充电，因为在短时间内接受大量的电量会导致蓄电池过热。快速充电站的关键是非车载快速充电组件，它能够输出 35 kW 甚至更高的功率。由于功率和电流的额定值都很高，因此这种充电方式对电网有较高的要求，一般应靠近 10 kV 变电站附近或

图 7-29　快速充电方式

在监测站和服务中心中使用。

1. 快速充电方式的优点

（1）技术较为成熟，接口标准要求较低。

（2）充电速度快，增加电动汽车长途续航能力，是一种有效的补充方案。

2. 快速充电方式的缺点

（1）充电功率较大，接口和用电安全提高，电池散热成为重要因素。

（2）电池不能深度充电，一般为电池容量的 80% 左右，容易损害电池寿命，需要承担更多的电池折旧成本。

（3）短时用电消耗大，对配电网要求较高，基础设施配套需求巨大。

（4）一般在白天和傍晚时间段充电，属于城市电力负荷高峰时段，对城市电网的安全性是一种威胁，而且不享受夜间电价打折。

（三）电池更换方式

电池更换方式采用动力电池更换迅速补充车辆电能，电池更换可在 10 min 以内完成，理论上无限提升了车辆续航里程。

图 7–30 所示是利用换电机器人为电动汽车更换电池。

1. 电池更换方式的优点。

（1）电池更换客户感受接近传统的加油站加油。

（2）用户只需购买裸车，电池采用租赁的方式，大幅降低了车辆价格。

（3）采用适合的充电方式保证电池的健康以及电池效能的发挥，电池集中管理便于集中回收和维护，减少环境污染。

（4）选择夜间用电低谷时段慢速充电，降低服务机构运行成本，对电网起到错峰填谷作用。

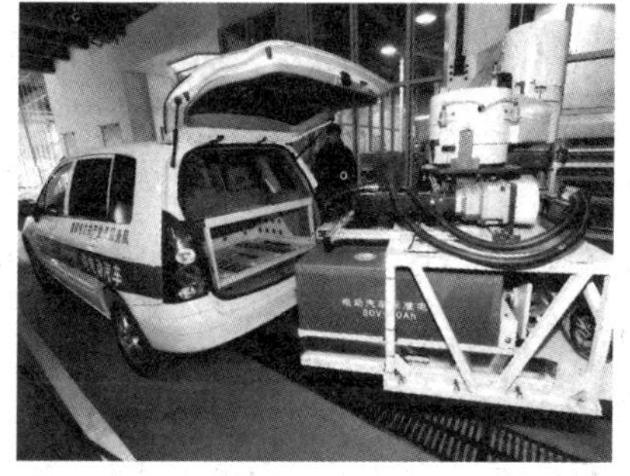

图 7–30　电池更换方式

2. 电池更换方式的缺点

（1）基础设施建设成本较高，占用场地大，电网配套要求高。

（2）需解决电动汽车更换电池方便问题，例如电池设计安装位置、电池拆卸难易程度等。

（3）需要电动汽车行业众多标准的严格统一，包括电池本身外形和各项参数的标准化，电池和电动车接口的标准化，电池和外置充电设备接口的标准化等。

（4）电池更换容易导致电池接口接触不良等问题，对电池及车辆接口的安全可靠要求提高。

（5）电池租赁带来了资产管理、物流配送、计价收费等一系列问题，使运作更复杂，提高了成本。

（四）无线充电方式

电动汽车无线充电方式是利用无线电能传输技术对蓄电池进行充电的一种新型充电方式，主要有 3 种形式：电磁感应充电方式、磁共振充电方式和微波充电方式。

1. 电磁感应充电方式

电磁感应充电方式是通过送电线圈和接收线圈之间传输电力，这是最接近实用化的一种充电方式。当送电线圈中有交变电流通过时，发送（初级）、接收（次级）两线圈之间产生交变变化的磁场，由此在次级线圈产生随磁场变化的感应电动势，通过接收线圈端对外输出交变电流。该充电方式存在的问题是：送电距离比较短（约 100 mm），并且送电与受电两部分出现较大偏差时，电力传输效率就会明显下降；有异物进入时，会出现局部发热的情况；电磁波及高频方面的防护问题也不易解决；功率大小与线圈尺寸直接相关，需要大功率传送电力时，需在基础设施建设和电力设备方面加大投入。

2. 磁共振充电方式

磁共振充电方式主要由电源、电力输出、电力接收、整流器等主要部分组成，基本原理与电磁感应方式基本相同。电源传送部分有电流通过时，所产生的交变磁场使接收部分产生电动势，为电池充电时输出电流。与电磁感应充电方式的不同之处在于，磁共振充电方式加装了两个高频驱动电源，采用兼备线圈和电容器的 LC 共振电路，而并非由简单线圈构成送电和接收两个单元。共振频率的数值会随送电与接收单元之间距离的变化而改变，当传送距离发生改变时，传输效率也会像电磁感应一样迅速降低。因此，可通过控制电路调整共振频率，使两个单元的电路发生共振，亦即“共鸣”，也称这种磁共振状态为“磁共鸣”。在控制回路的作用下改变传送与接收的频率，可将电力传送距离增大至数米左右，同时将两个单元电路的电阻降至最小以提高传送效率。当然，传输效率还与发送和接收电单元的直径相关，传送面积越大，传输效率越高。目前的传输距离可达 400 mm 左右，传输效率可达 95%。目前磁共振充电方式技术上的难点是小型、高效率化比较难。现在的技术能力大约是直径半米的线圈，能在 1 m 左右的距离提供 60 W 的电力。

3. 微波充电方式

微波充电方式使用 2.45 GHz 的电波发生装置传送电力。传送的微波也是交流电波，可用天线在不同方向接收，用整流电路转换成直流电为汽车电池充电，并且可以实现一点对多点的远距离传送。为防止充电时微波外漏，充电部分装有金属屏蔽装置，使用中，送电与受电之间的有效屏蔽可防止微波外漏。该充电方式目前存在的主要问题是磁控管产生微波时的效率过低，造成许多电力变为热能，被白白消耗。

4. 无线充电的优缺点

（1）相对于电动汽车的有线充电而言，无线充电具有的优势：充电设备占地小，充电便利性高；充电设施可无人值守，后期维护成本低；相同占地面积下，可充电的电动汽车数量提升，增大空间利用率。

（2）无线充电具有的劣势：充电效率不高，峰值效率为 90% 左右，传统充电效率为 95% 左右；传递功率不够大，一般为 10 kW 以下；无线充电主要采用电磁方式，存在辐射泄露的安全问题。

有了无线充电技术，公路上行驶的电动汽车或双能源汽车可通过安装在电线杆或其他高层建筑上的发射器快速补充电能。电费将从汽车上安装的预付卡中扣除。

电动汽车无线充电如图 7–31 所示。

图 7–31　电动汽车无线充电示意图

（五）移动式充电方式

移动充电是指电动汽车在路上巡航时进行充电，如图 7–32 所示，有接触式和感应式两种。

图 7–32　电动汽车移动充电

1. 接触式移动充电

接触式移动充电系统需要在车体的底部装一个接触拱，通过与嵌在路面上的充电元件相接触，接触拱便可获得瞬时高电流。当电动汽车行驶通过移动式充电区时，为电动汽车充电。

2. 感应式移动充电

车载式接触拱由感应线圈所取代，嵌在路面上的充电元件由可产生强磁场的高电流绕组所取代，便成为感应式移动充电系统。

八、充电注意事项

当电动汽车 SOC 显示 20% 左右时，就应该充电。

电动汽车充电的注意事项

（一）电动汽车充电的注意事项

（1）选择充电方式。充电方式有快充和慢充，要阅读使用说明书，选择最佳充电方式。

（2）快速充电。快速充电的电流电压较高，短时间内对电池的冲击较大，容易令电池的活性物质脱落和电池发热，因此对电池保护散热方面有更高的要求，并不是每款车型都可快速充电。

（3）常规充电。常规充电采用随车配备的便携式充电设备进行充电，可使用家用电源或专用的充电桩电源。充电电流较小，一般为 16 ～ 32 A，充电时间为 5 ～ 8 h。

（4）低谷充电。可充分利用电力低谷时段进行充电，降低充电成本。

（5）正确掌握充电时间。在使用过程中，应根据实际情况准确把握充电时间，参考平时使用频率及行驶里程情况，把握充电频次。正常行驶时，如果电量表指示红灯和黄灯亮，就应充电；如只剩下红灯亮，应停止运行，尽快充电，否则电池过度放电会严重缩短其寿命。充满电后运行时间较短就充电，充电时间不宜过长，否则会形成过度充电，使电池发热。过度充电、过度放电和充电不足都会缩短电池寿命。

（6）避免大电流放电。电动汽车在起步、加速、上坡时，尽量避免猛踩加速，形成瞬间大电流放电，大电流放电容易损害电池极板的物理性能。

（7）车辆长期不用时，电池存储一般采用半电存储，可以为 30% ～ 60%。

（二）防止过充

为了防止电动汽车在充电过程中过充，应注意以下事项：

（1）设置好时间。用充电桩进行充电时，一定要设置好时间，不要过分充电。应该根据电动汽车所剩余电量的实际情况，选择到底充电多久。如果时间过长，对蓄电池是一种伤害。

（2）定时去检查。在给电动汽车充电时，应该定时去检查一下，看一看电量是否充满。如果充满就应该及时拔掉电源。

（3）利用好时段。一般情况的电动汽车充满电量需要 5 ～ 8 h，所以说，充电应该利用好时间段。提前计算好充电时间，比方说利用晚上时间，从晚上 10 点开始充，到第二天早晨 6 点断电，正好 8 h。

（4）勤充少充。如果选择在办公室充电，而且是用电源充电的话，最好的方法是充电次数多一些，每次充电时间少一些。比方说，上午 8 点半到达办公室就开始充电，中午 12 点拔掉电源，然后开车回家。

（5）尽量不要用快充。在充电的时候，尽量不要用快充的方式给电动汽车充电，除非到万不得已的时候。因为快充的原理，就是利用高压将电离子快速进入蓄电池。虽然充电过程快，但对蓄电池是一种伤害。

（6）蓄电池不要闲置太久。对于电动汽车，用户应该多驾驶。不要闲置一两个月才驾驶一次，那样对蓄电池的损伤很大。经常使用，就能激发蓄电池的能量，变得更加耐用。

电动汽车充电系统与充电原理

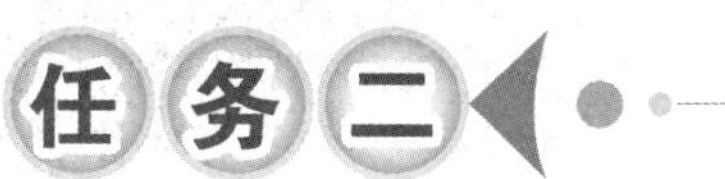

一、充电系统的组成

电动汽车充电系统主要由充电柱、充电插口、车载充电器、高压控制盒（PDU）、动力电池、充电指示灯及高压导线组成，如图 7–33 所示。因车型的不同可能高压控制盒单独设置，也可能集成在其他控制单元中。

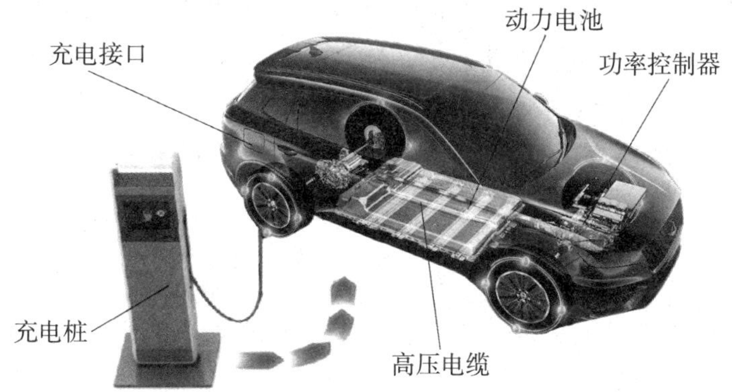

图 7–33 电动汽车充电系统的组成

（一）充电桩

常见的充电桩主要有交流充电桩、直流充电桩和交直流一体充电桩，如图 7–34 所示。

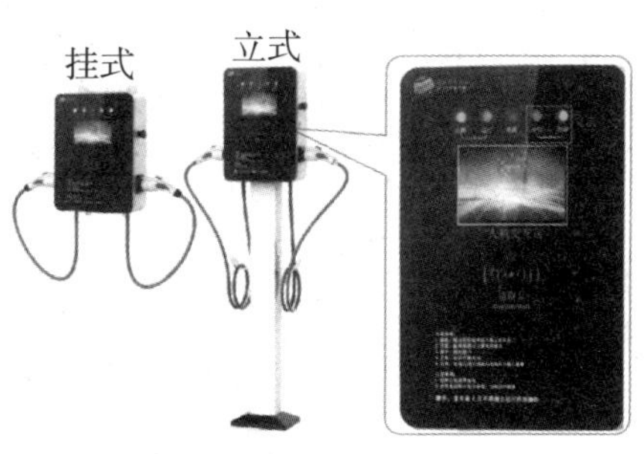

图 7–34 交直流一体充电桩

（二）充电插口

1. 充电插口的组成

充电插口是指用于连接活动电缆和电动汽车的充电部件，主要由充电插座与充电插头两部分组成，如图 7–35 所示。

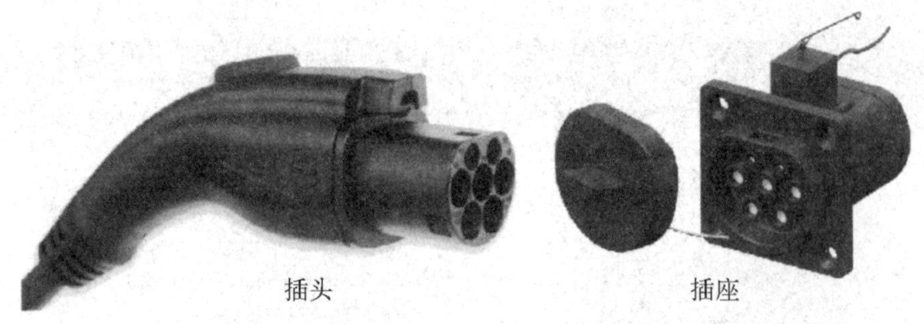

图 7–35　充电插口的组成

2. 充电插口的要求

在电动汽车的产业化过程中，充电接口的标准化非常重要。充电接口应该满足以下几方面要求。

（1）能够实现较大电流的传输和传导，避免由于电流过大引起插座发热和故障。

（2）插头能够与插座充分耦合，接触电阻小，以免接触不良引起火花烧蚀或虚接。

（3）能够实现必要的通信功能，方便电动汽车 CAN 通信或者电池管理系统与充电机对接。

（4）具备防误插功能。因为电动汽车使用的充电设备或者电池的型号和性能不同，所需要的电源不一样，同时，因为各插头的性能不同，插头的电极不能插错，这就要求不同的电源插头要有一定的识别功能。

（5）具备合理的外形，方便执行插拔作业。

3. 充电插口的标准

世界不同国家和不同地区都有各自的标准，目前美、欧、中三大充电插口标准成为主要标准。

国家标准 GB/T 20234 规定了交流与直流接口的标准，交流接口采用的是七针的设计，直流接口采用的九针的设计，如图 7–36 所示。

（三）车载充电器

车载充电器的主要功能如下：

（1）将外部交流电变换成直流电给动力电池充电。

（2）充电时，车载充电器根据车辆控制单元（VCU）的指令确定充电模式。

（3）车载充电器内部有滤波装置，可以抑制交流电网波动对车载充电机的干扰。

图 7–37 是大众高尔夫插电混合动力车型中的车载充电器高压线束连接。

（四）充电指示灯

充电指示灯用不同的颜色（通常是绿、黄、红三种颜色）来说明电量状态。充电指示灯的功能和在车辆上的位置因车型而已。表 7–6 是江淮电动充电指示灯功能。

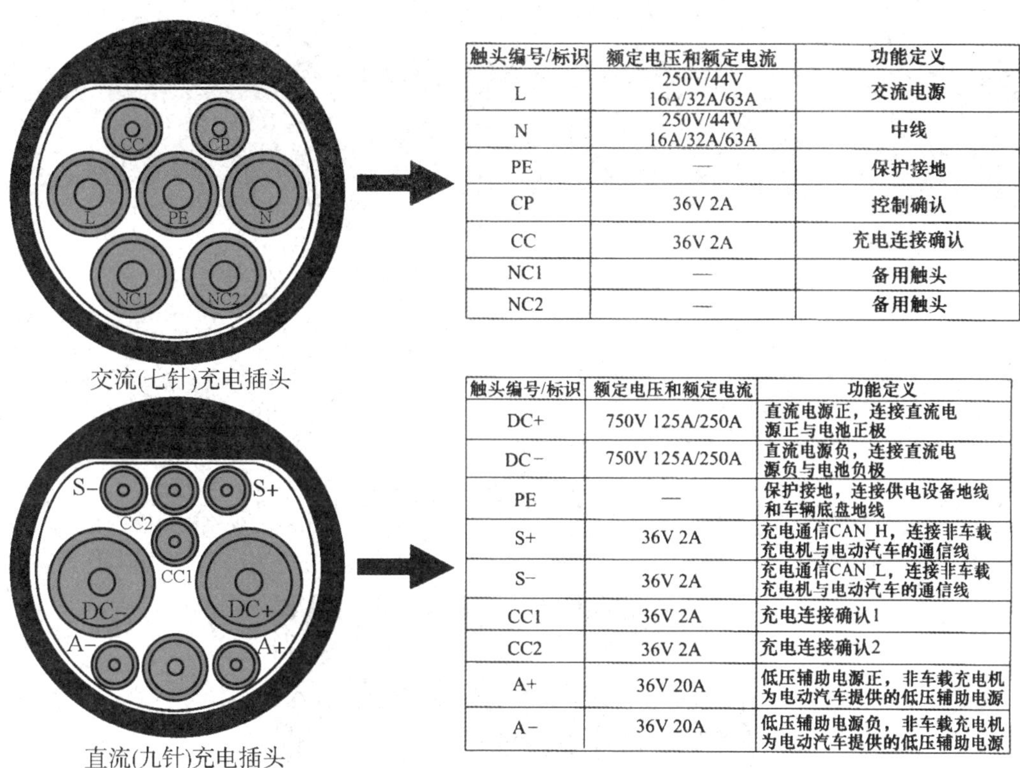

触头编号/标识	额定电压和额定电流	功能定义
L	250V/44V 16A/32A/63A	交流电源
N	250V/44V 16A/32A/63A	中线
PE	—	保护接地
CP	36V 2A	控制确认
CC	36V 2A	充电连接确认
NC1	—	备用触头
NC2	—	备用触头

触头编号/标识	额定电压和额定电流	功能定义
DC+	750V 125A/250A	直流电源正，连接直流电源正与电池正极
DC−	750V 125A/250A	直流电源负，连接直流电源负与电池负极
PE	—	保护接地，连接供电设备地线和车辆底盘地线
S+	36V 2A	充电通信CAN_H，连接非车载充电机与电动汽车的通信线
S−	36V 2A	充电通信CAN_L，连接非车载充电机与电动汽车的通信线
CC1	36V 2A	充电连接确认1
CC2	36V 2A	充电连接确认2
A+	36V 20A	低压辅助电源正，非车载充电机为电动汽车提供的低压辅助电源
A−	36V 20A	低压辅助电源负，非车载充电机为电动汽车提供的低压辅助电源

图 7-36　国标交流与直流接口的针脚布置及定义

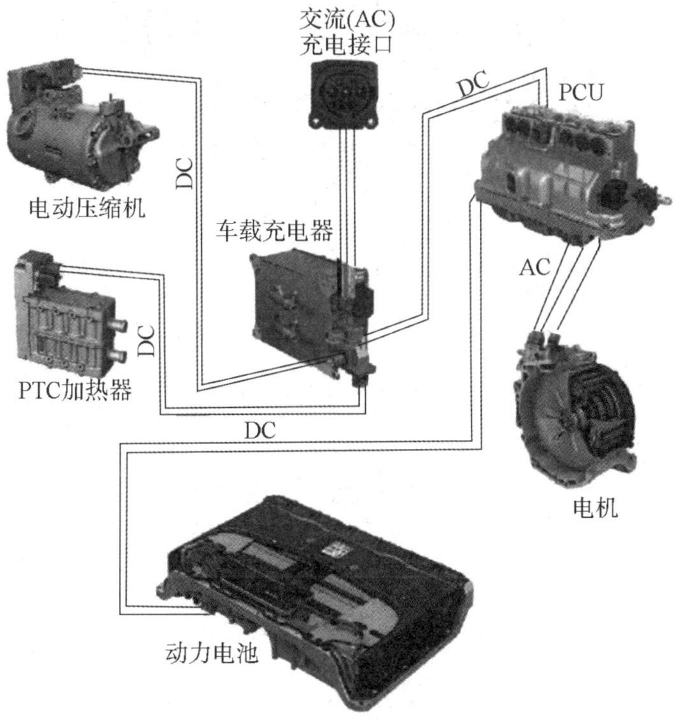

图 7-37　大众高尔夫插电混合动力车型车载充电器高压线束连接

表 7-6　江淮电动车充电指示灯的功能

序号	功能	指示灯状态
1	准备充电	黄灯亮
2	正在充电	绿灯持续点亮
3	电量充满	绿灯闪烁，持续时间约 1 min
4	结束充电或未充电	熄灭
5	定时充电或远程充电	黄灯闪烁，持续时间约 1 min

（五）高压配电箱（PDU）

高压配电箱是新能源汽车集中高压配电设备，是动力电池与各高压设备的电源和信号传递的桥梁，如图 7-38 所示。

图 7-38　北汽 EV160 的高压配电盒

北汽 EV160 高压配电箱内部结构及其高压配电系统如图 7-39 和图 7-40 所示。

图 7-39　北汽 EV160 的高压配电盒内部结构

1- 动力电池高压输入正极；2- 动力电池高压输入负极；3- 高压输出到电机控制器正极；4- 高压输出到电机控制器负极；5-PTC 高压熔断器（32A）；6- 压缩机高压熔断器（32A）；7-DC/DC 高压熔断器（16A）；8- 充电机高压熔断器（32A）；9- 接快充输入正极；10- 接快充输入负极

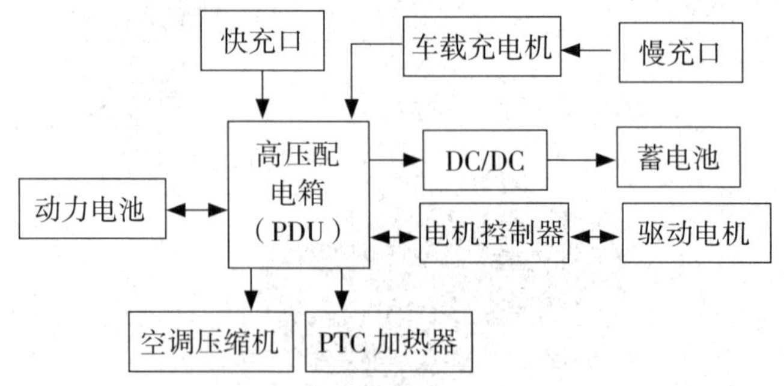

图 7-40　北汽 EV160 的高压配电系统

二、充电系统工作原理

（一）充电控制流程

充电控制流程如图 7–41 所示。

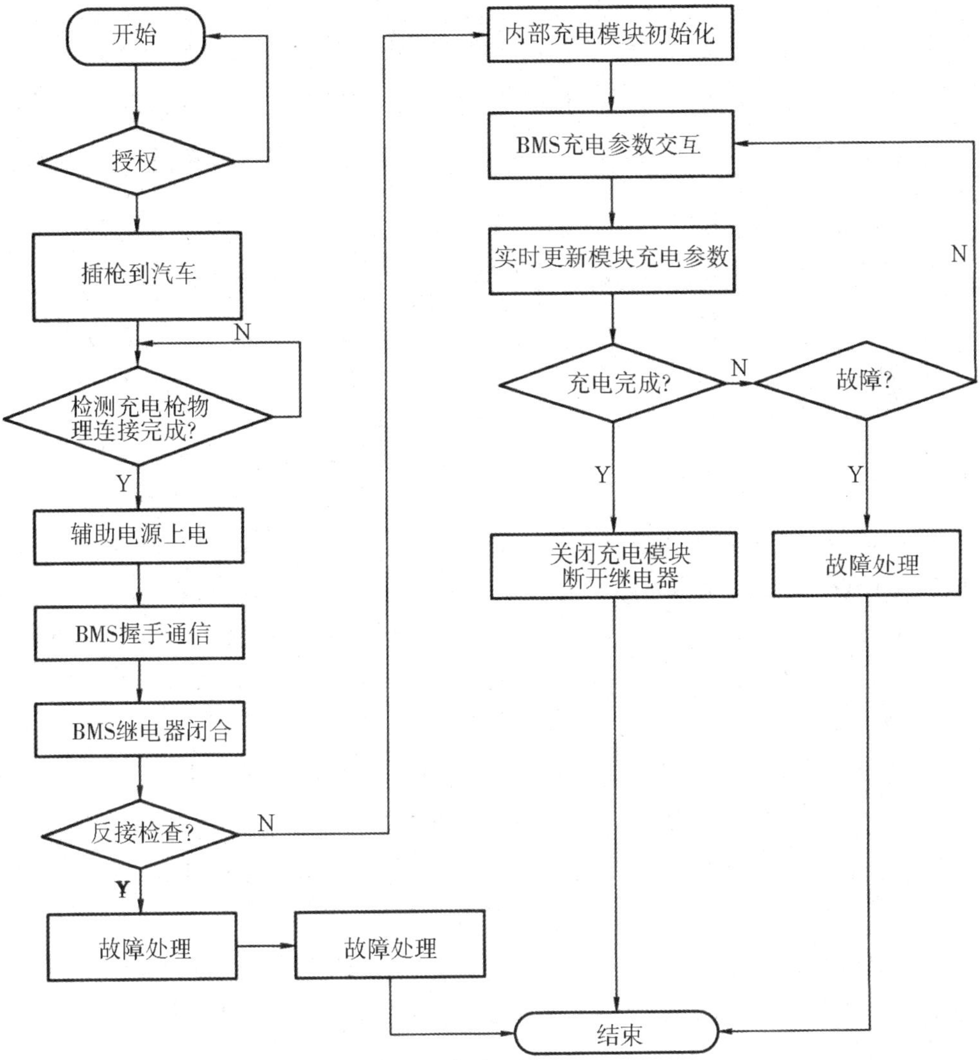

开始
授权
插枪到汽车
检测充电枪物理连接完成?
N
Y
辅助电源上电
BMS握手通信
BMS继电器闭合
反接检查?
N
Y
故障处理
故障处理
内部充电模块初始化
BMS充电参数交互
实时更新模块充电参数
充电完成?
N
故障?
N
Y
Y
关闭充电模块
断开继电器
故障处理
结束

图 7–41　充电控制流程

（二）交流充电工作原理

使用交流供电设备对车辆充电，交流供电设备与车辆的典型电路原理图如图 7–42 所示。利用车载充电器对电动汽车充电，典型充电过程如下：

1. 确认连接状态

（1）将车辆插头和插座插合后，车辆可以自动启动某种触发条件，通过互锁或者其他控制措施使车辆处于不可行驶状态。

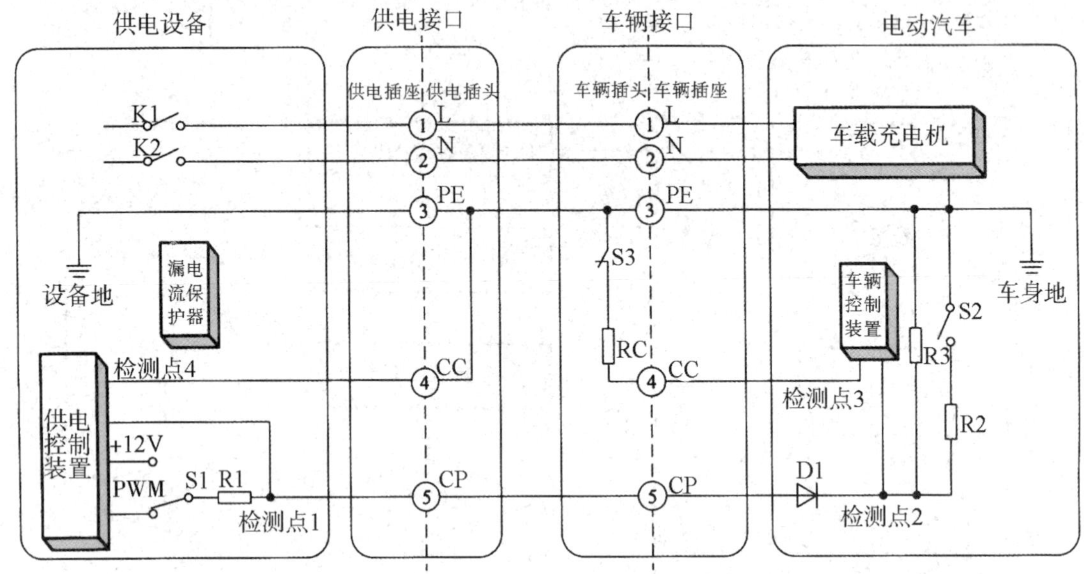

图 7-42 交流供电设备与车辆的典型电路原理图

（2）电动汽车车辆控制装置通过测量相关部位的电阻值，判断车辆插头与车辆插座是否已完全连接。

（3）在操作人员对供电设备完成充电启动设置后，如供电设备无故障，并且供电接口已完全连接，供电控制装置发出 PWM 信号，判断充电连接装置是否已完全连接。

2. 设定参数

（1）在电动汽车和供电设备建立电气连接及车载充电机完成自检后，确认充电额定电流值；车载充电机给电动汽车控制装置发送充电感应请求信号，同时或延时后给车辆控制装置供电。根据充电协议进行信息确认，若需充电，则电动汽车控制装置发送需充电报文并控制充电接触器闭合，车载充电机按所需功率输出。

（2）车辆控制装置通过判断 PWM 信号占空比确认供电设备当前能提供的最大充电电流值。车辆控制装置对供电设备、充电连接装置及车载充电机的额定输入电流值进行比较，将其最小值设定为车载充电机当前最大允许输入电流。当判断充电连接装置已完全连接，并完成车载充电机最大允许输入电流设置后，车载充电机开始对电动汽车进行充电。

3. 充电过程中

（1）充电过程中，车辆控制装置可以对相关电压值及 PWM 信号占空比进行监测，供电控制装置可以对电压值进行监测。

（2）在充电过程中，当充电完成或者因为其他原因不满足充电条件时，车辆控制装置发出充电停止信号给车载充电机，车载充电机停止直流输出、CAN 通信和低压辅助电源输出。

（三）直流充电工作原理

利用直流充电桩对电动汽车充电，典型充电过程如下：

（1）将车辆插头和插座插合后，车辆的总体设计方案可以自动启动某种触发条件，通过互锁或者其他控制措施使车辆处于不可行驶状态。

（2）操作人员对非车载充电机进行充电设置后，非车载充电机控制装置通过测盘检测电压值判断车辆插头与车辆插座是否已完全连接，如检测电压值合格，则判断车辆接口完全连接，非车载充电机控制电子锁锁止。

（3）在车辆接口完全连接后，如非车载充电机完成自检，使低压辅助供电回路导通，同时开始周期发送充电机辨识报文；在得到非车载充电机提供的低压辅助电源供电后，车辆控制装置通过测量有关电压值判断车辆接口是否已完全连接；如检测电压值合格，则车辆控制装置开始周期发送车辆控制装置（或电池管理系统）辨识报文，该信号也可以作为车辆处于不可行驶状态的触发条件之一。

（4）车辆控制装置与非车载充电机控制装置通过通信完成连接和配置后，车辆控制装置闭合接触器，使充电回路导通。

（5）在整个充电阶段，车辆控制装置通过向非车载充电机控制装置实时发送充电级别需求来控制整个充电过锃，非车载充电机控制装置根据电池充电级别需求来调整充电电压和充电电流以确保充电正常进行，此外，车辆控制装置和非车载充电机控制装置还相互发送各自的状态信息。

（6）车辆控制装置根据电池系统是否达到满充状态或收到充电机中止充电电报文，来判断是否结束充电。在满足以上充电结束条件时，车辆控制装置开始周期发送车辆控制装置（或电池管理系统）中止充电报文，在一定时间后断开接触器。非车载充电机控制装置开始周期发送充电机中止充电报文，并控制充电机停止充电，之后断开接触器，然后电子锁解锁。

无线充电技术

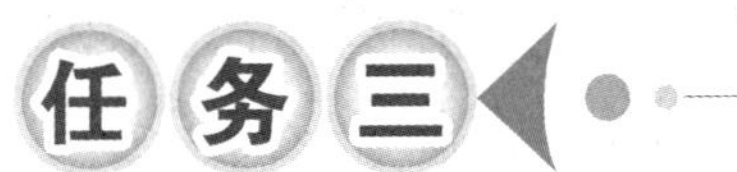

无线电力传输也称无线能量传输或无线功率传输，主要通过电磁感应、电磁共振、射频、微波、激光等方式实现非接触式的电力传输。

电动汽车无线充电技术通过埋于地面下的供电导轨以高频交变磁场的形式将电能传输给运行在地面上一定范围内的车辆接收端电能拾取机构，进而给车载储能设备供电。

一、无线充电技术

无线充电技术

目前无线充电技术主要有电磁感应式（ICPT）、电磁共振式（ERPT）、无线电波式（MPT）、电场耦合式四种基本方式。这几种技术分别适用于近程、中短程与远程电力传送。无线充电方式的比较见表 7–7。

表 7–7 无线充电的类型

无线充电方式	电磁感应式	电磁共振式	无线电波式	电场耦合式
原理	电流通过线圈，线圈产生磁场，对附近的线圈产生感应电动势，产生电流	发送端能量遇到共振频率相同的接收端，由共振效应进行电能传输	将环境电磁波转换为电流，通过电路传输电流	利用通过沿垂直方向耦合两组非对称偶极子而产生的感应电场来传输电力
传输功率	5 W 左右	数 kW	大于 100 mW	1 ～ 10 W
传输距离	数 mm ～数 cm	数 cm ～数 m	大于 10 m	数 mm ～数 cm
使用频率范围	22 kHz	13.56 MHz	2.45 GHz	560 ～ 700 kHz
充电效率	80%	50%	38%	70% ～ 80%
优点	适合短距离充电，转换效率较高	适合远距离大功率充电，充电效率适中	适合远距离小功率充电，自动随时随地充电	适合短距离充电转化效率高，发热低，位置可认不固定
限制	特定摆放位置才能够精准充电；金属感应接触会发热	效率低，安全与健康问题	充电效率低，充电时间长	体积较大，功率较小

二、无线充电技术在汽车上的应用

目前，电磁感应电力传输（Inductively Coupled Power Transfer，ICPT）、磁谐振电力传输（Electromagnetic Resonance Power Transfer，ERPT）、微波电力传输三种无线充电技术中，因为 ICPT 和 ERPT 在中等距离的传输效率较高，更适合于电动汽车充电。

（一）静止式无线充电技术

1. 电磁感应电力传输（ICPT）

如图 7–43 所示，电动汽车上的 ICPT 由电源发射端、无接触变压器和电动汽车接收端组成。电源发射端和原边绕组安装在地面下，副边绕组和接收端安装在电动汽车上，从电

网获取电能，在信号控制电路控制下，经过整流滤波、高频逆变电路、原边绕组，通过电磁感应将电能感应到副边绕组；电动汽车侧在信号控制电路控制下，经整流滤波、功率调节，最终实现为车载电池充电。

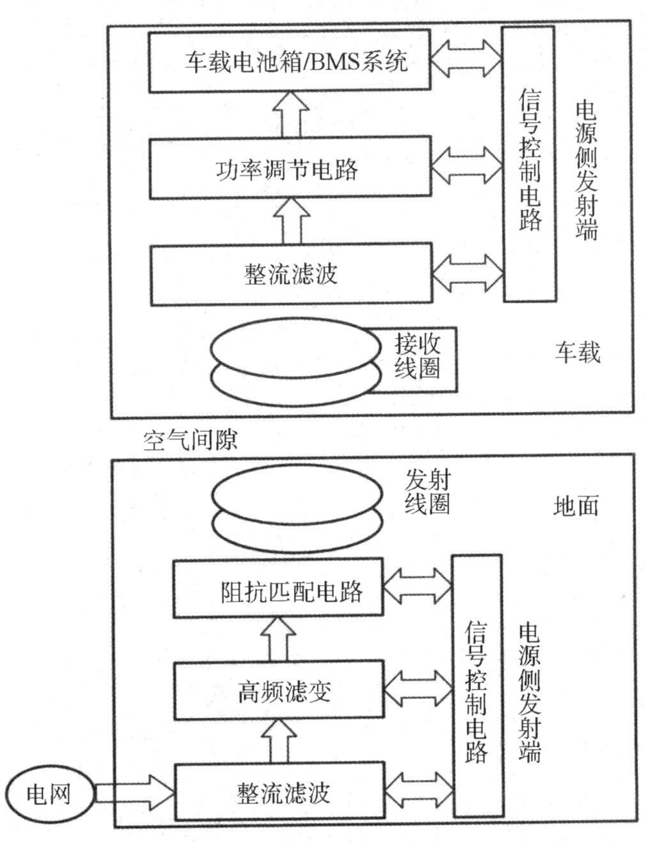

图 7-43　电磁感应电力传输（ICPT）

2. 磁谐振电力传输（ERPT）

如图 7-44 所示，该系统主要由电源侧发射端、发射线圈、接收线圈和电动汽车侧接收端组成。ERPT 是利用线圈及电容组成谐振电路，使发射端与接收端的谐振回路的固有频率与电源工作频率相同，从而引起发射和接收谐振电路发生谐振，实现能量的无线传输。

（二）移动式无线充电技术

电动汽车无线充电技术通过埋于地面下的供电导轨以高频交变磁场的形式将电能传输给运行在地面上一定范围内的车辆接收端电能拾取机构，进而给车载储能设备供电，可使电动汽车搭载少量电池组，延长其续航里程，同时电能补给变得更加安全、便捷，如图 7-45 所示。

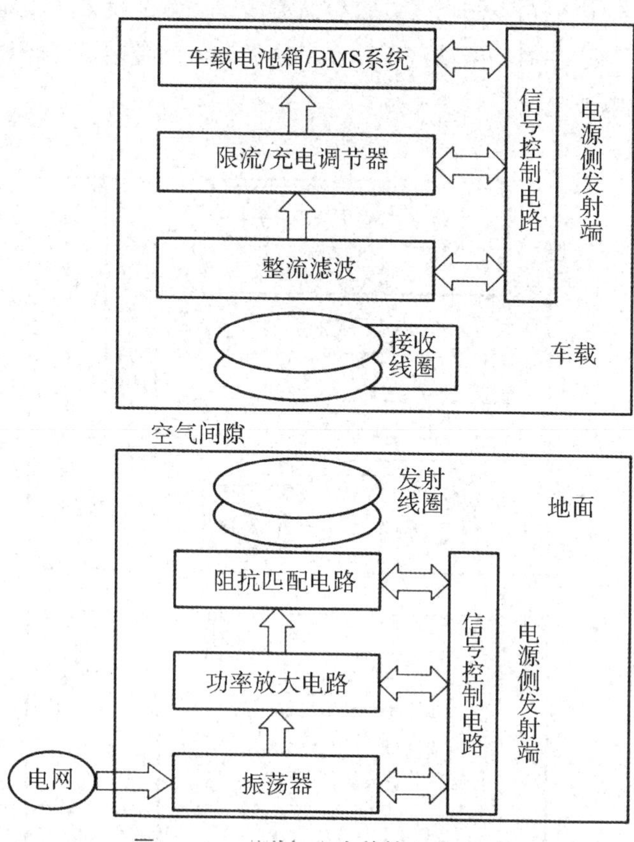

图 7–44　磁谐振电力传输（ERPT）

图 7–45　高通公司移动式无线充电实验

1. 电动汽车无线充电系统导轨模式类型

电动汽车无线充电系统的导轨模式分为单级导轨模式和多级导轨模式。

（1）单级导轨充电模式

对于单级导轨供电模式，系统工作时在初级回路中只有一条导轨和一套初级电能变换装置在工作，如图 7–46 所示。

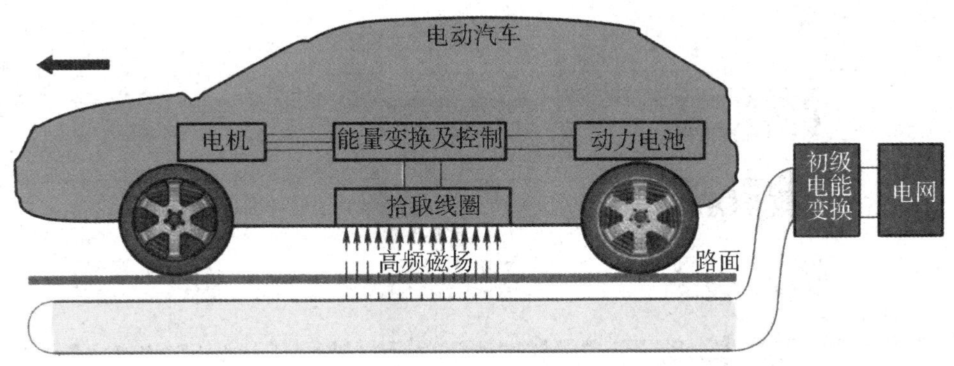

图 7–46　单级导轨充电模式

单级导轨供电模式结构简单，容易控制和维护。但是由于导轨结构是单根长导轨，它也存在以下这些缺点：

①当导轨上行驶的汽车数量少时，系统的传输效率将会非常低。

②系统非常不稳定，对参数的变化敏感，任何微小的参数变化都可能导致系统无法稳定运行。

（2）多级导轨充电模式

对于多级导轨供电模式，系统工作时在初级线圈中有多段导轨和多套电能变换装置在工作，当电动汽车行驶到哪一条导轨上时就由该条导轨给电动汽车供电，其余导轨处于待机状态，如图 7–47 所示。当汽车行驶到下一段导轨时就关断上一段导轨并开启下一段导轨给电动汽车供电。

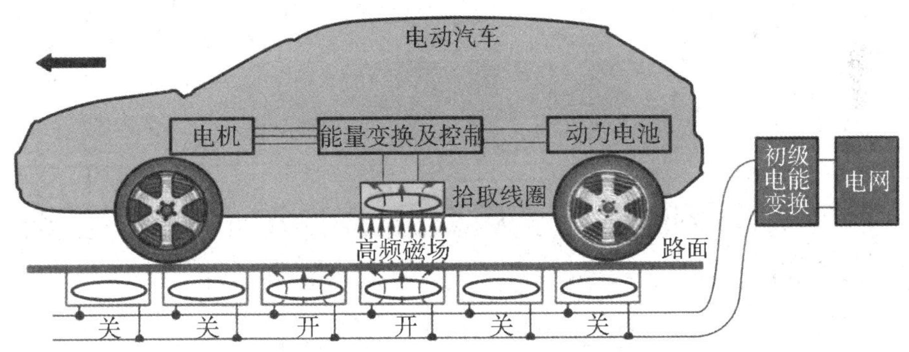

图 7–47　多级导轨充电模式

（3）单层多级导轨模式

在单层多级导轨模式中，系统供电导轨被切分成 N 段导轨，每段供电导轨都配备有各自的电能变换装置、谐振补偿装置和换流开关，如图 7–48 所示。电能从电网输出，通过每段供电导轨各自的电能变换装置将工频交流电转换为高频交流电，在换流开关的控制下注入谐振补偿网络中，在每段供电导轨中产生高频激励电流，最后通过耦合机构将能量输送到系统次级回路。

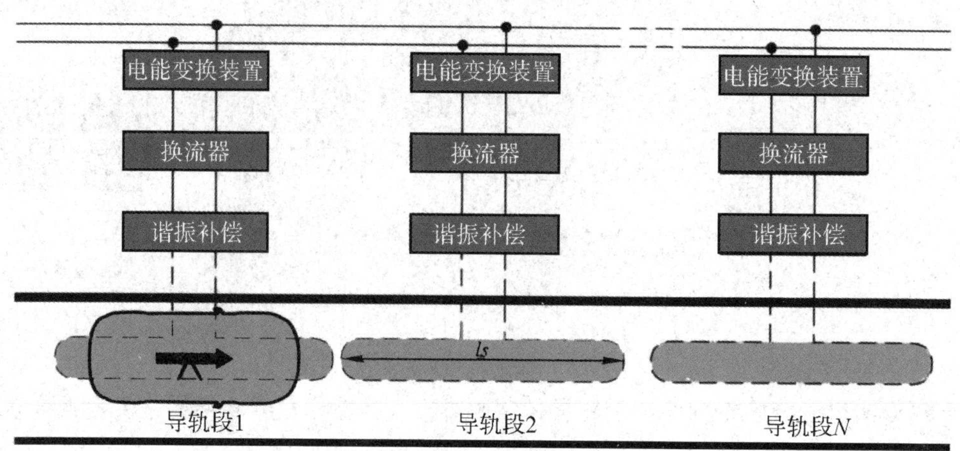

图 7–48　单层多级导轨模式

单层多级导轨模式具有以下优点：

①实现了多级导轨的分时供电，提高了系统的传输效率。

②某一段导轨出现故障时，并不影响其他导轨的正常工作。

③降低了系统对参数变化的敏感性，提高了系统的稳定性。

这种导轨模式也存在一些争论。如果导轨长度设计的非常短，可以大大减小系统损耗，提高系统传输效率。但是由于增加了许多电能变换装置，也增加了系统控制和维护的难度，降低了系统的稳定性。如果导轨长度设计的较长，可以大大减少电能变换装置的数量，但是电能变换装置的单机容量增大，对电子器件的要求更高。同时增加了系统对参数变化的敏感性，也降低了系统的稳定性。

（4）双层多级导轨模式（图 7–49）

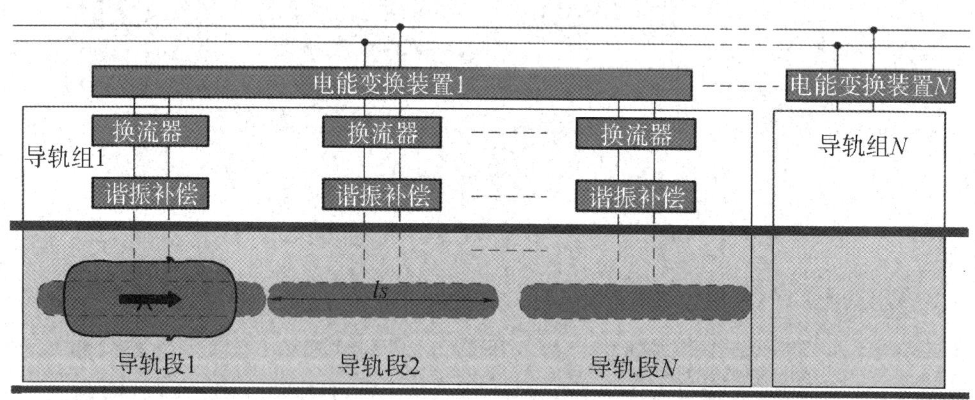

图 7–49　双层多级导轨模式

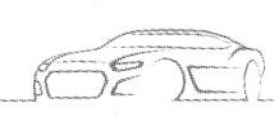

在单层多级导轨的基础上，将N个导轨段改为N个导轨组，在每个导轨组中只有一套电能变换装置将工频交流电转换为高频交变电后注入供电导轨中。每个导轨组又被分为n个小的导轨段，这n个小的导轨段都配备有各自的谐振补偿装置和换流开关。它们根据自身的负载状况，自适应切换到导轨供电状态，即实现了对双层多级导轨的分级控制。

双层多级导轨模式具有以下优点：

①实现了导轨的分时分段供电，减小系统损耗，提高系统传输效率。

②电能变换装置数量少，易于控制和维护。

③电能变换装置的功率等级小，减小了对电子器件的要求。

④降低了系统对参数变化的敏感性，提高了系统的稳定性。

充电设施运营模式

充电设施运营模式主要有政府主导模式、企业主导模式、用户主导模式、混合模式、众筹模式等，如图7-50所示。

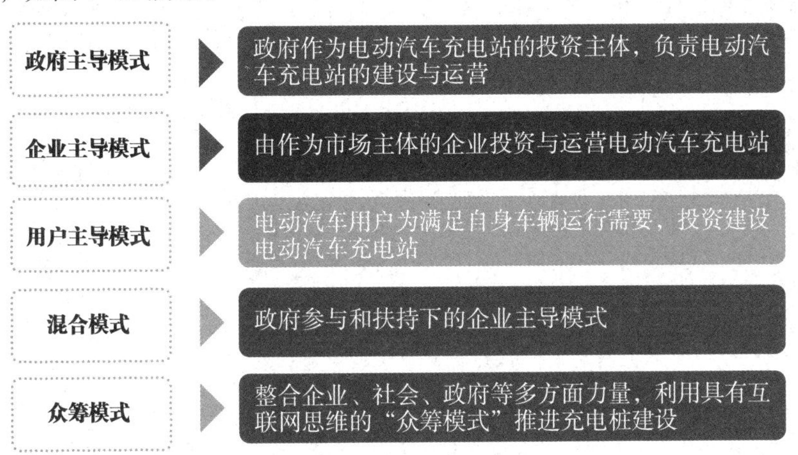

图7-50　充电设施运营模式

各种充电设施运营模式的特点如表7-8所示。

表 7-8　充电设施运营模式的特点

	特点	优点	缺点
政府主导模式	按照政府建设与运营方式不同，有两种具体操作方式： 1. 直接主导方式，即由政府直接出资、建设、运营 2. 间接主导方式，即由政府出资、建设，移交其他企业或机构运营	1. 引领和推动电动汽车及其充电站的建设有序发展 2. 实现电动汽车充电站的统一规划和集约化发展	1. 增加政府财政压力 2. 运营效率低下 3. 不利于电动汽车充电站大规模集约化建设与运营
企业主导模式	1. 带动电动汽车的销售 2. 看好充电站的盈利前景 3. 占领新能源市场 4. 实现企业发展方式的转变	1. 能保证电动汽车充电站建设所需的资金投入 2. 可以有效提高充电站的经营效率和管理水平	1. 容易导致充电站建设的无序发展 2. 影响或制约电动汽车产业发展 3. 与相关领域的协调性不足
用户主导模式	电动汽车用户投资充电站，是将其视为电动汽车的一项配套设施。避免受制于外部充电站，以及由此给电动汽车运行带来的不利和不便影响	电动汽车永和可以根据自身需要建设充电设施，实现充电设施与其自身的电动汽车有效链接	电动汽车用户不仅要承担高额的充电设施建设和运行费用，更为重要的是会导致充电设施利用率低和造成重复建设
混合模式	政府为了提供基础设施需要，通过合同方式与私人（即企业）建立起来的共享收益和共担风险的一种合作关系	互补性强，在建设资金上，企业出资能够较好克服政府资金不足的问题；在运营效率上，企业经营能够较好地克服政府运营所固有的低效率问题	双方协调要求高，企业受到的约束会较多
众筹模式	运营企业发布招商信息，由符合条件的合作伙伴自行提出申请，经运营商收集信息、筛选后报政府规划部门，最终确定合理的建桩地点	1. 利用社会力量融合资源。 2. 注重用户体验，有效提高使用效率 3. 实现业主、投资人和政府的三方共赢，极大提升办事效率	适合于二、三、四线中小规模的城市，在停车位资源紧张的一线城市较难推广

任务五　充电基础设施发展目标

充电基础设施发展目标见表 7-9。

表 7-9　充电基础设施发展目标

年份	目标
2020 年	建成超过 1.2 万座充换电站，超过 500 万个交直流充电桩； 在小规模城市群建设充电服务网站； 慢充功率提高至 6.6 kW 以上，快充每充电 15 min 电动汽车可以行驶里程大于 100 km； 实现无线充电、移动充电等新型充电技术试点运营； 探索清洁能源与电动汽车的融合，实现电网与车辆双向充电技术（V2 G）
2025 年	建成超过 3.6 万座充换电站，超过 2000 万个交直流充电桩； 建成覆盖全国的充电服务网络； 慢充功率提高至 10 kW，快充每充电 10 min 可行驶超过 100 km； 实现无线充电、移动充电等新型充电技术大规模推广应用； 实现可再生能源与电动汽车融合的示范应用
2030 年	建成超过 4.8 万座充电站，超过 8000 万个交直流充电桩； 进一步完善优化全国充电服务网络； 将风能、太阳能等接入充电服务网络，实现可再生能源与电动汽车融合的规模化应用

思考与练习

一、填空题

1. 无线充电技术主要有_________、_________、_________、_________四种基本方式。

2. 恒压充电是指充电过程中保持充_________不变，_________随动力电池电动势的升高而减小的充电方法。。

3. 非车载充电机主要由_________和_________两个部分组成。

4. 电动汽车动力电池充电方法常见的有_________、_________和_________三种方法。

5. 磁谐振电力传输是利用_________及_________组成谐振电路，使发射端与接收端的谐振回路的固有频率与电源工作频率相同，从而引起发射和接收谐振电路发生谐振，实现能量的_________。

二、判断题

1. 目前无线充电技术主要有 5 种基本方式。（　）

2. ICPT 和 ERPT 在中等距离的传输效率较高，更适合于电动汽车充电。（　）

3. 电动汽车上的 ERPT 由电源发射端、无接触变压器和电动汽车接收端组成。（　）

4. ERPT 是利用线圈及电容组成谐振电路，使发射端与接收端的谐振回路的固有频率与电源工作频率相同，从而引起发射和接收谐振电路发生谐振，实现能量的无线传输。（　）

5. 电动汽车无线充电系统的导轨模式分为单级导轨模式和多级导轨模式。（　）

三、简答题

1. 简述电动汽车充电设备的有哪些类型。

2. 简述电动汽车充电系统的工作原理。

3. 简述无线充电技术在汽车上的应用。

项目八 未来智能汽车发展趋势

项目导读

汽车与我们的社会生活息息相关，虽然今天的汽车技术与未来的智能汽车技术存在着差距，但相信汽车智能化技术会随着世界科技发展步伐逐步实现。如果将汽车技术发展过程比喻为一座“金字塔”建筑，那么经过百余年发展起来的汽车技术就如图 8–1 所示。这个金字塔顶如今尚未抵达，发展是永无止境的。

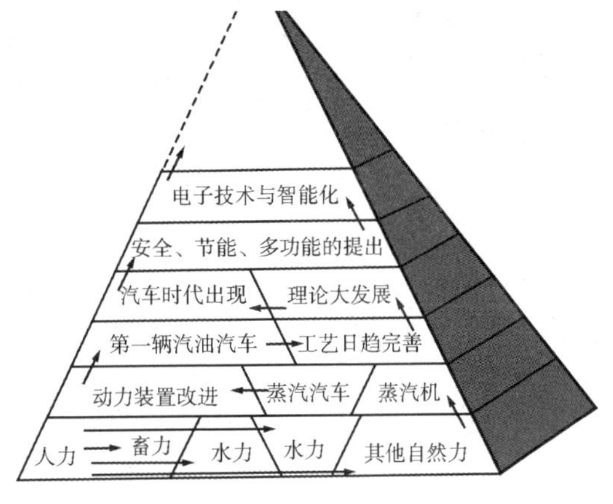

图 8–1　汽车技术金字塔

未来智能汽车智能且环保。随着时代技术的进步，未来智能汽车离我们的生活越来越近，交通方式所带来的城市交通拥堵、环境污染以及新能源的利用等问题将得到很好解决。

学习目标

- 了解未来智能汽车的发展趋势。
- 理解无人驾驶汽车结构与协同控制。
- 熟悉压缩空气汽车概念及其工作特性。

未来智能汽车技术及发展

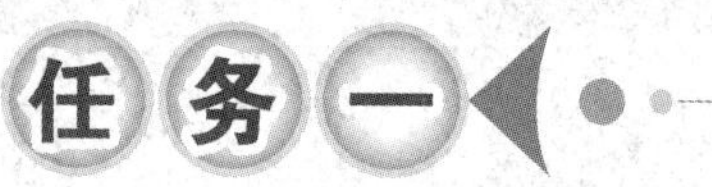

智能汽车的发展将会给社会很多行业带来翻天覆地的变化，解决我们当年所面临的各种拥堵、停车难、排放和能源消耗等问题。

未来智能汽车尽显安全、舒适、方便、快捷等方面的优越性能，极大地方便人们的工作和生活，并且智能汽车技术会随着不同时期人们不同的需求而发生巨大的变化，未来智能汽车技术及发展趋势如图 8-2 所示。

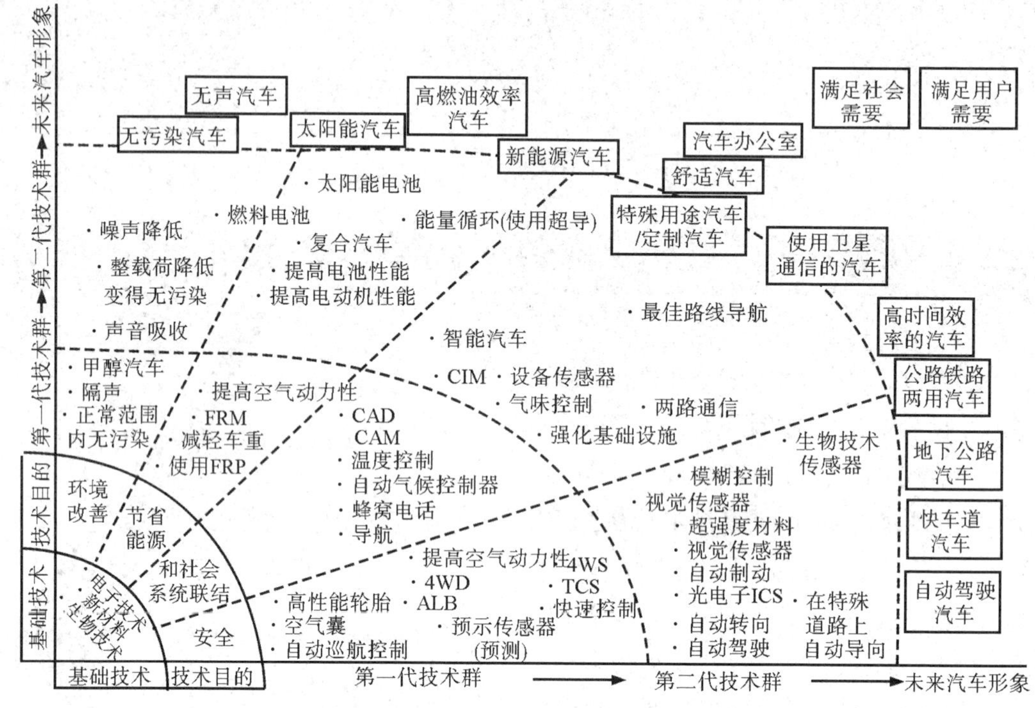

图 8-2 未来智能汽车技术及发展趋势

一、未来智能汽车

未来智能汽车可以实现自动驾驶。这样人们就不用再经历长时间枯燥乏味的驾驶，尽情享受车内豪华先进设备，轻松惬意。当然，这一切变成现实还有待于公路系统、人机交互系统以及卫星通信与监测等系统的更加智能化。

智能汽车的“绿色”和“智能化”是相辅相成、共同发展的。绿色智能汽车以低排放

和零排放为标志，部分或者全部以新能源电动机驱动，其结果是智能汽车电气化。这一趋势将随着科技的发展进一步加快，从而带来汽车工业革命性的变化。这也为汽车智能化的发展奠定了必要的技术基础。总之，未来智能汽车的智能化会提供给人们极大的便利。如图 8-3 所示为未来智能汽车。

图 8-3　未来智能汽车

二、智能交通的发展

智能交通

人工智能传感器、数据通信、自动化技术的快速集成和应用，催生了智能交通系统的全面应用。对于智能交通领域的未来发展，将与云计算、大数据、移动互联技术展开深入融合。智能交通系统的组成如图 8-4 所示。

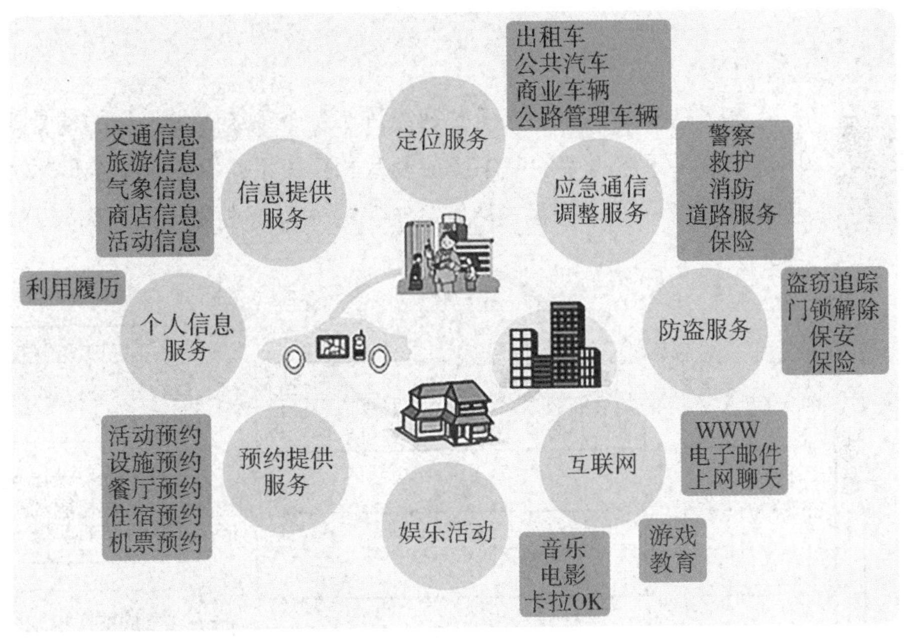

图 8-4　智能交通系统的组成

智能交通的核心是车路协同交互，采用交通信号控制、交通仿真技术、大数据分析等，将成为智能交通的重要战略规划。汽车作为移动终端，能够衍生出无比强大的智能交通功能。智能 GPS 定位技术、数据通信技术、车辆预测技术等，将为实现智能交通调度提供科学的预测。驾驶人评估技术、车辆定位与导航技术等也提供了有效的数据分析，有助于缓解道路拥堵。

特殊环境下的无人驾驶技术，借助于道路环境模拟、道路标志线跟踪、车辆识别及定位等技术，应用的有效性将获得一定程度提升。此外，无人驾驶技术通过对感知和控制算法可以为军事及其他领域无人驾驶提供更加可靠的技术支撑，为适应恶劣环境下的交通提供需要。

无人驾驶智能汽车

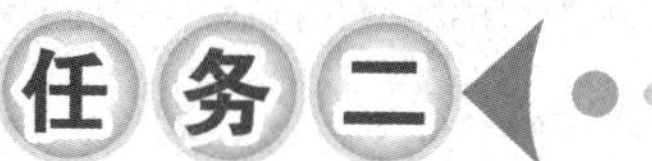

无人驾驶智能汽车的发展建立在计算机技术和高新智能控制技术基础上，是集环境感知、规划与决策、控制等多项功能于一体的综合智能系统，涵盖了机械技术、信号处理、图像模式识别、人工智能和计算机技术等多学科知识。

一、无人驾驶智能汽车的结构

（一）体系结构

智能交通系统的功能

体系结构是支撑无人驾驶智能汽车各个系统正常工作的“骨架”，它明确了各个系统框架的基本组成及其相互关系，涵盖了系统信息的交流和控制调度。可以说起着“神经系统”的作用。主要包括五部分，如图 8–5 所示。

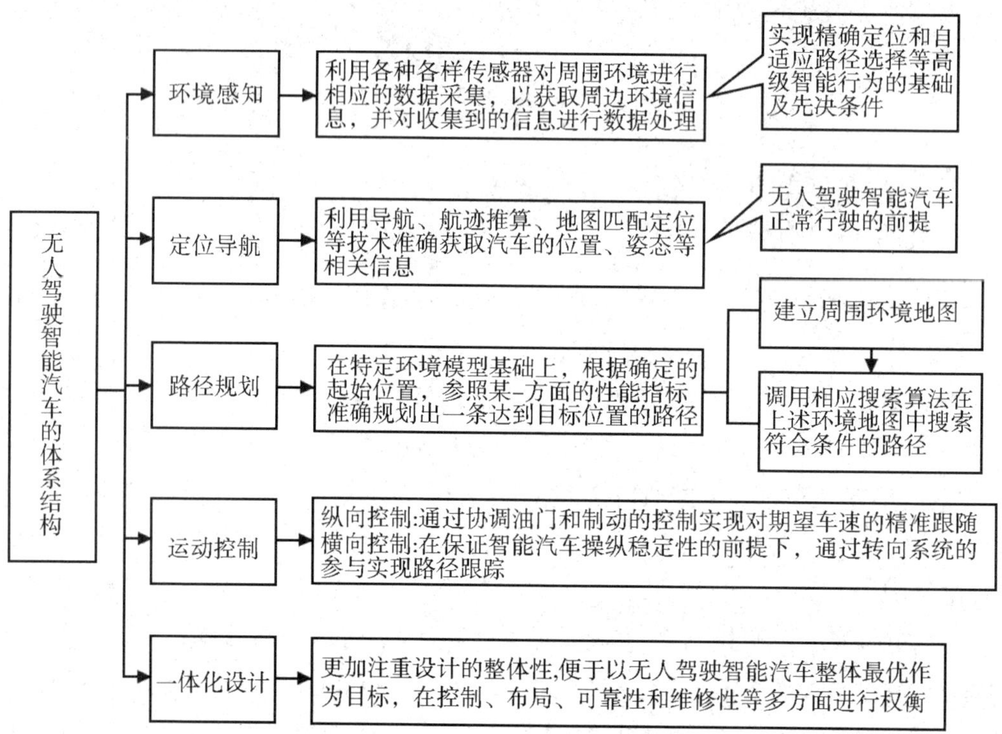

图 8–5　无人驾驶智能汽车的体系结构

（二）平台结构

无人驾驶智能汽车具有良好的自然环境感知与智能行为决策能力，并且集成了汽车状态感知和智能控制等技术，因此在无人驾驶智能汽车平台上正确地表现环境感知与行为决策的结果，如图 8-6 所示。该平台做出的智能行为同时受到自然环境感知、智能行为决策、汽车状态感知和汽车控制等功能模块输出结果的影响。一个正确的自然环境感知与智能行为决策结果，可产生一个正确的智能行为，当然因为汽车状态感知与汽车控制中的某个问题导致错误的智能行为也是有可能的；不过要认识到，一个正确的智能行为，并不意味着其中所有的功能模块输出都是正确的。

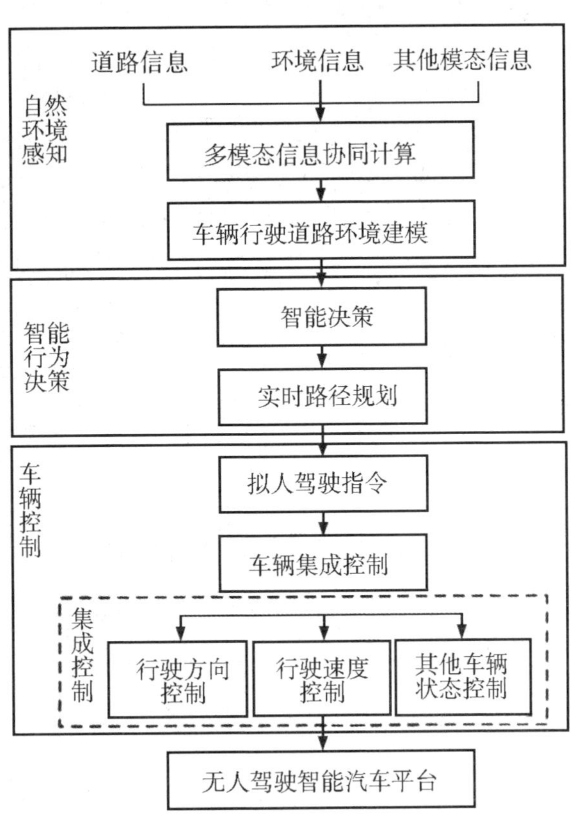

图 8-6　无人驾驶智能汽车平台结构示意

（三）系统模块

在实际设计中，无人驾驶智能汽车智能控制过程分为三大模块：环境感知模块、规划决策模块、底层控制模块，每部分都细分为很多不同的部分，如图 8-7 所示。其中，导航定位模块是非常重要的组成部分，它提供车辆在全局地图中的位置和速度,用于全局路径规划、路径跟踪，是否能提供快速、准确、可靠的导航信息直接决定上位机的决策的正确性，并最终影响底层控制的效果。

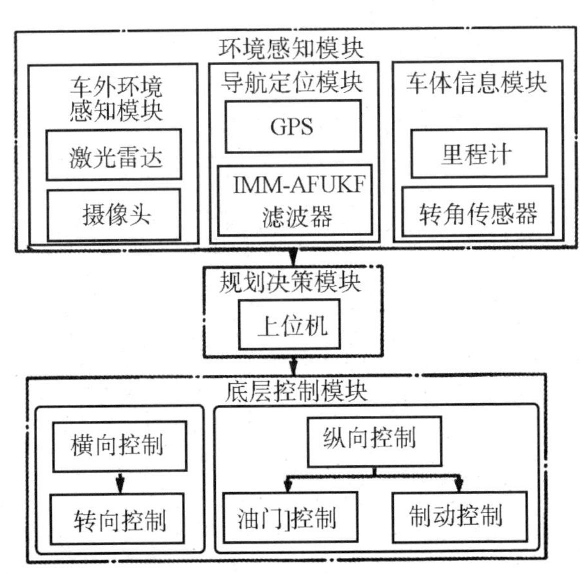

图 8-7　无人驾驶智能汽车实际智能控制过程

具体而言，无人驾驶智能汽车系统模块分为如图 8-8 所示的几种。无人驾驶智能汽车在各个子模块统一调度下协调行驶，能够根据预定的任务，完成制定规划、探测周围环境、随环境改变现行规划等一系列驾驶过程。

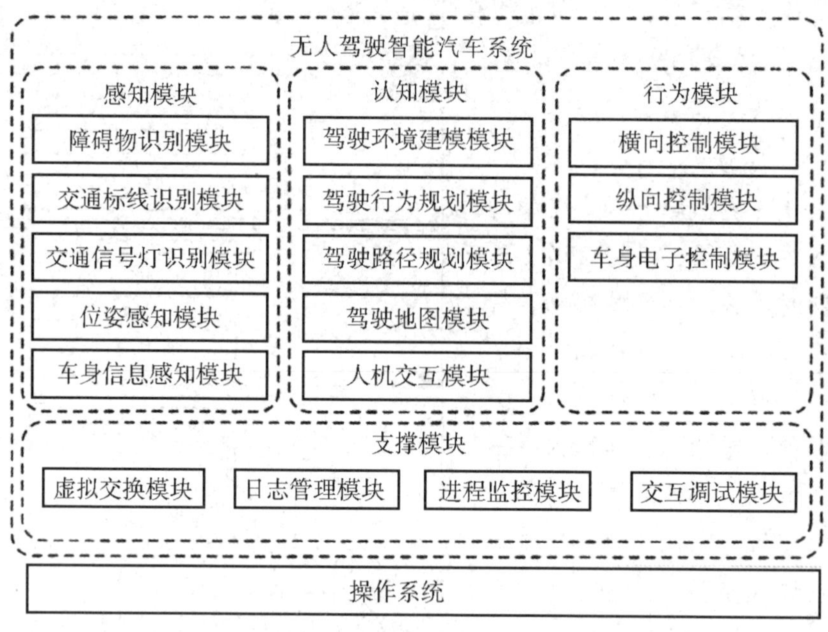

图 8-8　无人驾驶智能汽车系统模块

二、无人驾驶智能汽车的协同控制

多智能无人驾驶智能汽车的协同控制是面向复杂、多任务环境形成的一个新应用。一方面，任务的复杂性导致单个无人驾驶智能汽车因能力不足而无法完成全部任务，而多智能无人驾驶智能汽车可以通过相互之间的协调共同完成任务；另一方面，通过多智能无人驾驶智能汽车间的协同，作业更加高效。

如今在机器人和智能汽车领域广泛采用一个称作智能体（agent）的概念。通常认为，智能体是一个能作用于自身和环境，并能对环境做出反应的物理的或抽象的实体，是一个具有自主性、主动性、社会交互性及反应问题求解方法的自治系统，能利用局部信突实现协作，从而完成与自身相关的局部

可以将每一个智能汽车看作是一个智题可以归结为多智能体系统（Multi-Agent System，MAS）问题。MAS 即为智能体的集合。根据 MAS 的特性来组织和控制多个无人驾驶智能汽车，协作完成单个无人驾驶智能汽车无法完成的复杂任务，这是

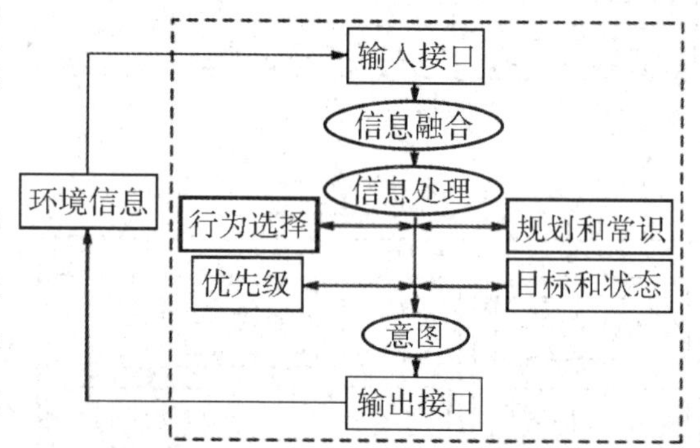

图 8-9　多智能无人驾驶智能汽车的一般结构模型

无人驾驶智能汽车的一个新突破。

多智能无人驾驶智能汽车通过传感器感知环境，将得到的信息通过融合处理之后再作用于环境。多智能无人驾驶智能汽车的一般结构模型如图 8-9 所示。多智能无人驾驶智能汽车不仅要与环境发生交互作用，更主要的是处理和解释接收的信息以达到自己的目标。多智能无人驾驶智能汽车接收到的信息，首先要以适当的方式进行融合并能被主体知识库所接受，然后进行信息处理，它反映了多智能无人驾驶智能汽车的真正功能。通过信息处理解释可用的数据并形成具体规划。多智能无人驾驶智能汽车还要参考一定的规则和常识行为选择等形成作用于环境的意图并通过效应器作用于环境。

多智能无人驾驶智能汽车体系结构可以从微观和宏观角度考虑。从微观结构考虑，着重其内部构成模块的问题，典型的构成是认知式智能体；从宏观结构考虑，建立 MAS 相同工作的行为层次，各层次相互竞争以控制智能体的行为，典型的构成是反应式智能体以及混合式体系结构。目前，混合式体系结构是无人驾驶智能汽车体系结构的重要发展趋势，并较多应用于未知环境下的无人驾驶智能汽车导航中。

当然，问题是在所难免的，如各基本模块间的灵活组合，尤其是认知式智能与反应式智能之间的合理协调；各层次间信息与知识的交流；体系结构本身的自学习性；易扩展性等很多问题在等待着解决。

压缩空气汽车

任务三

一、压缩空气汽车概述

（一）压缩空气汽车定义

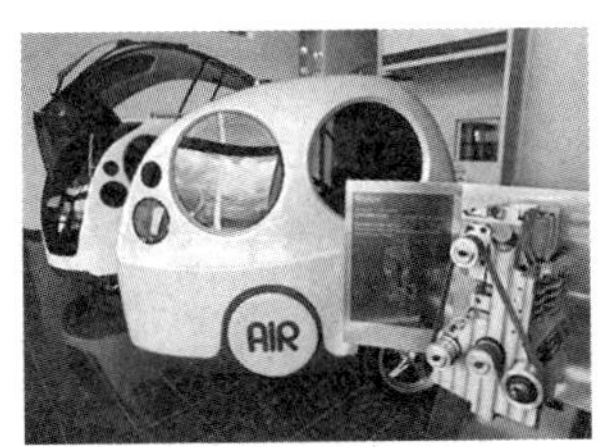

图 8-10　压缩空气汽车

压缩空气汽车即压缩空气动力汽车（Air Powered Vehicle，APV），简称气动汽车，利用高压压缩空气为动力源，将压缩空气存储的压力能转化为其他形式的机械能，从而驱动汽车运行（图 8-10）。从理论上来说，以液态空气和液氮等吸热膨胀做功为动力的其他气体动力汽车，也应属于气动汽车的范畴。

（二）空气动力汽车工作原理

除动力来源的不同，压缩空气动力汽车工作原理与传统汽车基本相同，其发动机的总体结构形式主要还是以往复活塞式、旋转活塞式等形式为主。往复活塞式可用于小型车，旋转活塞式主要用于客车。以压缩空气为动力的发动机的总体结构和传统汽车的发动机结构基本相同。但压缩空气动力发动机的动力分配方式如图 8–11 所示。也可以是多种方式的混合。

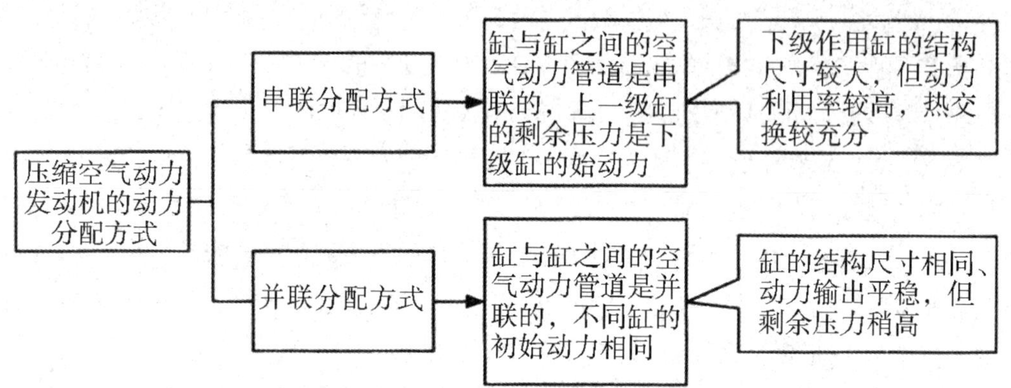

图 8–11　压缩空气动力发动机的动力分配方式

气动汽车的核心部分正是压缩空气动力发动机（气动发动机），减压到工作压力的高压空气进入气动发动机气缸内膨胀做功。其基本结构包括机体、气缸、活塞、连杆、曲轴和配气机构等部分。但气动发动机的工作循环为简单的两冲程——高压压缩空气进入气缸膨胀做功冲程和将膨胀后的低压气体排出气缸的排气冲程。由于没有燃烧过程，气动发动机机体不承受高温和超高压，机体强度也可减小，结构简单，质量小，发动机不再需要冷却系统，制造及使用维护成本低。

气动发动机进气为高压气体，且进气道压力始终高于气缸内压力，进气门将始终承受高压气体很大的背压。如果压力超过气门弹簧的预紧力，则即便是进气门处于关闭状态，也会被高压气体顶开，从而发生泄漏，造成耗气量增大，排气冲程缸内气压升高，负功增加，整体功率和效率下降等不良效果。这就要求在结构上，气动发动机的配气机构必须适应高压进气。

（三）空气动力汽车面临的问题

（1）目前压缩空气动力汽车的气动系统还不成熟，效率还不高，应提高储能装置的储量，提高汽车的动力性。

（2）压缩空气动力汽车气动系统效率较低，车载有限的高压压缩空气的能量得不到有效利用，这一系列问题限制了气动汽车的行驶里程。气动汽车的尾气排放能量损失高达 40% 以上，残气损失对整个压缩空气能量利用率产生很大影响，所以尾气排放中残余压力是不得不考虑的一部分能量。国内外对气动汽车的发动机等方面进行了较多研究和改进，但对于如何降低减压过程的能量损失，尤其是如何对系统进行质量能量补偿理论的研究还非常缺乏。

二、压缩空气汽车工作特性

压缩空气动力发动机的工作特性具有如下特点：起动及低速扭矩大，随发动机转速升高输出扭矩逐渐减小，而耗气量逐渐增大。通常情况下进气阀打开后发动机即可运转并输出最大扭矩，直接驱动汽车起步行驶。因此，在压缩空气动力汽车的集成中，传动系统适宜采用低减速比设计。

压缩空气动力汽车气动回路示意图如图 8–12 所示，回路的两端分别连接高压储气罐和发动机的工作腔，接触压力分别为超高压和中高压，巨大的压差对分级减压提出要求。常规气动系统的减压控制都采用气动减压阀进行节流减压方式。但这种方式由于能量损失较大而不适合只能车载有限压缩空气能量的压缩空气动力汽车气动回路高压减压段。

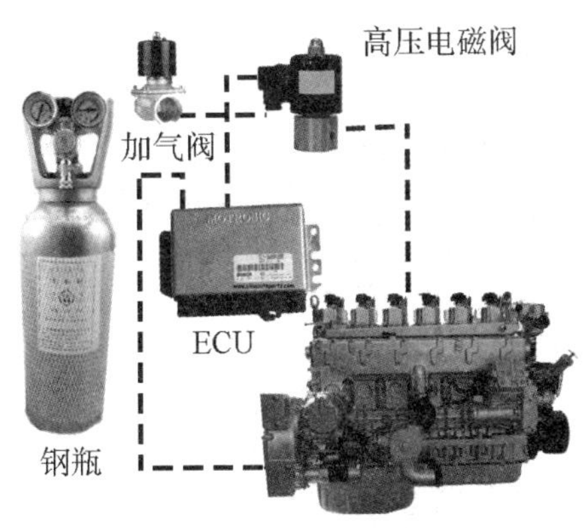

图 8–12 压缩空气动力汽车气动回路示意图

压缩空气动力汽车的转速和扭矩由压缩空气进气压力及流量的变动而调节。在气动回路高压减压段采用了高压容积减压方式，使用气体膨胀减压的方法使压力降低到设定值。该方式在回路中设置了一个一定容积的减压气罐并设定好控制压力范围，然后使用压力传感器检测减压气罐气压，并根据测定结果执行不同的操作：

（1）若罐内气压低于设定压力下限，则控制器发出控制信号开启高压大流量高速气动开关阀，让储气罐中的超高压气体通过大截面的阀口冲入减压罐，膨胀减压。

（2）气罐中进入足够的高压气体，若罐内压力升高到设定压力上限，则控制器根据压力传感器的反馈关闭高压大流量高速气动开关阀。

通过上述过程控制开关阀，达到维持减压气罐中的压力在设定压力范围内，保证次级气动系统正常工作的目的。高压大流量高速气动开关阀减小了阀口节流过程中的摩擦能耗损失，对于高压气动动力系统的节流是一种很好的减压方式。

在上述气动回路中，次级减压后的气体将作为发动机的进气与发动机进气道连接，从而完成对发动机进气压力和流量的调节。需要指出的是，在次级减压环节使用了比例流量调节阀，并在气动汽车的集成中设计连接机构将发动机进气流量调节阀与汽车油门踏板连接，按驾驶人踏下油门踏板的深度提高发动机进气压力及流量，瞬时提升发动机扭矩和功率，满足不同工况的需要。这种设计很好地考虑到驾驶人驾驶习惯，便于调节。

在气动回路的设计中，考虑到高压气体在减压后温度大幅降低，与环境温度将形成较大温度差。因此，集成到汽车上的气动回路在两级减压环节后都设置了热交换器，让减压后的气体尽可能充分地从环境中吸热，并可充当制冷空调的冷源，减少发动机动力的消耗。

在压缩空气动力汽车的辅助设备中，使用将集成气源压力表和进气压力表替代油箱指示表。此外，发动机排出的尾气是膨胀做功后的压缩空气，压力减小，温度也远低于环境温度，通过热交换器可以为汽车提供冷源，通过合理的配置，完全可以满足制冷的需要，而不再额外消耗发动机功率，节约了成本；热交换器还能将室外新鲜空气冷却后作为冷气供给室内，同时起到了改善空气的效果。

其他未来新能源高效动力智能汽车

人类有许多关于未来新能源智能汽车的想法，如水燃料发动机汽车、外燃发动机汽车、磁能发动机汽车、转子发动机汽车、陶瓷发动机汽车等。

未来的很长一段时间里，核动力汽车将作为一种主要交通工具而存在。其工作原理相当于一个小型核电厂，主要依靠核裂变反应堆加热水产生蒸汽（或其他媒质）推动活塞运动。来自于氢同位素的核能将有望成为未来汽车的主流动力。氢核反应堆将成为未来能源的主流。当然，也有一些概念车则使用具有“未来派”色彩的能源提供动力，例如钚。目前人们将降低成本以及防止核辐射等安全保护作为研究的重点，相信很快会出现突破（图 8–13）。

图 8–13　核动力汽车

这里再介绍能量束无线接收智能汽车和可燃冰高效动力智能汽车两种。

能量束无线接收智能汽车将太阳能（或工业电站电能）直接转化成特殊的能量束（类

似电力束 / 电子束 / 激光束 / 微波束 /……）为汽车提供能源，并通过天线接收发射出的能量束来驱动汽车行驶。

可燃冰的学名是天然气水合物，同时点燃的情况下，它的燃烧时间会远远长于同等体积的固体酒精。它的储量相当于全球已知煤、石油和天然气储量的 2 倍，是替代汽油、柴油、天然气为汽车提供动力的最大新型能源。可燃冰汽车可行驶得更远，燃烧后排放的污染也小得多，可减少对大气的污染。

思考与练习

一、填空题

1. 绿色智能汽车以_________和_________为标志，部分或者全部以_________驱动，其结果是智能汽车电气化。

2. 智能交通的核心是_________，采用_________、交通仿真技术、_________等，将成为智能交通的重要战略规划。

3. 智能体是一个能作用于_________和_________，并能对环境做出反应的物理的或抽象的实体，是一个具有_________、主动性、_________及反应性的对象模型。

4. 压缩空气动力汽车是利用_________为动力源，将压缩空气存储的压力能转化为其他形式的_________，从而驱动汽车运行的一类智能汽车。

二、判断题

1. 智能汽车的“绿色”和“智能化”是相辅相成、共同发展的。（　）

2. 无人驾驶技术可以借助于道路环境模拟、道路标志线跟踪、车辆识别及定位等技术来实现。（　）

3. 气动汽车是利用高压压缩空气为动力源的。（　）

4. 压缩空气动力汽车的集成中，传动系统不适合采用低减速比设计。（　）

5. 人工智能传感器、数据通信、自动化技术的快速集成和应用，催生了智能交通系统的全面应用。（　）

三、简答题

1. 简述无人驾驶智能汽车的结构。

2. 简述空气动力汽车的工作原理。

3. 简述空气动力汽车工作原理。

参考文献

[1] 翟文豪，牛礼民 . 并联式混合动力汽车双轴式转矩耦合装置设计 [J]. 汽车工程师，2017（12）：28-30+56.

[2] 黄东，周之光，刘永刚，等 . 混合动力汽车耦合装置闭锁离合器动力学分析 [J]. 重庆理工大学学报（自然科学），2017，31（08）：81-85.

[3] 支亚辉 . 混合动力车动力耦合装置设计与特性分析 [D]. 石家庄铁道大学，2017.

[4] 吴晓斌，刘海峰. 新能源汽车概论 [M]. 北京：人民交通出版社，2017.

[5] 何泽刚. 新能源汽车认知与使用安全 [M]. 北京：机械工业出版社，2017.

[6] 孙旭. 新能源汽车技术概论 [M]. 北京：国防工业出版社，2017.

[7] 李凯. 新能源汽车概论 [M]. 北京：北京交通大学出版社，2018.

[8] 张则雷，贺利涛. 新能源汽车概论 [M]. 北京：人民交通出版社，2018.

[9] 吴荣辉，李颖. 新能源汽车认知与应用 [M]. 北京：机械工业出版社，2018.

[10] 刘海朝，吴文静. 基于新能源智能汽车新技术研究 [M]. 北京：中国水利水电出版社，2019.

[11] 陈新，潘天堂. 新能源汽车技术 [M]. 南京：南京大学出版社，2019.

[12] 张斌，蔡春华. 新能源汽车技术 [M]. 北京：机械工业出版社，2019.